CHAT GPT 와 함께하는 대학생활

리포트 작성부터 취업까지

CHAT GPT와 함께하는 대학생활

리포트 작성부터 취업까지 ──────── 고민환 지음

동국대학교출판부

머리말

　최근 학생들과 대화를 하다 보면 Chat GPT에 대한 높은 관심을 확인할 수 있습니다. 그에 비해 제대로 활용하고 있는 학생은 그리 많지 않은 듯 합니다. Chat GPT로 리포트 목차를 잡거나 기본적인 정보를 다루면서 시간을 절약하는 정도에 만족하는 경우가 대부분입니다. 이에 학생들이 Chat GPT의 진정한 잠재력을 발견하고 제대로 활용한다면, 보다 깊이 있는 학습을 이끌어 내어 창의력을 발휘할 수 있는 강력한 도구가 될 수 있음을 알려주고 싶었습니다.

　Chat GPT는 단순한 작업의 자동화를 넘어, 복잡한 문제를 해결하거나 창의적 아이디어를 생성하고 깊이 있는 분석까지 할 수 있는 훌륭한 동반자가 될 수 있기 때문입니다. 이 책의 집필을 결심한 계기가 바로 여기에 있습니다. 저는 학생들이 이 책을 통해 Chat GPT의 진정한 가치를 발견하고, 그것을 자신의 학습과 성장에 어떻게 활용할 수 있는지를 고민하는 계기로 삼길 바랍니다.

　〈Chat GPT와 함께하는 대학생활 : 리포트 작성부터 취업까지〉는 단순히 효율적인 리포트 작성을 넘어 학생들이 자신의 잠재력을 극대화하고, 지속적으로 성장할 수 있는 방법을 탐색하도록 돕기 위한 지침서입니다. 이 책을 통해 학생들은 Chat GPT를 어떤 방식으로 다루고, 자신의 학문적 탐구, 창의적 사고, 그리고 직업적 능력 개발에 도움이 되는 도구로 활용하는 법을 배울 수 있습니다. 제가 보기에 이것은 단순히 시간을 절약하는 것 이상의 가치를 지니고 있습니다. Chat GPT와 함께라면 학생들은 자신들의 가능성을 한층 더 높은 수준으로 끌어올릴 수 있기 때문입니다.

우선 외국어 학습 분야에서는 언어 학습을 새로운 방식으로 접근하는 Chat GPT 활용법을 소개합니다. 단순한 언어 번역을 넘어 문법 학습과 말하기 연습에 Chat GPT를 효과적으로 활용하는 방법을 탐구합니다. 이는 학생들이 외국어를 보다 자연스럽게 습득하고 실제 상황에서 활용할 수 있도록 돕습니다.

논문과 리포트 작성 분야에서는 Chat GPT를 사용하여 연구 주제를 선정하고 정보를 검색하는 방법을 다룹니다. 또한 통계 분석의 기초와 논문 작성에 Chat GPT를 어떻게 활용할 수 있는지에 대해 설명합니다. 이는 학생들이 연구 과정을 보다 체계적이고 효율적으로 진행할 수 있도록 돕습니다.

발표 준비 분야에서는 Chat GPT를 사용해 발표의 신이 될 수 있는 방법을 소개합니다. 발표 스크립트 작성은 물론, Chat GPT의 피드백을 통해 완성도 높은 발표를 준비하는 방법까지 종합적으로 다룹니다. 이는 학생들이 자신감 있는 발표자가 되도록 도움을 줄 것입니다.

공모전과 동아리 활동 분야에서는 Chat GPT를 활용하여 창의적인 아이디어를 생성하고, 효과적인 설문지를 작성하는 방법을 탐색합니다. 또한 설문 결과 분석과 동아리 내의 문제 해결에 Chat GPT를 어떻게 활용할 수 있는지를 설명합니다. 이는 학생들이 공모전에서 두각을 나타내고, 동아리 활동을 보다 효율적으로 운영할 수 있도록 이끕니다.

취업 준비 분야에서는 Chat GPT를 활용하여 최신 취업 트렌드를 파악하고, 기업 분석 전략을 개발하는 방법을 소개합니다. 또한 경쟁 업체 분석에 Chat GPT를 어떻게 활용할 수 있는지에 대해서도 다룹니다. 이는 학생들이 시장의 변화와 트렌드를 빠르게 파악하고, 자신만의 취업 전략을 세울 수 있는 효과적인 기반이 될 것입니다.

창업 분야에서는 Chat GPT를 활용하여 창업 아이템을 탐색하고 광고 시나리오를 작성하는 방법을 탐구합니다. 또한 제품 홍보와 보도자료 작성에 Chat GPT를 어떻게 활용할 수 있는지를 설명합니다. 이는 학생들이 창업 과정에 필요한 다양한 자료를 효과적으로 준비하고, 마케팅 전략을 세울 수 있도록 돕습니다.

이 책은 단순히 Chat GPT의 사용법을 알려주는 것을 넘어, 여러분이 직접적으로 경험할 수 있는 실용적인 예시가 함께 제공됩니다. 각 장은 실제 대학생활에서 마주칠 수 있는 상황들을 기반으로 하여 구성되었으며, 그 안에서 Chat GPT가 어떻게 여러분의 든든한 파트너가 될 수 있는지를 보여줍니다. 이 책을 통해 여러분은 Chat GPT의 능력을 최대한 활용하여 학문적 성취를 넓히고, 사회적 경쟁력을 강화하며 개인적인 역량을 발전시킬 수 있을 것입니다. 여러분의 대학생활이 이 책을 통해 더욱 풍부하고 효과적이며, 목표지향적으로 변모하기를 바랍니다. 〈Chat GPT와 함께하는 대학생활〉은 단순한 가이드북을 넘어, 여러분이 현대 사회에서 요구하는 다양한 기술과 지식을 습득하고, 이를 바탕으로 자신만의 독특한 길을 개척하는 데 도움을 줄 것입니다.

또한, 창의적 사고와 비판적 분석을 통해 독립적인 학문적 탐구를 수행하고 실무적인 업무에 적응하며, 사회적으로 책임 있는 인재로 성장하는 데 필수적인 도구가 될 것입니다. 대학생활의 시작부터 취업과 창업에 이르기까지 이 책은 여러분의 미래를 설계하는 데 있어 가장 신뢰할 수 있는 동반자가 될 것입니다.

마지막으로 이 책은 여러분이 새로운 기술과 변화하는 세계에 적응하는 데 도움이 되는 것은 물론, 여러분 스스로가 혁신과 창조의 주체가 될 수 있도록 독려합니다. Chat GPT와의 만남을 통해 여러분이 얻게 될 지식과 경험이 여러분의 대학생활을 더욱 풍요롭고 의미 있는 시간으로 만들어 줄 것입니다.

추가적으로

- 본 책에서는 Chat GPT 4.0을 활용하였습니다.
- 본 책에 나온 그림은 대부분이 Dall-e를 활용하여 그린 그림입니다. 그 외의 그림은 출처를 명시하였습니다.
- Chat GPT는 동일한 질문을 하여도 같은 답이 나오지 않습니다.
- 추후 프로그램 업데이트로 인해 플러그인 기능은 사라질 예정입니다.
- 현재 사용 가능한 기능도 업데이트로 인해 사용되지 않을 수 있습니다.

CONTENTS

머리말   005

PART 01   외국어

chapter 1   강의 콕! 요약의 신, CHAT GPT   015
chapter 2   CHAT GPT로 문법 정복하기   026
chapter 3   CHAT GPT가 알려주는 외국어 말문 트이는 방법   038

PART 02   논문/리포트

chapter 1   CHAT GPT로 연구 주제 '콕' 선정하고 시작하기   065
chapter 2   CHAT GPT로 정보 검색 마스터하기   083
chapter 3   CHAT GPT가 알려주는 통계 분석의 기초   104
chapter 4   CHAT GPT가 알려주는 "논문, 이렇게 써야한다"   122

PART 03 발표

chapter 1 CHAT GPT로 발표의 신이 되는 법　　　　　　　　　　135
chapter 2 CHAT GPT의 피드백으로 완성하는 발표 스크립트　　153

PART 04 공모전

chapter 1 CHAT GPT의 페르소나 기법으로 승부하자　　　　　181
chapter 2 CHAT GPT의 브랜드명 선정 방법　　　　　　　　　209

PART 05 동아리 활동

chapter 1 CHAT GPT와 함께하는 효과적인 설문지 작성법　　　233
chapter 2 CHAT GPT로 설문 결과 분석의 달인 되기　　　　　　251
chapter 3 CHAT GPT로 동아리 문제까지 해결하기　　　　　　　272
chapter 4 CHAT GPT로 매력적인 멤버 모집 공고문 작성하기　　284
chapter 5 CHAT GPT로 한눈에 들어오는 결산보고서 만들기　　300

PART 06 대학생활 완전 정복

chapter 1 CHAT GPT를 활용한 CROSS SWOT으로　　　　　315
　　　　　　학과 진단 내리기

PART 07 취업

chapter 1 취업트렌드, CHAT GPT에 있다 331
chapter 2 CHAT GPT를 활용한 나만의 기업 분석 전략 343
chapter 3 CHAT GPT가 알려주는 "경쟁 업체, 이렇게 분석하자" 355

PART 08 창업

chapter 1 CHAT GPT가 알려주는 요즘 핫한 창업 아이템 369
chapter 2 CHAT GPT가 만든 광고 시나리오는 모든 마케팅의 시작 387
chapter 3 CHAT GPT를 활용한 눈에 확 띄는 제품 홍보 408
chapter 4 CHAT GPT로 미디어가 주목하는 보도자료 만들기 429

PART **01**

외국어

CHAT GPT

chapter 1 | 강의 콕! 요약의 신, Chat GPT

Q1 왜 Chat GPT를 써야할까?

어학연수나 교환학생을 가지 않고 한국에서도 Chat GPT를 활용해 영어공부를 할 수 있습니다. Chat GPT는 영어와 한국어를 유창하게 다룰 수 있어 강의 녹음 내용을 이해하고 해석하는 데 도움을 줄 뿐 아니라, 어려운 용어나 문장을 설명해 줄 수 있습니다. 또한 학습 과정에서 이해하기 어려운 부분이나 궁금증이 발생할 때 Chat GPT는 관련 질문에 대한 해설과 추가 정보를 제공하여 학습을 지원합니다. 마지막으로 Chat GPT는 학습 자료나 학습 전략에 관한 조언을 제공하며, 효율적인 학습 방법을 안내하고 학습 경험을 향상시키는 데 기여합니다.

Q2 활용 가능한 대학생 프롬프트 리스트

- 이 강의 내용을 한 문장으로 요약해 주세요.
- 이 섹션의 주요 내용을 간단히 설명해 주세요.
- 이 파트의 핵심 아이디어를 알려주세요.
- 이 절에서 다룬 중요한 개념을 요약해 주세요.

- 이 부분에서 강조된 핵심 포인트를 간단하게 얘기해 주세요.
- 이 강의의 요약을 한 번에 보여주세요.
- 이 파트에서 다룬 중요한 용어와 정의를 설명해 주세요.
- 이 부분에서 강조한 주제에 대한 핵심 정보를 알려주세요.
- 이 절의 주요 내용을 한 문장으로 요약해 주세요.
- 이 부분의 중요한 개념을 간략하게 설명해 주세요.
- 이 파트의 핵심 아이디어를 한 번에 정리해 주세요.
- 이 섹션에서 강조된 주요 사실을 얘기해 주세요.
- 이 부분에서 다룬 내용을 간략하게 정리해 주세요.
- 이 파트의 핵심 내용을 한 문장으로 표현해 주세요.
- 이 절에서 강조된 주제에 대한 간단한 개요를 제공해 주세요.

Q3 실제 활용 사례

영어 공부를 위해서 강의 시간에 원어민 교수님의 강의를 녹음해 따로 듣는 친구들이 많이 있죠?

이번에는 유튜브에 나온 한국인 교수님의 강의 자료를 영어로 변환해서 영어공부에 도움이 되는 것을 보여드리겠습니다. 유튜브와 Chat GPT를 활용해 영어 리스닝 자료를 만들어 보겠습니다. 일단 크롬 확장 프로그램에 들어가 확장 프로그램을 설치합니다. 다양한 확장 프로그램이 많지만 일반적으로 많은 사람들이 사용하고 있는 Youtube summary with ChatGPT & claude를 설치하겠습니다.

확장 프로그램을 설치하면 아래 그림과 같이 유튜브 창 옆에 Transcript & Summary가 바로 뜨는 것을 볼 수 있습니다. 유튜브에서 말한 모든 대사들이 그대로 작성되는 것을 볼 수 있습니다. 아래 사진은 최초 한국어로 제작된 영상이기에 한국말로 자막이 나왔지만, 한국어뿐만 아니라 여러분이 원하는 모든 언어로 영상을 번역할 수 있습니다.

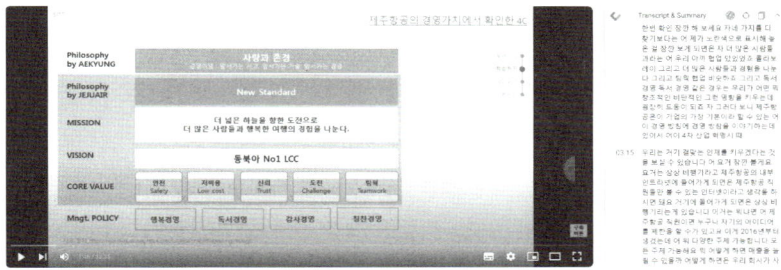

[그림 1] 유튜브에서 확장 프로그램이 작동 중인 화면

오른쪽 창에 있는 View AI summary를 클릭하면 Chat GPT 창이 열리는 것을 볼 수 있습니다. 한국어 강의이므로 한국어로 나온 것을 볼 수 있습니다.

Transcript 자, 이번 23년 2학기 우리 항공 서비스 수업 같은 경우 여러분들이 너무 잘 따라와 주고 있고요. 지금 남아 있는 기간 동안 공부할 내용을 바탕으로 기말고사에 나오게 될 거니까 열심히 공부하시면 됩니다. 그러면 오늘 제주항공에 대해서 이야기를 해보도록 하겠습니다. 우리가 LCC 가운데 가장 잘 나가는 회사로 제주항공을 계속해서 얘기하고 있죠.

이 내용을 영어로 바꿔보도록 하겠습니다. 참고로 크롬 플러그인 가운데 '프롬프트지니'를 설치할 경우 한국어 번역을 따로 요청할 필요없이

Chat GPT 활용이 가능합니다. 그러나 간혹 플러그인 설치 시 업데이트 과정에서 오류가 나는 경우가 있으므로, 프롬프트지니와 같은 플러그인은 가능한 사용하지 않고 필요할 때마다 "번역해줘"라고 요청하는 방법도 추천합니다.

Prompt

 영어로 바꿔줘.

Chat GPT

Title: "(18) Jeju Air Final Exam Preparation - YouTube" Transcript: Okay, in this semester of 2023, in our Aviation Service class, everyone is following along very well. During the remaining period, you should study hard based on the content that will be covered in the final exam. Today, let's talk about Jeju Air. We have been discussing Jeju Air as one of the most successful LCCs (Low-Cost Carriers).

한국어 강의임에도 자막이 원어민 교수의 강의와 같이 영어로 바뀐 것을 볼 수 있습니다.

이번에는 해당 자막으로 영어 듣기와 말하기 연습을 해보겠습니다. Vrew 프로그램을 설치해 여러분이 가진 자막을 외국인 교수님이 이야기하는 음성파일로 변형함으로써 영어 듣기, 영어 말하기 학습에 도움이 되도록 변환해 보겠습니다.

우선 여러분의 PC에 인공지능 영상 편집 프로그램인 Vrew를 설치합니다. 그리고 다음의 QR코드를 찍어주세요.

　Vrew에서 새로 만들기-AI목소리로 시작하기 선택-그리고 여러분이 갖고 있는 자막을 복사한 후 붙여넣기 합니다.

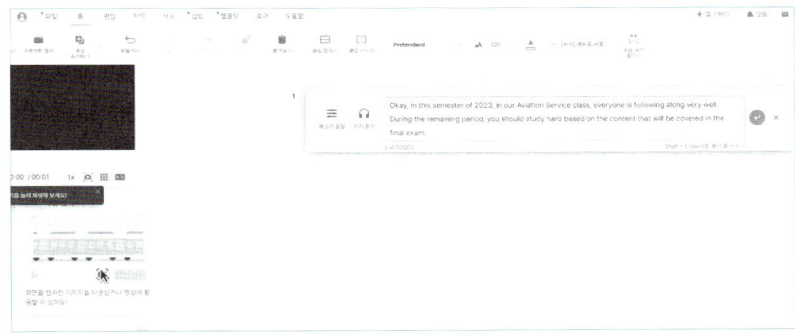

[그림 2] VREW 화면

　자막 왼쪽에 위치한 목소리 설정에서 언어를 ENGLISH로 지정하고, 다양한 목소리 가운데 마음에 드는 목소리를 선택합니다. 이 과목 교수님이 중년 남성이기 때문에 저는 미국인 매트를 선택하고, 나이를 중년으로 선택합니다. 그런 다음 화면 오른쪽 상단에 위치한 내보내기를 클릭한 후 MP3 파일을 선택합니다. 원어민 교수님이 강의 시간에 제주항공에 대해서 이야기한 내용을 확인할 수 있습니다. 이 MP3 파일을 계속 듣고, 들리는 대로 따라해 보세요. 여러분의 영어 듣기 실력과 말하기 실력도 향상될 것입니다.

이번에는 강의 전체 내용을 4~5개 정도로 요약하고, 강의의 영어 수준을 제 수준에 맞게 조정해 보겠습니다.

Prompt

위 자막 내용을 5개로 구분해서 요약해줘.

Chat GPT

Based on the provided transcript from the YouTube video titled "(18) 제주항공 기말대비," here is a summary in five bullet points:

Course Overview: The transcript begins with a mention of the aviation service class for the 23rd year, 2nd semester, highlighting the students' good performance and preparation for the final exam.

Focus on Jeju Airlines: The lecture shifts focus to Jeju Airlines, recognized as a leading company among Low-Cost Carriers (LCCs). The discussion emphasizes the airline's success and prominence in the industry.

Fourth Industrial Revolution (4th IR) and Jeju Airlines: The transcript discusses the Fourth Industrial Revolution, emphasizing its key elements like big data, artificial intelligence, and robotics. It links these concepts to Jeju Airlines, suggesting that the company emphasizes these 4IR elements in its operations and strategy.

Jeju Airlines' Corporate Mission and Vision: The airline's mission and vision are discussed, highlighting their focus on collaboration, innovation, and critical thinking. This part of the lecture suggests that Jeju Airlines integrates these values into its business model to adapt to the 4th IR era.

Diversification and Network Company Strategy: The transcript concludes with a discussion on Jeju Airlines' diversification strategy, moving beyond traditional airline services to include hotels, travel agencies, and car rentals. This approach is aimed at creating a comprehensive travel infrastructure, offering discounts and promotions to customers who use multiple services, and targeting individual travelers, especially young people and students.

이렇게 나온 대본을 여러분의 영어 수준에 맞게 다시 작성합니다. 본인의 영어 수준을 확인하고 싶다면 아래 QR코드를 활용해 보세요.

유럽에서는 유럽 언어 공통기준등급(Common European Framework of Reference for language: CEFR)으로 일반인의 영어 실력을 테스트 하는데, A1—A2—B1—B2,—C1—C2의 6단계 순으로 영어 수준을 구분합니다. 영어로 의사소통이 불가능한 A1부터 일상생활에서 쓰는 영어만 간단히 사용하는 A2, 병원·은행 등 일상적인 소통을 할 수 있는 B1, 다양한 주제에 관해 영어로 설명할 수 있는 B2, 타인을 영어로 설득할 수 있는 C1, 그리고 원어민과 자유롭게 소통이 가능한 C2까지 있습니다.

위 레벨 테스트를 기반으로 본인의 실력을 확인한 다음 Beginner(초급), Intermediate(중급), Advanced(고급)로 나눠보겠습니다. 만약 본인의 실력이 CEFR B2 수준을 갖고 있다면 아래와 같이 요청합니다.

그 결과 이와 같이 본인의 수준에 맞게 재작성해 주는 것을 볼 수 있습니다.

Prompt

너는 영어 교육 전문가야. 한 학생이 CEFR B2 수준에 맞는 영어로 강의 내용을 재구성 해달라고 요청했어. 이 학생은 현재의 영어 능력을 발전시키고 싶어 해. 목표는 학생이 이해하기 쉬운 B2 수준의 영어로 강의 내용을 재작성하는 것이야. 그래서 학생이 영어를 더 잘 이해하고 사용할 수 있도록 도와줘야 해. 이를 위해 강의 내용을 B2 수준의 영어로 1분 분량으로 작성해 달라고 요청했어.

Chat GPT

Sure, I'll rewrite the summary to match your English proficiency at the CEFR B2 level, maintaining the same length but adjusting the language for clarity and simplicity:

Course Review: The video starts by talking about the aviation service class for the 23rd year's second semester. It praises the students for doing well and reminds them to study hard for the upcoming final exam.

Jeju Airlines Focus: The lecture then turns to Jeju Airlines, a top-performing company among Low-Cost Carriers (LCCs). It talks about the airline's success and its important role in the industry.

4th Industrial Revolution and Jeju Airlines: The video discusses the Fourth Industrial Revolution, focusing on big data, artificial intelligence, and robotics. It connects these ideas to Jeju Airlines, suggesting that the airline is incorporating these modern technologies in its business approach.

Jeju Airlines' Goals and Plans: The airline's mission and vision are explored, showing their commitment to teamwork, creativity, and critical thinking. This part indicates that Jeju Airlines is using these values in its business to keep up with the changes brought by the 4th Industrial Revolution.

Expansion and Network Strategy: The video ends by talking about Jeju Airlines' strategy to grow beyond just being an airline. They are adding hotels, travel agencies, and car rentals to their services. This plan aims to build a complete travel network, offering deals to customers who use more than one of their services. The strategy focuses on individual travelers, particularly young people and students.

이번에는 영어 초보자 수준으로 재작성을 요청해 보겠습니다. 영어 초보자일 경우, 작성된 글이 짧게 나올 수 있습니다. 따라서 저는 "분량은 줄이지 말고, 영어 표현만 쉽게 수정해 줘"라고 요청하였습니다.

Prompt

너는 AI 언어 학습 지원 전문가야. 한국어를 사용하는 영어 초보자가 도움을 요청했어. 이 학습자는 영어를 막 시작했기 때문에 어려운 표현을 사용하지 않고, 쉬운 영어로 다시 설명해 달라고 했어. 그래서 우리의 목표는 이 사용자가 영어를 좀 더 잘 이해하고 배울 수 있도록 도와주는 거야. 이 사용자가 요청한 내용을 간단하고 명확한 영어로 다시 작성해 줘. 그리고 이 설명은 약 1분 분량으로 요청했어.

Chat GPT

Sure, I'll rewrite the summary using simpler English while keeping the length the same:

About the Class: The video starts by talking about an aviation service class. It's the second part of the year, and the students are doing well. They are getting ready for their final exam.

Jeju Airlines Topic: The teacher talks about Jeju Airlines. This airline is one of the best among the cheaper airlines, known as Low-Cost Carriers (LCCs). The airline is doing well in its business.

Technology and Jeju Airlines: The video mentions the Fourth Industrial Revolution. This is about new technology like big data, smart computers (AI), and robots. The teacher says Jeju Airlines uses these new technologies in its work.

Jeju Airlines' Goals: The airline has goals and plans. They focus on working together, being creative, and thinking deeply. These are important for the airline to do well in the time of new technologies.

Expanding Business: Lastly, the video talks about how Jeju Airlines is growing its business. They are not just an airline anymore. They also have hotels, travel agencies, and car rentals. This helps them make more money. They offer deals to customers who use more than one of their services. They focus on people who travel alone or in small groups, like students.

Q4 주의할 점

강의 시간에 교수님의 허락 없이 녹음하는 것은 예의에 어긋날 수 있습니다. 학생들은 반드시 교수님의 허락을 구해야 합니다. 또 녹음 내용은 개인적인 공부 목적으로만 사용하고 다른 학생들과 공유하지 않아야 합니다. 교수님의 지시를 따르고 녹음의 목적을 명확하게 하며, 개인정보 및 의견을 존중해야 합니다. 녹음을 할 때에는 기술적인 문제를 방지하고 수업을 방해하지 않도록 주의해야 합니다. 이러한 조치를 취함으로써 학문적인 활동과 교수님 및 학생들 간의 존중과 협력을 증진시킬 수 있습니다.

chapter 2 | Chat GPT로 문법 정복하기

Q1 왜 Chat GPT를 써야할까?

 Chat GPT는 사용자의 영어 문법 능력을 향상시키는 데 대단히 효과적인 실시간 피드백을 제공합니다. 예를 들어, 사용자가 영어 문장을 입력하면 모델은 문법적인 오류를 식별하고 해당 오류를 피드백으로 제공하여 사용자가 올바른 표현을 습득하도록 돕습니다. 이러한 실시간 피드백은 학습 과정을 가속화하고 사용자가 반복적으로 같은 오류를 반복하지 않도록 도와줍니다.

 또한, Chat GPT는 다양한 문법 규칙을 이해하고 학습하기 위한 다양한 예제와 연습 문제를 제공합니다. 예를 들어, 사용자가 전치사의 올바른 사용법을 이해하고자 할 때, 모델은 다양한 문장에서의 전치사 활용 사례를 제시하여 개념을 명확히 학습할 수 있도록 돕습니다. 이러한 예제와 연습 문제는 사용자가 실제 상황에서 영어 문법을 활용하는 데 도움이 됩니다.

 뿐만 아니라, Chat GPT는 개인화된 학습 경험을 제공합니다. 모델은 사용자의 수준과 필요에 맞춰 학습 자료를 제공하며, 어려운 부분을 집중적으로 연습하도록 도와줍니다. 예를 들어, 사용자가 동명사와 분사를 혼동하는 경우, 모델은 해당 주제에 대한 특별한 연습 자료를 제공하여 사용자의 이해도를 높이고 문법적인 오류를 줄일 수 있도록 돕습니다.

총론적으로 Chat GPT는 실시간 피드백, 다양한 예제와 연습 문제, 개인화된 학습 경험을 통해 사용자가 영어 문법을 효과적으로 이해하고 습득하는 데 큰 도움을 주는 강력한 도구로 활용됩니다. 이러한 기능들은 사용자의 언어 능력 향상을 지원하며, 영어를 능숙하게 사용하고 이해하는 과정을 보다 효율적으로 만들어줍니다.

Q2 대학생이 활용 가능한 프롬프트 리스트

- **문법 피드백 요청:** 내가 작성한 이 문장의 문법 오류를 찾아 주세요.
- **동명사 사용 예제:** 동명사를 사용하는 몇 가지 예제를 보여주세요.
- **분사 사용법 설명:** 분사가 어떻게 사용되는지 설명해 주세요.
- **과거분사 활용 문장:** 과거분사를 사용한 몇 가지 문장을 만들어 주세요.
- **전치사 설명:** 전치사와 그 사용법을 간단히 설명해 주세요.
- **전치사 사용 예제:** 전치사 'in'을 사용한 예제를 몇 개 보여주세요.
- **부사 설명:** 부사의 역할과 다양한 종류를 알려주세요.
- **부사 사용 예제:** 부사 'quickly'를 사용한 문장을 만들어 주세요.
- **조동사 설명:** 조동사의 의미와 종류에 대해 설명해 주세요.
- **조동사 사용 예제:** 조동사 'can'을 사용한 문장을 몇 개 보여주세요.
- **의문문 변환:** 이 문장을 의문문으로 변환하는 방법을 알려주세요.
- **부정문 변환:** 부정문으로 바꾸는 방법을 가르쳐 주세요.
- **시제 변환 연습:** 현재 시제 문장을 과거 시제로 바꿔보는 예제를 제공해 주세요.
- **간접 진술법 설명:** 간접 진술법의 사용법과 중요성에 대해 설명해

주세요.
- **간접 진술법 사용 예제:** 간접 진술법을 사용한 문장을 몇 개 만들어 주세요.

Q3 실제 활용 사례

영어 문법 공부를 위해 Chat GPT를 활용해 보겠습니다. 토익 공부를 하던 중 이해가 되지 않는 부분이 영문법이 생겼습니다.

문장 : Sarah, along with her colleagues, _____ currently working on the new project.

1. is   2. am   3. are   4. was

1번이 답인데, 왜 1번이 답인지 이해가 되지 않아서 질문합니다.

Prompt

Sarah, along with her colleagues, _____ currently working on the new project.

1. is   2. am   3. are   4. was

왜 1번이 답인지, 초등학생에게 설명하듯이 쉽게 설명해 줘.

Chat GPT

이 문장은 "Sarah, along with her colleagues, _____ currently working on the new project."입니다. 여기서 빈칸에 들어갈 맞는 단어를 찾아야 합니다.

우리가 알아야 할 규칙은 "Sarah"가 하나의 사람 이름이라는 것과, "along with her colleagues"는 다른 사람들과 함께일 때 사용하는 특별한 표현이라는 것입니다. 그리고 중요한 규칙은 주어가 하나의 사람일 때 동사도 하나의 사람에 맞게 사용해야 한다는 것입니다. "Sarah"는 하나의 사람이니까 동사도 하나의 사람에 맞춰야 합니다. 그러면 어떤 동사가 하나의 사람에 맞게 사용되는지 알아보면 도움이 됩니다. "is"는 하나의 사람일 때 사용되는 동사입니다. 따라서 올바른 답은 "is"입니다. 그래서 전체 문장은 "Sarah, along with her colleagues, is currently working on the new project."가 됩니다.

위 문제는 이해가 됐는데, 영어공부를 안한지 너무 오래되어서 질문이 많습니다. 추가적으로 질문이 생겼습니다. 이럴 경우 다시 Chat GPT에게 물어봅니다.

Prompt

너는 영어 문법 전문가야. 어느 학생이 영어 문법에 대해 질문하며 너에게 도움을 요청해 왔어. 학생은 현재 영어 수업을 듣고 있고, 영어 문장에서 주어와 동사의 일치에 대해 혼란스러워하고 있어. 그 학생은 단수 주어에 왜 단수 동사를 써야 하는지 이해하지 못하고 있어. 네 목적은 이 학생에게 영어 문장에서 주어와 동사의 수 일치의 중요성을 알리는 것이야. 학생이 이해하기 쉽도록 1분 분량의 설명을 작성해 줘.

Chat GPT

주어가 단수일 때 동사도 단수, 주어가 복수일 때 동사도 복수를 써야 하는 것은 영어 문법의 중요한 규칙 중 하나입니다. 이것을 "주어와 동사의 일치 (Subject-Verb Agreement)"라고 합니다.

예를 들어, "Sarah is working"에서 "Sarah"는 단수 주어이기 때문에 동사 "is"도 단수형입니다. 하지만 "Sarah and her friends are working"에서 "Sarah and her friends"는 복수 주어이므로 동사 "are"도 복수형입니다.

이 규칙은 영어 문장의 명확성을 유지하기 위해 사용됩니다. 주어와 동사의 형태를 일치시키면 문장이 논리적으로 이해하기 쉽고 자연스럽게 들립니다. 따라서 "Sarah, along with her colleagues"에서 "Sarah"가 하나의 사람이므로 동사 "is"도 단수형을 사용하는 것이 올바른 문법 규칙을 따르는 것입니다.

Chat GPT가 친절하게 답변해 주었습니다. 이 기회에 저는 영문법을 더 공부하기로 마음먹었습니다.

Prompt

너는 한국의 중학생들이 학교에서 배우는 영문법에 대한 궁금증을 해결해 주려고 해. 이 중학생들은 영어를 더 잘 이해하고 사용하기 위해 필요한 기본적인 문법 규칙들을 알고 싶어해. 목적은 중학생 수준에서 꼭 알아야 할 영문법의 개수와 그 중요성을 알리는 것이야. 이 정보를 간결하게 정리하여 1분 분량의 설명으로 작성해 줘.

Chat GPT

영어 문법은 다양하고 복잡할 수 있지만, 반드시 알아야 하는 핵심 영어 문법 규칙은 상대적으로 몇 가지로 요약될 수 있습니다. 아래에 몇 가지 중요한 영어 문법 규칙을 나열해 보겠습니다.

주어와 동사의 일치(Subject-Verb Agreement): 주어와 동사의 형태를 일치시키는 것이 중요합니다. 단수 주어에는 단수 동사를, 복수 주어에는 복수 동사를 사용해야 합니다.

명사와 대명사의 일치(Noun-Pronoun Agreement): 대명사는 그것이 가리키는 명사와 일치해야 합니다. 예를 들어, "She is a teacher. She is very nice."에서 "She"는 "teacher"와 일치합니다.

시제(Tense): 영어에서는 과거·현재·미래와 같은 다양한 시제가 있습니다. 시제를 올바르게 사용하여 동작이나 사건의 시간을 정확하게 전달해야 합니다.

부사와 형용사(Adverbs and Adjectives): 부사는 동사, 형용사, 다른 부사를 수정하는 역할을 하며, 형용사는 명사를 수정합니다. 이들을 올바르게 사용하여 문장을 더 풍부하게 만들 수 있습니다.

전치사(Prepositions): 전치사는 명사나 대명사와 다른 단어 사이의 관계를 나타내며 문장의 의미를 정확하게 전달하는 데 중요합니다.

조동사(Modal Verbs): 조동사는 동사 앞에 오며, 가능성·의무·허가·의향 등을 나타냅니다. "can," "must," "may," "should" 등이 예시입니다.

부정문과 의문문(Negatives and Questions): 부정문과 의문문을 만들 때 문장 구조와 동사 형태가 변경됩니다. 이에 대한 이해가 필요합니다.

동명사와 분사(Gerunds and Participles): 동명사와 분사는 동사의 형태로 사용되며, 복합동사나 시제 변화에 관련이 있습니다.

조건문(Conditionals): 조건문은 조건과 결과를 나타내는데 사용되며, 다양한 형태와 사용법이 있습니다.

강세와 억양(Stress and Intonation): 말의 강세와 억양은 문장의 의미를 전달하는 데 영향을 미치며, 올바르게 사용하는 것이 중요합니다.

이러한 규칙은 영어를 올바로 사용하고 효과적으로 의사 표현을 할 때 필요한 핵심 요소입니다. 이를 기반으로 학습하면 영어 문법을 효과적으로 이해하고 사용할 수 있습니다.

동명사와 분사가 평상시 제가 헷갈려하던 부분입니다. 그래서 이 부분을 다시 물어보도록 하겠습니다.

Prompt

동명사와 분사의 관계를 자세히 설명해 줘.

Chat GPT

동명사와 분사는 영어 동사의 다양한 형태 중 두 가지 중요한 형태입니다. 각각의 역할과 사용법을 자세히 설명해 드리겠습니다.

1. 동명사(Gerund)
동명사는 동사의 -ing 형태를 가진 명사입니다. 동명사는 주로 동작이나 활동을 나타내며, 주어나 목적어로 사용됩니다.

【예시】
"Swimming is fun."(수영은 즐겁다.) - 'Swimming'은 동명사로 주어의 역할을 합니다.
"I enjoy reading books."(나는 책 읽는 것을 즐긴다.) - 'reading'은 동명사로 목적어의 역할을 합니다.

동명사는 명사 역할을 하기 때문에 앞에 형용사나 전치사를 포함하여 다양한 형태로 사용됩니다.

【예시】
"Playing tennis is his favorite activity."(테니스 치는 것은 그의 가장 좋아하는 활동이다.) - 'Playing tennis'는 주어의 역할을 하고, 'activity'는 목적어입니다.

2. 분사(Participle)

분사는 동사의 변형 중 하나로, 주로 형용사나 부사 역할을 합니다. 과거 분사 (Past Participle)는 동사의 과거 형태 또는 과거 분사 형태로 사용됩니다. 현재 분사 (Present Participle)는 -ing로 끝나는 동사 형태로 사용됩니다.

【예시】

과거 분사: "The broken window needs to be fixed."(깨진 창문을 고쳐야 해요.) - 'broken'은 형용사로, 'fixed'는 동사로 사용됩니다.
현재 분사: "The running horse is fast."(달리는 말이 빠르다.) - 'running'은 형용사로, 'fast'는 부사입니다.

분사는 주로 형용사 역할로 명사를 수정하거나 부사 역할로 동사를 수정합니다. 동명사와 분사는 문장에서 다양한 역할을 하며, 영어를 풍부하게 표현하는 데 중요한 역할을 합니다. 올바르게 이해하고 사용하면 문장을 더 다양하게 구성할 수 있습니다.

동명사와 분사에 대해서 잘 설명해 주고 있습니다. 하지만 이걸로 끝내지 않고 동명사와 분사에 대해 확실히 공부하기 위해 스토리를 만들어 보도록 하겠습니다.

Prompt

한 학생이 영어 문법의 일부인 분사와 동명사를 이해하는 데 어려움을 겪고 있어. 이 학생은 영어를 모국어로 사용하지 않기 때문에 실제 상황에서 이 구조들이 어떻게 사용되는지 보여주는 것이 중요해. 네 목표는 분사와 동명사의 사용 예를 포함하는 짧은 스토리를 만드는 것이야. 이를 통해 학생이 이 문법 구조를 더 잘 이해하고 실제로 사용하는 방법을 배울 수 있도록 도와줄 거야. 원하는 결과는 분사와 동명사가 굵은 글씨로 표시된 1분 분량의 영어 스토리야.

Chat GPT

 Of course, here's the story with gerunds and participles highlighted:

Story: "The Adventure of Tom and His Kite"
In a small town, there lived a boy named Tom. Tom had a hobby off lying kites whenever the wind was blowing. So, one day, on a sunny day, Tom asked his mom for permission and went out to fly his kite.
이야기: "톰과 그의 연의 모험"
작은 마을에 톰이라는 소년이 살고 있었습니다. 톰은 바람이 부는 날마다 연을 날리는 취미가 있었어요. 그래서 어느 화창한 날, 톰은 엄마에게 허락을 받고 연을 날리러 나갔습니다.

Scene 1: "Tom Flying a Kite"
First, Tom went to a large park. There, he flew his kite up high into the sky. With the kite filling the sky, a happy smile spread across his face. What Tom was doing, flying the kite, is called 'Flying a Kite.' Here, 'Flying' is a gerund.
장면 1: "톰이 연을 날리는 장면"
처음에 톰은 큰 공원으로 갔습니다. 거기서 그는 연을 하늘 높이 날렸습니다. 연이 하늘을 가득 메우면서 톰의 얼굴에는 행복한 미소가 퍼졌습니다. 톰이 하고 있는 일, 연을 날리는 것, 이것을 '연 날리기'라고 합니다. 여기서 '날리기'는 동명사입니다.

Scene 2: "The Broken Kite"
But suddenly, the kite fell and got damaged. Tom came back with a broken kite. The incident of what happened while flying the kite, 'BrokenKite,' is expressed using the past participle 'Broken.'
장면 2: "부서진 연"

그런데 갑자기 연이 떨어져서 망가졌습니다. 톰은 부서진 연을 들고 돌아왔습니다. 연을 날리는 도중에 일어난 사건, '부서진 연'은 과거 분사 '부서진'을 사용하여 표현됩니다.

Scene 3: "Fixing the Kite"
Tom decided to fix the damaged kite. You could see him fixing the kite. The action offixing the kite, 'Fixing the Kite,' is expressed using the gerund form. He glued the torn parts and reattached the strings to repair the kite.

장면 3: "연 고치기"
톰은 망가진 연을 고치기로 결심했습니다. 그가 연을 고치는 모습을 볼 수 있었습니다. 연을 고치는 행동, '연 고치기'는 동명사 형태로 표현됩니다. 그는 찢어진 부분을 붙이고 줄을 다시 연결하여 연을 수리했습니다.

Scene 4: "A Flying Kite Again"
Finally, Tom was able to fly the kite again. He went back to the park and flew the newly repaired kite. Even in the expression 'A Flying Kite,' the gerund is used.
In this way, Tom experienced various situations where gerunds and past participles were used while flying his kite. This story should help you understand the roles and usage of gerunds and participles more easily.

장면 4: "다시 날아오른 연"
마침내, 톰은 다시 연을 날릴 수 있었습니다. 그는 다시 공원으로 돌아가 새로 수리한 연을 날렸습니다. '다시 날아오른 연'이라는 표현에서도 동명사가 사용됩니다. 이렇게 해서 톰은 연을 날리면서 동명사와 과거 분사가 사용되는 다양한 상황을 경험했습니다. 이 이야기는 동명사와 분사의 역할과 사용법을 더 쉽게 이해하는 데 도움이 될 것입니다.

이런 식으로 우리는 연 날리기 스토리를 통해 동명사와 과거분사가 사용되는 다양한 상황을 경험했습니다. 이 이야기는 여러분들이 동명사와 분사의 역할과 사용법을 더 쉽게 이해하는 데 도움이 될 것입니다.

Q4 주의할 점

Chat GPT에게 질문을 더 주도적으로 하는 것은 영어 문법 공부에 매우 중요합니다. Chat GPT와 대화를 할 때 다음과 같은 주도적인 질문을 사용하여 문법 학습을 깊이 있게 진행할 수 있습니다.

- **예제 문장 요청**: 모델에게 특정 문법 규칙에 관한 예제 문장을 요청하세요. 예를 들어, "Can you provide some examples of using the past perfect tense?"(과거완료 시제를 사용하는 예제 몇 가지를 제공해 주실 수 있나요?)라는 질문을 통해 모델이 해당 문법 규칙을 설명하고 예제를 제시할 것입니다.
- **문장 수정 요청**: 모델에게 작성한 문장의 수정을 요청하여 올바른 문법 사용을 배울 수 있습니다. 예를 들어, "Can you please correct this sentence: 'He have a book?'"(이 문장을 수정해 주실 수 있을까요? 'He have a book'을 고쳐 주세요.)와 같은 질문을 통해 모델이 올바른 형태인 "He has a book"로 문장을 수정할 것입니다.
- **문법 규칙 설명 요청**: 특정 문법 규칙을 자세히 이해하고 싶을 때 모델에게 해당 규칙에 대한 설명을 요청하세요. 예를 들어, "Can you explain the rules for using gerunds in English?"(영어에서 동명사를 사용하는 규칙을 설명해 주실 수 있나요?)와 같은 질문을 통해 모델은 해당 문법 규칙을 설명해 줄 것입니다.
- **실전 연습 문장 제시**: 모델에게 특정 문법 규칙을 활용한 문장

을 만들어 달라고 요청하세요. 예를 들어, "Can you give me a few sentences using the conditional tense?"(조건부 시제를 사용한 몇 가지 문장을 만들어 주세요)와 같은 질문을 통해 모델은 해당 문법 규칙을 실전 문장에 적용한 예제를 제시할 것입니다.

chapter 3 | Chat GPT가 알려주는 외국어 말문 트이는 방법

Q1 왜 Chat GPT를 써야할까?

 Chat GPT는 영어 인터뷰 및 대화 스킬 향상에 아주 유용한 도구입니다. 이는 사용자가 제공하는 문장의 문법적 오류를 정정하고 더 자연스럽고 표준적인 영어 표현으로 수정하는 데 도움을 줍니다. 또한, 복잡하거나 어색한 문장 구조를 개선하여 더 명료하고 이해하기 쉬운 방식으로 표현할 수 있도록 조언합니다. 적절한 어휘 선택과 고급 어휘 사용을 통해 답변의 질을 높이고, 자신 있고 확신에 찬 방식으로 의견을 표현하는 방법을 제공합니다. 실제 대화 상황을 연습할 수 있도록 피드백을 주며, 영어로 대화할 때 자주 발생하는 실수를 지적하고 이를 수정하는 방법도 제공합니다. 이러한 모든 기능은 영어 스피킹 능력을 전반적으로 향상시키는 데 매우 도움이 됩니다.

Q2 대학생이 활용가능한 프롬프트 리스트

- 제 영어 인터뷰 답변을 검토하고 문법 및 표현에 대한 피드백을 주세요.

- 영어로 이 문장을 고쳐 주세요.
- 제 영어 대답을 개선하려면 어떻게 해야 하나요?
- 영어로 말했던 내용 중 어색한 부분을 수정해 주세요.
- 영어로 더 자연스럽게 표현할 수 있는 방법을 알려주세요.
- 영어 인터뷰에서 좀 더 전문적으로 얘기하려면 어떻게 해야 하나요?
- 문장 구조나 어휘를 개선하기 위한 제안이 필요합니다.
- 제 답변을 더 자신 있게 표현할 수 있도록 도와주세요.
- 영어로 효과적으로 소통하기 위한 조언을 부탁합니다.
- 영어 스피킹 스킬을 향상시키기 위한 도움을 주세요.
- 영어 인터뷰에서 더 자연스럽게 들리도록 도와주세요.
- 영어로 대화할 때 자주 범하는 실수를 수정해 주세요.
- 제 영어 스피킹 능력을 향상시키기 위한 제안을 해 주세요.
- 영어로 이 문장을 개선하려면 어떻게 해야 할까요?
- 영어로 더 효과적으로 의사를 전달할 수 있는 방법을 알려주세요.

Q3 실제 활용 사례

영어 인터뷰를 준비하는 과정에서 Chat GPT를 잘 활용할 수 있습니다. 일단 아래 QR코드를 통해 크롬 확장 프로그램인 [Voice control for Chat GPT]를 설치합니다.

Chat GPT 대화창 위에 아래와 같이 보이스 녹음을 위한 창이 함께 등장한 것을 볼 수 있습니다. 혹시 언어 설정에서 English 표시는 보이지 않고, 한국어로만 설정이 되어 있다면 PC 설정에서 언어를 영어로 바꿔줘야 합니다.

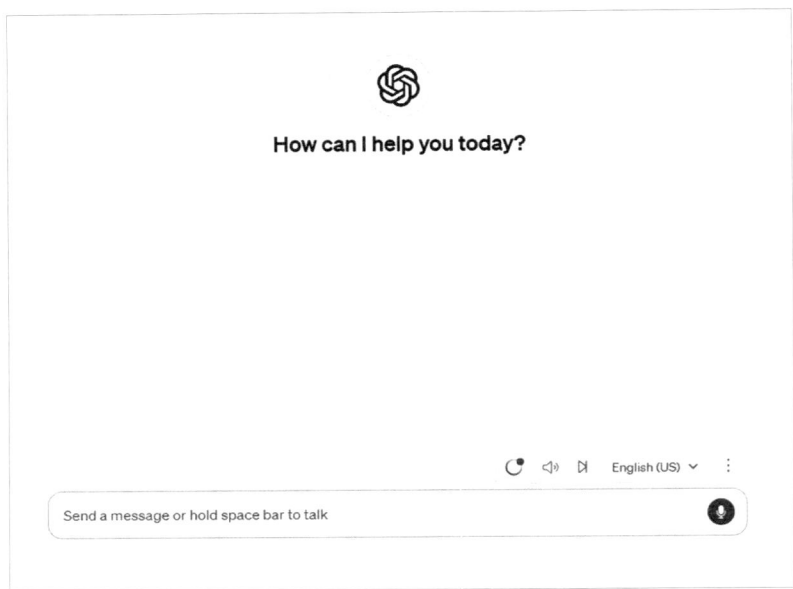

[그림 3] 크롬 확장 프로그램이 설치된 화면

    방법은 간단합니다. 본인이 윈도우10 사용자라면 설정–시간&언어 – 언어 선택에서 English를 선택합니다.

    마이크 사용 방법은 다음과 같습니다. 마이크 표시를 클릭하고 영어로 이야기를 하면, 이야기하는 것이 그대로 영어로 타이핑이 되는 것을 볼 수 있습니다. 대화를 마친 뒤, 빨간색으로 변한 마이크를 다시 클릭하면 녹음이 끝나면서 Chat GPT가 바로 답변을 주는 것을 볼 수 있습니다. 보이스를 켜고 Chat GPT에게 말을 겁니다.

Prompt

너는 호텔 산업에 종사하는 영어 인터뷰 전문가야. 다음 주에 호텔 면접을 보는 한 학생이 있는데, 이 면접에는 영어 인터뷰가 포함되어 있어. 이 학생은 영어로 자기소개를 준비했고, 너에게 피드백을 요청하고 싶어해. 이 학생이 면접에서 좋은 인상을 남길 수 있도록, 영어 자기소개 답변을 어떻게 개선할지 구체적인 조언을 제공하는 것이 목표야.
이 학생의 답변을 듣고 피드백 해줄 수 있니?

Chat GPT

물론, 영어 자기소개 답변을 피드백 해 드릴 수 있습니다. 자기소개를 어떻게 구성하고 어떤 내용을 포함해야 할지에 대한 정보를 주시면, 피드백을 제공해 드리겠습니다. 다음주 면접을 위해 어떤 주제나 질문이나 자세한 내용을 알려주시면 도움이 될 것입니다.

그런 다음 영어 답변을 말로 Chat GPT에게 해줍니다.

Prompt

Good afternoon sir and Madam I'm very happy for attending this interview today my name is Kim I have experience as a cafe manager almost 2 1/2 years at the same time I study hotel management at 00 University with this experience I'm pretty sure I know how to communicate with other people and how to mingle other people as well so I'm very happy today I will do my best in this interview today so thank you for listening.
(안녕하세요. 오늘 이렇게 인터뷰에 참석하게 되어 매우 기쁩니다. 제 이름은 김입니다. 저는 카페 매니저로 2년 반 정도 근무한 경험이 있습니다. 이 경험

을 바탕으로 OO대학교에서 호텔경영학을 공부하고 있습니다. 저는 다른 사람들과 소통하는 방법과 다른 사람들과 어울릴 줄 아는 사람이라고 생각합니다. 오늘 저는 매우 기쁩니다, 그리고 오늘 이 인터뷰에 최선을 다하겠습니다. 들어주셔서 감사합니다.)

Chat GPT

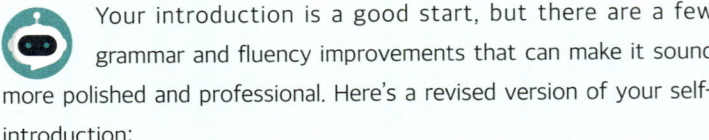

Your introduction is a good start, but there are a few grammar and fluency improvements that can make it sound more polished and professional. Here's a revised version of your self-introduction:

(자기소개는 좋은 시작이지만 문법과 유창성을 개선하여 더 세련되고 전문적으로 들리도록 할 수 있는 몇 가지 개선 사항이 있습니다. 다음은 수정된 버전의 자기소개입니다)

Good afternoon, sir and madam. I'm very pleased to be here for this interview today. My name is Kim, and I come to you with nearly 2 1/2 years of experience as a cafe manager. Simultaneously, I have been pursuing a degree in Hotel Management at 10:10 University.

My experience as a cafe manager has provided me with valuable skills in communication and the ability to connect with people effectively. I believe these skills are transferable to the hospitality industry, and I am eager to demonstrate my passion and dedication during this interview. I am truly excited about the opportunity to be here today, and I assure you that I will give my very best. Thank you for considering my candidacy.

(안녕하세요. 오늘 인터뷰에 참석하게 되어 기쁩니다. 저는 카페 매니저로 2년 반 가까이 근무한 경력을 가지고 여러분을 찾아뵙게 되었습니다. 동시에 저는 ○○대학에서 호텔경영학 학위를 취득하였습니다. 카페 매니저로서의

경험을 통해 커뮤니케이션에 대한 귀중한 기술과 사람들과 효과적으로 소통할 수 있는 능력을 배웠습니다. 저는 이러한 기술이 호텔 업계에 적용 가능하다고 생각하며, 이번 면접에서 저의 열정과 헌신을 보여드리고 싶습니다.
오늘 이 자리에 설 수 있는 기회를 얻게 되어 정말 기쁘고, 최선을 다할 것을 약속드립니다. 저의 지원서를 검토해 주셔서 감사합니다)

This revised version maintains your enthusiasm while improving grammar and clarity. Remember to practice your pronunciation and delivery to make a strong impression during the interview. Good luck!
(이 수정본은 여러분의 열정을 유지하면서 문법과 명확성을 개선했습니다. 면접에서 강한 인상을 남길 수 있도록 발음과 전달을 연습하는 것을 잊지 마세요. 행운을 빕니다!)

시작은 좋았지만 몇몇 문법적 오류와 개선해야 할 점이 있다고 말하며 Chat GPT는 수정된 샘플을 보여주었습니다. 어떤 부분이 수정되었는지 자세히 봅니다. 그래야 잘못한 부분을 알고, 다음에는 더 좋은 결과물을 만들 수 있겠죠?

이번에는 자기소개 답변을 개선해 보도록 하겠습니다. 앞서 Chat GPT가 수정을 해준 답변을 써도 괜찮지만, 한 번 더 수정을 해서 더 좋은 결과가 나올지 확인해 보도록 하겠습니다.

Prompt

 한국어로 자기소개를 작성한 사용자가 영어 인터뷰를 준비하고 있어. 이 사용자는 자기 자신을 영어로 어떻게 표현해야 할지 조언을 구하고 있으며, 특히 자기소개에서 어떤 부분을 개선해야 하는지 알고 싶어해. 네가 할 일은 사용자의 자기소개를 검토하고, 필요한 수정 사항을 제시하는 것이야. 수정된 부분은 줄을 그어서 표시해야 해. 이 과정을 통해 사용자가 영어 면접에서 더 자신감을 가질 수 있도록 도와주는 것이 목표야. 이를 위해 수정된 영어 자기소개를 1분 분량으로 작성해 달라고 요청했어.

Good afternoon, sir and madam. I'm very pleased to be here for this interview today. My name is Kim, and I come to you with nearly 2 1/2 years of experience as a cafe manager. Simultaneously, I have been pursuing a degree in Hotel Management at 00 University.
My experience as a cafe manager has provided me with valuable skills in communication and the ability to connect with people effectively. I believe these skills are transferable to the hospitality industry, and I am eager to demonstrate my passion and dedication during this interview. I am truly excited about the opportunity to be here today, and I assure you that I will give my very best. Thank you for considering my candidacy.

Chat GPT

물론, 자기소개를 듣고 피드백을 제공해 드리겠습니다.

당신의 자기소개는 전반적으로 잘 구성되어 있습니다. 그러나 몇 가지 작은 수정을 제안할 수 있습니다. 이러한 수정 사항은 당신의 경험과 열정을 더욱 강조하는 데 도움이 될 것입니다.

경력 기간 명확히 하기: "nearly 2 1/2 years" 대신 "over two years" 또는 정확한 기간(예: "two years and six months")을 사용하면 더 구체적이고 전문적으로 들립니다.
학력 정보 강조: "pursuing a degree in Hotel Management at 00

University"를 "actively pursuing a degree"로 변경하여 교육에 대한 당신의 적극적인 태도를 강조하는 것이 좋습니다.

열정과 헌신 강조: "I am eager to demonstrate my passion and dedication during this interview"를 "I am enthusiastic and committed to demonstrating my passion and dedication in the hospitality industry"로 바꾸어 업계에 대한 당신의 열정과 헌신을 더욱 강조할 수 있습니다.

마무리 멘트 강화: "I assure you that I will give my very best"를 "I am confident that my skills and experiences will be a valuable asset to your team"으로 변경하여 자신감을 표현하고, 팀에 기여할 수 있는 능력을 강조하는 것이 좋습니다.

수정된 자기소개:

Good afternoon, sir and madam. I'm very pleased to be here for this interview today. My name is Kim, and I come to you with over two years of experience as a cafe manager. Simultaneously, I have been actively pursuing a degree in Hotel Management at 00 University.

My experience as a cafe manager has provided me with valuable skills in communication and the ability to connect with people effectively. I believe these skills are transferable to the hospitality industry, and I am enthusiastic and committed to demonstrating my passion and dedication in the hospitality industry.

I am truly excited about the opportunity to be here today, and I am confident that my skills and experiences will be a valuable asset to your team. Thank you for considering my candidacy.

이러한 수정 사항은 당신의 자기소개를 더욱 강력하고 설득력 있게 만들어 줄 것입니다.

이번 채용 공지에 보면 서비스 경력자 우대라는 표현이 있었습니다. 그래서 저는 서비스 경력을 우대해서 자기소개를 수정해 보겠습니다.

Prompt

나는 채용 과정에 있으며, 이번에 지원한 회사에서 서비스 경력자를 우대한다는 점을 강조하고 싶어. 내 자기소개서에서 서비스 경력을 돋보이게 만들어 주는 것이 목적이야. 이를 위해 1분 분량으로 내 자기소개서 내용 중 서비스 경력 부분을 강조하는 방법을 알려줘.

Chat GPT

카페에서의 서비스 경력을 강조하고 싶다면 다음과 같이 수정하면 좋을 것입니다:

Good afternoon, sir and madam. I'm very pleasedto be here for this interview today. My name is Kim, and I come to you with nearly 2 1/2 years of experience as a cafe manager. During this time, I have honed my customer service skills, which I believe are invaluable in the hospitality industry.

My experience as a cafe manager has provided me with valuable skills in communication and the ability to connect with people effectively. I have successfully handled customer inquiries, resolved issues, and ensured a pleasant experience for all patrons. These experiences have taught me the importance of attention to detail, anticipating customer needs, and maintaining a welcoming atmosphere.

I am truly excited about the opportunity to be here today, and I assure you that I will give my very best. Thank you for considering my candidacy.

(안녕하세요, 여러분. 오늘 인터뷰를 하게 되어 매우 기쁘게 생각합니다. 저는 카페 매니저로 약 2년 반의 경력을 가지고 여러분을 찾아뵙게 되었습니다. 이 기간 동안 저는 고객 서비스 기술을 연마해 왔으며, 이는 서비스 산업에서 매우 중요하다고 생각합니다. 카페 매니저로서의 경험을 통해 커뮤니케이션에 대한 귀중한 기술과 사람들과 효과적으로 소통할 수 있는 능력을 배웠습니다. 저는 고객 문의를 성공적으로 처리하고 문제를 해결하며 모든 고객에게 즐거운 경험을 선사했습니다. 이러한 경험을 통해 세세한 부분까지 신경 쓰고, 고객의 요구를 예측하며, 친절한 분위기를 유지하는 것이 중요하다는 것을 배웠습니다. 오늘 이 자리에 설 수 있는 기회를 얻게 되어 정말 기쁘고 최선을 다할 것을 약속드립니다. 저의 지원을 고려해 주셔서 감사합니다.)

이렇게 하면 카페에서의 서비스 경험을 강조하고, 어떤 역량을 갖추고 있는지 더 명확하게 보여줄 수 있습니다. 이제 인터뷰에서 이 경험을 구체적으로 언급하고, 예시나 세부적인 상황을 공유하면 좋을 것입니다. 이를 위해서 스토리텔링을 적용해서 답변을 다시 만들어 보겠습니다.

Prompt

 한 손님의 특별한 요구에 응대하는 상황에서 나의 서비스 마인드를 보여주는 이야기를 알려주고 싶어. 이 이야기는 내가 어떻게 고객의 요구에 유연하게 대응하며 특별한 서비스를 제공했는지 보여주는 것을 목적으로 하고 있어. 카페에서 일하던 나에게 한 단골손님이 오셔서 기존 메뉴에 없는 음료를 요청했고, 이에 나는 손님을 위해 특별한 음료를 직접 만들어 제공했다는 내용을 1분 분량의 스토리로 작성해 줘.

Chat GPT

 당신의 서비스 마인드와 관련된 스토리를 자기소개에 추가해 보겠습니다:

Good afternoon, sir and madam. I'm very pleasedto be here for this interview today. My name is Kim, and I come to you with nearly 2 1/2 years of experience as a cafe manager. During this time, I had a memorable experience that truly reflects my commitment to exceptional customer service.

One day at the cafe where I worked, a loyal customer visited us. This customer was not an ordinary patron; they were someone who had been visiting our establishment for quite some time. On this particular day, the customer requested a menu item that was not on our regular menu. Now, conventional practice might have been to politely inform them that we couldn't accommodate this request. However, I recognized the importance of going the extra mile to delight our loyal patrons.

Instead of turning them away, I decided to create a custom beverage tailored to their request. I carefully considered their preferences and crafted a unique concoction that wasn't part of our standard offerings. When I presented the special drink to the customer, their face lit up with surprise and delight. They were genuinely pleased that I had taken the time and effort to cater to their specific desires.

This experience reinforced my belief in the power of exceptional customer service. It taught me that going above and beyond to meet customers' needs and exceed their expectations can leave a lasting positive impression. I am truly excited about the opportunity to be here today, and I assure you that I will bring this same dedication and creativity to your establishment if given the chance. Thank you for considering my candidacy.

영어 문장이 너무 길어서 좀 불편합니다. 이때 영어 답변과 한국어 해석을 함께 보면 더 편하겠죠.

Prompt

영어 문장과 한국어 해석을 함께 써줄래. 한 문단 간격으로 영어 문단, 한국어 문단, 영어 문단, 한국어 문단 이런 식으로.

Chat GPT

Certainly, here's the text with English and Korean paragraphs separated:

English: Good afternoon, sir and madam. I'm very pleasedto be here for this interview today. My name is Kim, and I come to you with nearly 2 1/2 years of experience as a cafe manager. During this time, I knew the importance of delighting loyal customers, understanding their immense value.

Korean: 안녕하세요, 여러분. 오늘 인터뷰를 하게 되어 매우 기쁘게 생각합니다. 저는 카페 매니저로 2년 반 가까이 근무한 경험을 가지고 여러분을 찾아뵙게 되었습니다. 이 기간 동안 충성도 높은 고객을 만족시키고 그들의 엄청난 가치를 이해하는 것이 얼마나 중요한지 알게 되었습니다.

English: One day at the cafe where I worked, a loyal customer visited us. This customer was not an ordinary patron; I knew the importance of delighting him, knowing that loyal customers are valuable. On this particular day, the customer requested a menu item that was not on our regular menu. Now, conventional practice might have been to politely inform him that we couldn't accommodate this request.

Korean: 어느 날 제가 일하던 카페에 충성도가 높은 고객이 방문했습니다. 이 고객은 평범한 고객이 아니었고, 저는 충성도가 높은 고객이 얼마나 매장에 소중한지 잘 알고 있었기 때문에, 그 고객을 만족시키는 것이 중요하다고 생각했습니다. 그날 그 고객은 메뉴에 없는 메뉴를 요청했습니다. 일반적으로는 이 요청을 들어줄 수 없다고 정중하게 통보했을 것입니다.

English: However, I decided to create a custom beverage tailored to his request. I carefully considered his preferences and crafted a unique concoction that wasn't part of our standard offerings. When I presented the special drink to the customer, his face lit up with surprise and delight. He was genuinely pleased that I had taken the time and effort to cater to his specific desires.

Korean: 하지만 저는 그의 요청에 따라 그만을 위한 맞춤형 음료를 만들기로 결정했습니다. 저는 그의 취향을 신중하게 고려하여 메뉴에 포함되지 않은 독특한 음료를 만들었습니다. 고객에게 특별한 음료를 건네자 그의 얼굴이 놀라움과 기쁨으로 환하게 빛났습니다. 그는 제가 그의 특별한 욕구를 충족시키기 위해 시간과 노력을 기울였다는 사실에 진심으로 기뻐하는 것 같았습니다.

English: This experience reinforced my belief in the power of exceptional customer service. It taught me that going above and beyond to meet customers' needs and exceed their expectations can leave a lasting positive impression. I am truly excited about the opportunity to be here today, and I assure you that I will bring this same dedication and creativity to your establishment if given the chance. Thank you for considering my candidacy.

Korean: 이 경험을 통해 탁월한 고객 서비스의 힘에 대한 믿음이 더욱 확고해졌습니다. 고객의 요구를 충족하고 기대를 뛰어넘는 서비스를 제공하면 오래도록 긍정적인 인상을 남길 수 있다는 것을 배웠습니다. 저는 오늘 이 자리에 설 수 있는 기회를 얻게 되어 정말 기쁘게 생각하며, 기회가 주어진다면 이와 같은 헌신과 창의성을 귀사에 가져다 줄 것을 확신합니다. 제 지원을 고려해 주셔서 감사합니다.

  편의상 한 문단씩 영어, 한국어를 보여달라고 했지만 한 문장씩 번갈아 가며 보여주는 것도 가능합니다. 이처럼 하나의 영어 자기소개가 만들어졌습니다.

  이제 이걸 앞서 이야기했던 Vrew를 활용해서 자신이 좋아하는 목소리로 변화시켜서 계속해서 듣고, 반복해서 따라하면 영어 면접 답변 연습이 가능합니다. 그런데 기본 자기소개 질문을 듣고 면접관이 또 다른 질문을 할 수 있겠죠? 우리는 그것을 꼬리질문이라고 합니다. Chat GPT는 면접관의 입장에서 예상 꼬리질문까지 만들어 줄 수 있습니다.

Prompt

위 면접 답변을 듣고 네가 면접관이라면 어떤 꼬리질문을 할거야? 5개만 선정해 줘. 그리고 거기에 맞는 모범 답안까지 만들어 줘.

Chat GPT

면접에서 꼬리질문은 후보자의 경험, 자질, 역량, 그리고 적합성을 더 자세히 평가하는 데 도움이 될 수 있습니다. 다음은 가능한 꼬리질문과 모범 답변입니다:

질문: 당신의 경험 중에서 가장 어려운 상황은 무엇이었고, 어떻게 해결했나요?

답변: 저에게 있어 가장 어려웠던 상황은 카페에서 예기치 않은 인기 행사가 열렸을 때였습니다. 예상치 못한 손님 수와 주문량으로 인해 많은 혼란이 있었지만, 저는 팀원들과 소통하고 조화롭게 협력하여 주문을 처리했습니다. 우리는 주문 시간을 최소화하고 고객에게 최상의 서비스를 제공하기 위해 노력했습니다.

질문: 고객 서비스에서 어떤 문제를 경험했고, 그 문제를 어떻게 해결했나요?
답변: 고객 서비스에서 가장 흥미로운 문제 중 하나는 불만족한 고객을 다루는 것이었습니다. 한 번은 주문이 잘못되어 고객이 크게 불평했는데, 저는 먼저 고객의 불편함을 이해하려 노력했습니다. 그런 다음 빠르게 문제를 해결하기 위해 주방과 협력하여 고객에게 올바른 주문을 제공했습니다.

질문: 당신은 팀에서의 협업 경험이 있나요? 협업에서 가장 중요하다고 생각하는 요소는 무엇인가요?
답변: 저는 카페에서 팀과 긴밀하게 협력한 경험이 있습니다. 협업에서 가장 중요하다고 생각하는 요소는 효과적인 의사 소통과 열린 마음입니다. 팀원들과 의견을 공유하고 아이디어를 제안하며 서로의 강점을 존중하는 것이 중요하다고 생각합니다.

질문: 스트레스 상황에서는 어떻게 대처하나요?
답변: 스트레스 상황에서는 냉정하게 상황을 판단하고 우선순위를 정하려 노력합니다. 또한 팀원들과 협력하여 문제를 해결하고 추가적인 도움을 구합니다. 스트레스를 관리하기 위해 건강한 습관과 휴식을 중요하게 여기며, 문제 해결 후에는 배운 점을 되돌아보고 개선점을 찾으려 노력합니다.

질문: 우리 호텔에서 어떤 역할을 맡게 된다면, 어떻게 기여하고 싶으세요?
답변: 만약 기회를 얻게 된다면, 우선 고객들에게 최상의 서비스를 제공하기 위해 노력하겠습니다. 또한 팀원들과 긴밀히 협력하여 호텔의 목표를 달성하고, 고객 경험을 향상시키기 위한 창의적인 아이디어를 기여하겠습니다. 제 역량과 경험을 바탕으로 호텔의 성공에 기여하고 싶습니다.

이러한 꼬리질문과 답변은 면접에서 후보자의 역량과 자질을 더 자세히 평가하는데 도움을 줄 수 있습니다.

위 답변을 영어로 번역해서 그대로 사용하면 되겠죠.
이번에는 호텔리어 면접 시 자주 나오는 영어 면접 질문을 뽑아보겠습니다.

Prompt

일반적으로 호텔리어 면접을 볼 때 자주 나오는 영어 기출문제 20 개만 보여줄래. 중요한 순서대로 순위를 매겨 줘.

Chat GPT

호텔 업계 면접에서 자주 나오는 영어 기출문제 중 중요한 순서대로 20개를 나열해 보겠습니다.

* Can you tell us about your previous experience in the hospitality industry?
(호텔리어 경력에 대해 설명해 주실 수 있나요?)

* How do you handle difficult guests or customer complaints?
(어떻게 어려운 손님 또는 고객의 불만을 다루나요?)

* What do you consider the most important qualities for a successful hotelier?
(성공한 호텔리어에게 있어 가장 중요한 자질은 무엇이라고 생각하나요?)

* How do you ensure excellent customer service in a hotel?
(호텔에서 우수한 고객 서비스를 어떻게 보장하나요?)

* Can you describe a situation where you had to work as part of a team to achieve a common goal?
(공동 목표 달성을 위해 팀으로 일해야 했던 상황을 설명해 주세요.)

* How do you stay updated with industry trends and changes?
(업계 동향과 변화를 어떻게 파악하고 있나요?)

* What strategies do you use to increase hotel occupancy rates and revenue?
(호텔 점유율과 수익을 증가시키기 위해 사용하는 전략은 무엇인가요?)

* Describe a time when you had to resolve a crisis or emergency situation in a hotel.
(호텔에서 위기 또는 긴급 상황을 해결해야 했던 경험을 설명해 주세요.)

* How do you handle reservations and bookings effectively?
(예약과 예약을 어떻게 효과적으로 처리하나요?)

* Can you share an example of a successful upselling experience in your previous role?
(이전 역할에서 성공적인 업셀링 경험을 공유해 주세요.)

* What software or tools are you proficient in using for hotel management?
(호텔 관리를 위해 어떤 소프트웨어나 도구를 능숙하게 사용하나요?)

* How do you ensure the safety and security of hotel guests and staff?

(호텔 손님과 직원의 안전을 어떻게 보장하나요?)

* Tell us about a time when you had to manage a tight budget in a hotel.
(호텔에서 예산을 촉박하게 관리해야 했던 경험을 얘기해 주세요.)

* What customer service training have you undergone in the past?
(지난 경험 중에 어떤 고객 서비스 교육을 받았나요?)

* How do you handle the hiring and training of hotel staff?
(호텔 직원의 고용과 교육을 어떻게 처리하나요?)

* Can you give an example of a time when you exceeded a guest's expectations?
(손님의 기대치를 뛰어넘은 경험에 대한 예를 들어주세요.)

* Describe your approach to managing guest feedback and online reviews.
(손님 피드백과 온라인 리뷰 관리에 대한 접근 방식을 설명해 주세요.)

* How do you ensure that all hotel operations comply with relevant regulations and standards?
(호텔 운영이 관련 규정과 기준을 준수하는 방법은 무엇인가요?)

* What strategies do you use to attract and retain repeat customers?
(반복적으로 고객을 유치하고 유지하기 위해 어떤 전략을 사용하나요?)

* Can you share an example of a time when you had to make a difficult decision as a hotelier?
(호텔리어로서 어려운 결정을 내려야 했던 경험을 공유해 주세요.)

이러한 질문들은 호텔 업계에서 자주 나오는 핵심 질문입니다. 이 질문에 어울리는 답변의 샘플까지 요청해 보겠습니다.

Prompt

위 5개 문제의 모범 답안을 만들어줘. 나는 졸업을 앞둔 대학생이고, 카페에서의 2년 근무 경력이 있어.

Chat GPT

Can you tell us about your previous experience in the hospitality industry?

"Absolutely! Over the past two years, I've had the rewarding opportunity to work at a local cafe while completing my college degree. This experience has been invaluable in helping me understand the nuances of hospitality. From managing daily operations to ensuring customer satisfaction, I've developed a keen sense of how to create a welcoming and efficient environment. My role involved not just serving customers, but also collaborating with my team to handle busy periods, maintain quality, and resolve any issues promptly."

(호스피탈리티 산업에서의 이전 경험에 대해 말씀해 주실 수 있나요?

"물론입니다! 지난 두 해 동안 대학을 다니면서 현지 카페에서 일할 기회를 가졌습니다. 이 경험은 호스피탈리티의 미묘함을 이해하는 데 큰 도움이 되었습니다. 매일 운영 관리부터 고객 만족 보장에 이르기까지, 저는 환영받는 효율적인 환경을 만드는 방법에 대한 통찰력을 개발했습니다. 제 역할은 고객에게 서비스하는 것뿐만 아니라, 바쁜 시간을 처리하고 품질을 유지하며 문제를 신속하게 해결하기 위해 팀과 협력하는 것을 포함했습니다.")
How do you handle difficult guests or customer complaints?

"Dealing with difficult guests or complaints is always challenging, but I approach these situations with patience, empathy, and a problem-solving mindset. For instance, at the cafe, when faced with a dissatisfied customer, I would first listen attentively to understand their concern. Then, I'd acknowledge their feelings and work towards a solution that meets their needs while adhering to our policies. This approach often turns a negative experience into a positive one and teaches me valuable lessons in customer relations."

(어려운 손님 또는 고객 불만을 어떻게 처리하시나요?

"어려운 손님 또는 불만을 처리하는 것은 항상 도전적이지만, 저는 인내심, 공감, 그리고 문제 해결 마인드로 이러한 상황에 접근합니다. 예를 들어, 카페에서 불만족한 고객을 마주했을 때, 저는 먼저 그들의 문제를 이해하기 위해 주의 깊게 듣습니다. 그런 다음, 그들의 감정을 인정하고 우리 정책을 준수하면서 그들의 필요를 충족하는 해결책을 찾습니다. 이러한 접근 방식은 종종 부정적인 경험을 긍정적인 것으로 전환시키며 고객 관계에서 귀중한 교훈을 가르쳐 줍니다.")

What do you consider the most important qualities for a successful hotelier?

"In my view, the most important qualities for a successful hotelier include exceptional communication skills, empathy, adaptability, and a passion for service. These qualities enable a hotelier to understand and meet the diverse needs of guests, lead a team effectively, and swiftly adapt to changing situations. Additionally, a deep-seated commitment to creating memorable guest experiences is crucial. It's about going beyond just providing a service; it's about creating an environment where guests feel valued and cared for."

(성공적인 호텔리어에게 가장 중요한 자질은 무엇이라고 생각하시나요?

"제 생각에 성공적인 호텔리어에게 가장 중요한 자질은 탁월한 의사소통 능력, 공감, 적응력, 그리고 서비스에 대한 열정입니다. 이러한 자질들은 호텔리어가 다양한 손님의 필요를 이해하고 충족시키고, 팀을 효과적으로 이끌며, 변화하는 상황에 빠르게 적응하는 데 도움이 됩니다. 또한, 기억에 남는 손님 경험을 창조하는 데 대한 깊은 헌신이 필수적입니다. 단순히 서비스를 제공하는 것을 넘어, 손님이 소중히 케어 받고 있다고 느끼는 환경을 만드는 것이 중요합니다.")

How do you ensure excellent customer service in a hotel?

"Ensuring excellent customer service in a hotel begins with a strong foundation in team training and a culture that prioritizes guest satisfaction. Regular training sessions on customer service best practices and effective communication can empower the staff. Also, actively seeking guest feedback and promptly addressing any issues is key. Creating a welcoming, inclusive atmosphere and anticipating guest needs can significantly enhance their experience. It's about creating a seamless, enjoyable experience from check-in to check-out."

(호텔에서 훌륭한 고객 서비스를 보장하는 방법은 무엇인가요?

"호텔에서 훌륭한 고객 서비스를 보장하는 것은 팀 트레이닝에 대한 강한 기반과 고객 만족을 우선시 하는 문화로 시작됩니다. 고객 서비스 최고의 관행과 효과적인 의사소통에 대한 정기적인 트레이닝 세션은 직원들에게 권한을 부여할 수 있습니다. 또한, 손님의 피드백을 적극적으로 요청하고 문제를 신속하게 해결하는 것이 중요합니다. 환영받는 포용적인 분위기를 만들고 손님의 필요를 예측하는 것은 그들의 경험을 크게 향상시킬 수 있습니다. 체크인부터 체크아웃까지 매끄럽고 즐거운 경험을 만드는 것이 중요합니다.")

Can you describe a situation where you had to work as part of a team to achieve a common goal?

"Certainly! One memorable experience at the cafe involved organizing a large community event. We had to serve a high volume of customers while maintaining our standard of service. This required meticulous planning, clear communication, and collaborative effort from the entire team. We divided tasks based on each team member's strengths, conducted regular check-ins to ensure everything was on track, and supported each other throughout the event. The result was a highly successful event that was well-received by the community, demonstrating the power of teamwork and effective planning."

(공통 목표를 달성하기 위해 팀의 일부로서 일했던 상황을 설명해 주실 수 있나요?

"물론입니다! 카페에서 기억에 남는 경험 중 하나는 큰 커뮤니티 이벤트를 조직하는 것이었습니다. 우리는 표준 서비스를 유지하면서 많은 고객을 서비스해야 했습니다. 이것은 철저한 계획, 명확한 의사소통, 그리고 전체 팀의 협력적인 노력이 필요했습니다. 우리는 각 팀원의 강점에 따라 작업을 나누고 모든 것이 순조롭게 진행되고 있는지 정기적으로 확인하며 이벤트 내내 서로를 지원했습니다. 결과는 커뮤니티에게 잘 받아들여진 매우 성공적인 이벤트였으며, 팀워크와 효과적인 계획의 힘을 보여주었습니다.")

These answers not only reflect your positive attitude and teamwork skills but also demonstrate your practical experience and understanding of the hospitality industry.
(이 답변들은 긍정적인 태도와 팀워크 기술을 반영할 뿐만 아니라, 실제 경험과 호스피탈리티 산업에 대한 이해를 보여줍니다.)

Q4 주의할 점

Chat GPT를 활용해 면접 답변 준비를 할 때 몇 가지 애로사항이 있을 수 있습니다.

첫째, 문맥 제한에 관한 문제가 있습니다. 문맥이 특히 길거나 복잡한 경우 Chat GPT가 전체 문맥을 완전히 파악하는 데 어려움을 겪을 수 있으며, 이로 인해 질문의 모든 측면을 완전히 다루지 못하는 답변이 나올 수 있습니다. 세부적이거나 매우 구체적인 조언을 기대할 때는 이러한 한계를 고려해야 합니다.

둘째, 특히 인터뷰와 같이 구어의 뉘앙스가 중요한 시나리오에서 역동적인 언어를 사용하는 것은 어려운 문제입니다. 텍스트 기반 AI 모델인 Chat GPT는 구어체 영어에서 자주 사용되는 어조, 억양, 구어체 표현의 미묘한 차이와 변화를 완벽하게 포착하지 못할 수 있으며, 이는 면접에서 올바른 인상을 전달하는 데 매우 중요할 수 있습니다.

마지막으로, 개인화는 Chat GPT의 기능이 제한될 수 있는 또 다른 영역입니다. 입력된 정보를 바탕으로 일반적인 조언을 제공할 수는 있지만, 지속적인 대화와 관찰을 바탕으로 실시간 대화형 지침과 개인화를 제공할 수 있는 인간 코치의 피드백만큼 맞춤화되거나 통찰력이 뛰어나지 않을 수 있습니다. 이러한 인간 코치는 비언어적 단서와 진화하는 대화의 역학 관계에 따라 조언을 조정할 수 있으며, 이는 현재 Chat GPT 와 같은 텍스트 기반 AI 상호 작용의 범위를 벗어나는 것입니다.

PART **02**

눈문/리포트

CHAT GPT

chapter 1 | Chat GPT로 연구 주제 '콕' 선정하고 시작하기

Q1 왜 Chat GPT를 써야할까?

효율적인 정보 검색: Chat GPT는 복잡한 데이터베이스와 학술 자료에서 관련 정보를 신속하게 검색할 수 있습니다. 예를 들어, 사용자가 '기후 변화에 대한 최근 연구 동향'에 대해 물으면, Chat GPT는 해당 주제에 대한 최신 학술 논문, 연구 결과, 통계 등을 요약하여 제공할 수 있습니다.

다양한 출처의 통합: Chat GPT는 여러 출처에서 정보를 통합하여 제공할 수 있으며, 이는 연구자가 다양한 관점을 얻도록 해줍니다. 예를 들어, 경제학 연구에 있어서 Chat GPT는 정부 보고서, 학술 논문, 뉴스 기사 등을 종합하여 광범위한 시각을 제공할 수 있습니다.

초기 연구 설계 지원: 연구 주제를 선정하고 초기 설계를 할 때 Chat GPT는 연구 질문을 정제하고 가설을 설정하는 데 도움을 줄 수 있습니다. 예를 들어, '사회적 거리두기가 정신 건강에 미치는 영향'이라는 주제에 대해 Chat GPT를 사용하여 연구 설계를 돕고 관련 연구를 찾아볼 수 있습니다.

언어 장벽 극복: Chat GPT는 다양한 언어로 작성된 자료를 번역하고 요약할 수 있어 비영어권 연구자들도 쉽게 접근할 수 있습니다. 예를 들

어, 한국어로 된 최신 의학 논문을 영어로 요약해 달라고 요청할 수 있습니다.

연구 방법론의 이해: Chat GPT는 특정 연구 방법론에 대한 설명을 제공하고, 어떻게 적용할 수 있는지에 대한 지침을 제공할 수 있습니다. 예를 들어, '질적 연구 방법론'에 대해 질문하면 Chat GPT는 이 방법론이 무엇인지, 어떤 경우에 적합한지, 실제 연구 사례 등을 설명해 줄 수 있습니다.

Q2 대학생이 활용가능한 프롬프트 리스트

- **문제 정의와 목표 설정:** 연구 주제를 선정하고 목표를 설정하는 방법을 안내해 주세요.
- **논문 검색 전략 수립:** 어떻게 논문 검색을 시작해야 효율적일까요?
- **데이터베이스 활용 방법:** 학술 데이터베이스를 최대한 활용하는 방법을 설명해 주세요.
- **문헌 검색 키워드 제안:** 특정 주제에 대한 효과적인 검색 키워드를 추천해 주세요.
- **다양한 연구 방법 소개:** 다양한 연구 방법론 중에서 어떤 것을 선택해야 할지 조언을 부탁합니다.
- **문헌 조사 및 문헌 목록 작성:** 논문 검색 후 문헌 조사와 문헌 목록 작성에 대한 가이드를 제공해 주세요.
- **관련 연구 자료 분석:** 찾은 연구 자료를 어떻게 분석해야 학술적으로 유용한 정보를 얻을 수 있을까요?
- **연구 가설 및 연구 질문 도출:** 가설과 연구 질문을 어떻게 구체화할 수 있을까요?

- **문헌 검색 결과 정리 및 요약**: 찾은 논문들을 어떻게 요약하고 정리해야 할까요?
- **관련 연구문헌 서론 작성**: 연구 서론을 작성할 때 어떤 내용을 포함해야 할까요?
- **문헌 검색 결과 해석**: 논문 검색 결과를 해석하고 연구에 어떻게 활용해야 할까요?
- **연구 방법론 선택 지침**: 적절한 연구 방법론을 선택하기 위한 가이드를 제공해 주세요.
- **다국적 연구를 위한 언어 관련 조언**: 여러 언어로 된 연구 자료를 효과적으로 활용하는 방법을 안내해 주세요.
- **데이터 수집과 분석 방법 설명**: 데이터 수집과 분석 방법을 자세히 설명해 주세요.
- **참고문헌 작성 방법**: 참고문헌을 어떻게 작성하고 포맷해야 할까요?

Q3 실제 활용 사례

경영학과 학생으로 가정하고 다음과 같이 질문해 보았습니다.

Prompt

> 나는 경영학과 학생이고, 현재 행동 경제학 수업을 듣고 있어. 소비자의 결정에 영향을 미치는 주요 요인들이 무엇인지 알고 싶어. 이 주제에 대해 전문가인 너의 도움이 필요해. 소비자 결정에 영향을 미치는 세 가지 주요 요인들을 간단하게 1분 분량으로 설명해 줄래? 이 정보는 내 과제에 정말 도움이 될 거야.

Chat GPT

앵커링 효과(Anchoring Effect): 소비자들은 종종 첫 번째로 제시된 정보(앵커)에 지나치게 의존하여 결정을 내립니다. 예를 들어, 상품의 최초 가격 제시가 소비자의 지불 의사 가격을 형성하는 경우, 이는 앵커링 효과의 전형적인 예입니다. 경영학과 학생은 마케팅 전략이나 가격 결정에 있어서 앵커링 효과를 어떻게 활용할 수 있는지 고민해 볼 수 있습니다.

손실 회피(Loss Aversion): 사람들은 손실을 피하기 위해 더 큰 리스크를 감수하는 경향이 있습니다. 이는 예를 들어, 소비자가 할인된 상품을 구매할 때 '할인을 놓칠 수 있다'는 두려움에 더 많은 구매를 결정하는 현상으로 나타납니다. 경영학과 학생은 이러한 심리를 이해하고, 프로모션 전략이나 고객 유지 전략을 설계할 때 이를 적용할 수 있습니다.

확인 편향(Confirmation Bias): 소비자는 자신의 믿음이나 가설을 확인할 수 있는 정보에 더 주목하고, 반대되는 정보는 무시하는 경향이 있습니다. 이는 제품 리뷰나 브랜드 이미지 구축에 있어서 중요한 요소가 될 수 있습니다. 경영학과 학생은 소비자의 이러한 편향을 이해하고, 긍정적인 브랜드 인식을 강화하는 커뮤니케이션 전략을 개발할 수 있습니다.

Chat GPT가 경영학 분야에서 많이 활용되고 있는 앵커링 효과, 손실 회피 경향, 확인 편향을 제시해 주고 있습니다. 이번에는 조금 더 구체적으로 아이디어를 얻기 위해서 앵커링 효과에 관한 논문을 준비 중인 것으로 가정하고 질문을 하였습니다.

Prompt

나는 이번 기말 과제로 앵커링 효과와 관련한 논문을 작성해야 해. 기말 과제에서 A+을 받고 싶은데 어떻게 주제를 잡아야 할까?

Chat GPT

앵커링 효과의 실제 사례 연구: 특정 산업이나 시장에서 앵커링 효과가 어떻게 소비자의 구매 결정에 영향을 미쳤는지 실제 사례를 조사합니다. 예를 들어, 부동산 시장에서의 가격 제시 방식이 구매자의 최종 결정에 미치는 영향을 분석할 수 있습니다.

실험적 연구: 실험을 설계하여 앵커링 효과를 검증합니다. 참가자들에게 다양한 가격 앵커를 제시하고 그들의 가격 추정이나 구매 의사 결정이 어떻게 달라지는지 관찰할 수 있습니다.

문화적 차이와 앵커링 효과: 서로 다른 문화적 배경을 가진 사람들이 앵커링 효과에 어떻게 반응하는지 비교 분석합니다. 이는 문화적 맥락이 소비자 행동에 미치는 영향을 이해하는 데 도움이 됩니다.

앵커링 효과와 마케팅 전략: 마케팅 캠페인이나 광고에서 앵커링 효과를 어떻게 활용할 수 있는지 연구합니다. 예를 들어, 할인율이나 권장 소매가격제시가 소비자의 지각된 가치와 구매 의사 결정에 미치는 영향을 분석할 수 있습니다.

앵커링 효과의 장기적 영향: 단기적인 판매 촉진뿐만 아니라, 장기적인 브랜드 인식과 고객 충성도에 앵커링 효과가 미치는 영향을 조사합니다.

앵커링 효과와 관련해서 리포트를 쓸 수 있는 다양한 주제를 제시해 주고 있습니다. 위 내용 가운데 가장 관심이 가는 주제를 선택해서 질문을 해보겠습니다.

Prompt

문화적 차이와 앵커링 효과 관련해서 리포트를 쓰고 싶어. 나는 일본에 관심이 많아서 일본 사람과 우리나라 사람과 관련한 리포트를 써보고 싶어. 리포트의 주제를 구체적으로 잡아 줄래?

Chat GPT

"동아시아의 가격 인식: 한국과 일본 소비자의 앵커링 효과 비교"
이 주제는 두 나라 소비자들이 가격 정보를 어떻게 처리하고, 초기 가격 제시가 구매 결정에 어떤 영향을 미치는지 비교하는 데 초점을 맞출 수 있습니다.

"문화적 가치와 앵커링: 한국의 절약 문화와 일본의 프리미엄 소비 행태 연구"
여기서는 한국의 전통적인 절약 정신과 일본의 고품질 제품에 대한 선호도가 앵커링 효과에 어떻게 다르게 작용하는지 탐구할 수 있습니다.

"할인 전략의 문화적 반응: 한국과 일본의 할인율 앵커링 효과에 대한 비교 연구"
이 주제는 할인율이나 특별 판매 제안이 두 나라 소비자들의 구매 의사 결정에 어떻게 영향을 미치는지 분석합니다.

"소비자 기대치의 형성: 한국과 일본에서의 초기 가격 제시의 역할"
초기 가격 제시가 소비자의 기대치 형성과 최종 구매 결정에 미치는 영향을 두 나라의 문화적 맥락에서 비교합니다.

"국경을 넘는 앵커: 한국과 일본의 온라인 쇼핑몰에서의 가격 앵커링 전략"
온라인 쇼핑이 글로벌화됨에 따라, 두 나라의 온라인 소비자들이 가격 앵커에 어떻게 반응하는지 비교하는 연구입니다.

최초 질문보다 훨씬 구체적인 답변이 나왔습니다. Chat GPT와 대화를 많이 하면 할수록 더 좋은 결과가 나오게 됩니다. 일단 위에 제시된 결과 가운데 소비자 기대치의 형성과 관련해 리포트를 써보고 싶다는 생각이 들었습니다. 그래서 Chat GPT에게 목차를 작성해 달라고 요청해 보았습니다.

Prompt

소비자 기대치와 관련해서 리포트를 쓰고 싶어.
리포트 목차를 작성해 줄래.

Chat GPT

제1장: 서론
　1-1 연구의 배경 및 중요성
　1-2 연구 목적 및 질문
1-3 연구 범위 및 한계
1-4 용어 정의 및 개념 설명

제2장: 문화적 배경과 소비자 기대치
2-1 한국과 일본의 소비 문화 비교
2-2 소비자 기대치에 영향을 미치는 문화적 요인
2-3 초기 가격 제시의 역할과 중요성
2-4 문화적 차이가 소비자 기대치 형성에 미치는 영향

제3장: 소비자 기대치 형성 이론
3-1 소비자 기대치 이론의 개요
3-2 가격 인식과 기대치 형성 모델
3-3 앵커링 효과와 소비자 심리
3-4 기대치 형성에 관한 이전 연구 검토

제4장: 한국과 일본의 가격 제시 전략
4-1 한국의 가격 제시 전략과 소비자 반응
4-2 일본의 가격 제시 전략과 소비자 반응
4-3 가격 제시 전략의 문화적 차이
4-4 가격 제시 전략의 효과성 비교 분석

제5장: 연구 방법론
5-1 연구 설계
5-2 데이터 수집 방법
5-3 분석 방법
5-4 연구의 윤리적 고려 사항

제6장: 결과 및 분석
6-1 데이터 분석 결과
6-2 결과의 해석
6-3 한국과 일본의 비교
6-4 가설 검증 결과

제7장: 논의
7-1 연구 결과의 의미
7-2 연구 결과의 실용적 함의
7-3 연구 결과의 이론적 함의
7-4 연구의 한계점 및 향후 연구 제안

제8장: 결론
8-1 연구 요약
8-2 연구의 기여도
8-3 정책 제안 및 실무적 시사점
8-4 마무리 발언

부록

조사 도구
데이터 원본
참고 문헌
감사의 글

리포트의 목차를 작성해 주었습니다. 바로 리포트 목차로 사용해도 될 만큼 훌륭합니다. 특히 Chat GPT는 우리가 빼먹을 수 있는 부분까지 꼼꼼하게 챙겨줍니다. 예를 들어 부록에 있는 감사의 글 같은 경우는 생각도 못했던 부분입니다. 이제 본격적으로 리포트 작성을 하기 전에 시간 분배를 어떻게 하면 좋을지 계획을 세워 보겠습니다.

Prompt

리포트 마감까지 2주가 남은 상태야. 위 목차를 보면서 시간 분배를 어떻게 하면 좋을지 시간계획표를 만들어 줄래?

Chat GPT

주차	요일	작업 내용	예상 소요 시간
1주차	월	제1장: 서론 작성	4시간
	화	제2장: 문화적 배경과 소비자 기대치 (2-1, 2-2)	4시간
	수	제2장: 문화적 배경과 소비자 기대치 (2-3, 2-4)	4시간
	목	제3장: 소비자 기대치 형성 이론 (3-1, 3-2)	4시간
	금	제3장: 소비자 기대치 형성 이론 (3-3, 3-4)	4시간
	토	제4장: 한국과 일본의 가격 제시 전략 (4-1, 4-2)	4시간
	일	휴식 및 자료 수집	-
2주차	월	제4장: 한국과 일본의 가격 제시 전략 (4-3, 4-4)	4시간
	화	제5장: 연구 방법론 전체	4시간
	수	제6장: 결과 및 분석 (6-1, 6-2)	4시간
	목	제6장: 결과 및 분석 (6-3, 6-4)	4시간
	금	제7장: 논의 전체	4시간
	토	제8장: 결론 및 부록, 참고 문헌 작성	4시간
	일	전체 검토 및 수정	8시간

이 계획표는 다음과 같은 가정을 바탕으로 합니다:

- 각 장을 작성하는 데 하루에 4시간씩 할애할 수 있다고 가정합니다.
- 자료 수집은 지속적으로 이루어지며, 주말을 이용하여 추가적인 자료 수집 및 휴식을 취합니다.
- 마지막 주 일요일은 전체 문서를 검토하고 수정하는 데 사용하여, 마감일 전에 최종본을 준비할 수 있도록 합니다.

이 계획은 개인의 작업 속도와 효율성에 따라 조정될 수 있으며, 실제 작업 중에 발생할 수 있는 예상치 못한 지연을 고려하여 여유를 두어야 합니다.

2주에 맞춰서 시간 분배가 되었다고 생각합니다. 하지만 모든 목차가 동일하게 4시간씩 걸린다고 작성하였습니다. 실제로는 그렇지 못하죠. 분명 시간이 더 걸리는 내용이 있겠죠?

Prompt

모든 목차의 내용 작성에 각각 4시간은 적절치 못하다고 생각해. 특히 중요한 내용에는 시간을 더 쓰는 게 맞다고 생각해. 다시 작성해 줄래.

Chat GPT

리포트 작성을 위한 시간 계획표를 재조정 하겠습니다. 중요한 부분에 더 많은 시간을 할당하고, 각 장의 중요도와 작업 복잡성을 고려하여 시간을 분배합니다.

주차	요일	작업 내용	예상 소요 시간
1주차	월	제1장: 서론 작성 및 주제 연구	3시간
	화	제2장: 문화적 배경과 소비자 기대치 조사	5시간
	수	제2장: 문화적 배경과 소비자 기대치 조사 (계속)	5시간
	목	제3장: 소비자 기대치 형성 이론 연구	6시간
	금	제4장: 한국과 일본의 가격 제시 전략 연구	6시간
	토	자료 검토 및 추가 조사	4시간
	일	휴식 및 자료 정리	-
2주차	월	제4장: 한국과 일본의 가격 제시 전략 (계속)	6시간
	화	제5장: 연구 방법론 설계	6시간
	수	제6장: 결과 분석 작성	6시간
	목	제6장: 결과 분석 (계속) 및 논의 초안 작성	6시간
	금	제7장: 논의 및 결론 작성	6시간
	토	제8장: 결론 정리 및 부록, 참고 문헌 작성	4시간
	일	전체 검토 및 수정	전일

이 계획표는 다음과 같은 가정을 바탕으로 합니다:
문화적 배경과 이론 연구는 보다 깊이 있는 조사가 필요하므로 각각 5시간과 6시간을 할당합니다. 결과 분석과 논의는 가장 중요하고 시간이 많이 소요되는 부분이므로, 각각 6시간씩 두 차례에 걸쳐 진행합니다. 결론과 부록, 참고문헌 작성은 상대적으로 덜 복잡할 수 있으므로 하루에 4시간을 할당합니다. 마지막 일요일은 전체적인 검토와 수정에 전일을 사용하여, 마감일 전에 충분한 시간을 가지고 질 높은 리포트를 완성할 수 있도록 합니다.
이 계획은 개인의 작업 스타일과 속도에 따라 유동적으로 조정될 수 있습니다.

Chat GPT가 만들어준 목차를 보면서 혼자 리포트를 써도 좋지만 누군가에게 도움을 받는다면 더 좋은 리포트를 쓸 수 있을 것 같습니다.

> **Prompt**
>
> 이렇게 리포트를 작성할 때 나 혼자서 해도 괜찮을까? 만약 도움을 받는다면 누구에게 도움을 받는 것이 좋을까?

> **Chat GPT**
>
> **지도 교수님 또는 강사**: 주제 선정과 연구 방향에 대한 조언을 구할 수 있습니다. 또한, 논문의 초안을 검토하고 피드백을 받는 것이 유익할 수 있습니다.
>
> **학과 선배나 동료**: 같은 학과나 관련 분야의 선배나 동료들은 이미 비슷한 과제를 경험했을 수 있으므로, 그들의 조언이나 피드백을 받는 것이 도움이 될 수 있습니다.
>
> **도서관 사서**: 정보 검색과 자료 수집에 있어서 도서관 사서는 매우 유용한 자원입니다. 그들은 특정 주제에 대한 자료를 찾는 데 도움을 줄 수 있습니다.
>
> **학술지의 편집자나 리뷰어**: 특정 학술지에 관심이 있다면, 해당 분야의 편집자나 리뷰어에게 연락하여 조언을 구할 수도 있습니다.
>
> **연구소나 연구 그룹**: 관련 연구를 수행하는 연구소나 연구 그룹에 연락하여 협력을 요청하거나 조언을 구할 수 있습니다.
>
> **온라인 포럼이나 학술 네트워크**: ResearchGate나 Academia.edu와 같은 온라인 학술 네트워크에서는 전 세계의 연구자들과 소통하고 질문을 할 수 있습니다.
>
> **전문가 인터뷰**: 리포트의 주제와 관련된 전문가를 인터뷰하여 실제 경험과 전문 지식을 리포트에 반영할 수 있습니다.

그런데 교수님께 제출하는 리포트인데 교수님께 직접 관련된 피드백을 받아도 괜찮을까요? 고민입니다.

> **Prompt**
>
> 이 리포트를 교수님에게 제출해야 하는데, 과제를 제출하기 전에 교수님께 리포트에 관련된 궁금한 것을 물어봐도 괜찮을까? 혹시 점수에 불이익이 있는 것은 아닐까?

> **Chat GPT**
>
> 교수님께 과제에 대해 질문하는 것은 전혀 문제가 되지 않습니다. 실제로, 대부분의 교수님들은 학생들이 자신의 학습에 적극적으로 참여하고, 과제에 대해 질문하며 이해를 높이려는 노력을 환영합니다. 질문을 통해 교수님은 학생이 과제에 얼마나 관심을 가지고 있는지, 그리고 어떤 부분에서 어려움을 겪고 있는지를 알 수 있습니다.
>
> 과제 제출 전에 교수님께 질문하는 것은 다음과 같은 이점이 있습니다:
>
> - **이해도 향상**: 교수님의 설명을 통해 과제에 대한 이해도를 높일 수 있습니다.
> - **오해 방지**: 과제의 요구사항이나 기대하는 바를 잘못 이해하고 있을 경우, 이를 바로잡을 수 있습니다.
> - **품질 개선**: 교수님의 피드백을 받아 과제의 품질을 개선할 수 있습니다.
> - **적극성 인식**: 교수님은 학생이 과제에 적극적으로 참여하고 있다는 것을 알게 되며, 이는 긍정적인 인상을 남길 수 있습니다.
> - **관계 구축**: 교수님과의 소통을 통해 학문적 관계를 구축하고, 향후 학습이나 연구에 지원받을 기반을 마련할 수 있습니다.
>
> 점수가 깎이는 것을 걱정하기보다는, 교수님과의 소통을 통해 학습에 대한 깊이를 더하고, 과제의 질을 높이는 기회로 삼는 것이 좋습니다. 다만, 질문을 할 때는 과제에 대한 기본적인 이해와 자신의 생각을 먼저 정리한 후, 구체적이고 명확한 질문을 준비하는 것이 중요합니다. 이렇게 하면 교수님도 학생의 질문에 더욱 효과적으로 답변을 줄 수 있을 것입니다.

실제로 교수님들은 여러분들이 자주 질문하고, 교수님을 찾는 것을 좋아합니다. Chat GPT는 이런 것까지 잘 알고 있군요. 리포트를 작성하면서 가장 공을 들여야 할 부분이 어디인지 궁금해집니다.

Prompt

위 연구 목차에서 가장 핵심인 부분은 어디이며, 그 이유는 뭘까? 그리고 그 핵심을 잘 살리기 위해서 내가 뭘 해야 할까?

Chat GPT

위에서 제시한 시간 테이블의 핵심은 '소비자 기대치 형성'에 관한 부분일 것입니다. 이 주제는 행동 경제학에서 중요한 요소이며, 소비자의 결정 과정과 시장 동향에 깊은 영향을 미칩니다. 이 부분이 핵심인 이유는 다음과 같습니다:

이론과 실제의 접점: 소비자 기대치는 이론적 연구와 실제 소비자 행동 간의 연결 고리를 제공합니다. 이를 통해 이론을 실제 상황에 적용해 볼 수 있는 기회를 가질 수 있습니다.
현대 경제에서의 중요성: 디지털 마케팅과 소셜 미디어의 영향력이 커지면서 소비자 기대치는 브랜드 인지도, 제품 출시, 그리고 시장 전략에 있어 중요한 변수가 되었습니다.
다양한 학문적 접근: 심리학, 사회학, 경제학 등 다양한 학문적 배경에서 소비자 기대치를 연구할 수 있어, 여러 분야의 지식을 통합하는 데 도움이 됩니다.

이 핵심을 잘 살리기 위해서는 다음과 같은 조치를 취할 수 있습니다:

심도 있는 문헌 연구: 관련 분야의 최신 연구와 고전적인 이론을 깊이 있게 조사하여, 주제에 대한 포괄적인 이해를 구축해야 합니다.

사례 연구: 실제 사례를 조사하여 이론이 실제 소비자 행동에 어떻게 적용되는지 분석해야 합니다. 특히, 다양한 문화적 배경을 가진 소비자들의 기대치 형성 과정을 비교하는 것이 유익할 것입니다.
전문가 인터뷰: 해당 분야의 전문가나 실무자와의 인터뷰를 통해 실질적인 인사이트를 얻을 수 있습니다.
실험 설계: 가능하다면, 소비자 기대치에 영향을 미치는 요인들을 실험적으로 검증해 볼 수 있는 연구 설계를 시도해 볼 수 있습니다.
분석 및 토론: 수집된 데이터와 정보를 바탕으로 자신의 분석을 진행하고, 그 결과를 토론 형식으로 정리하여 리포트에 반영해야 합니다.

핵심적인 부분 중 전문가 인터뷰를 하는 방법이 궁금합니다.

Prompt

전문가 인터뷰를 위해서 내가 만나야 하는 사람이 누구일까? 구체적으로 제시해 줄래? 그 사람의 연락처까지 알려줘.

Chat GPT

전문가 인터뷰를 계획할 때 행동 경제학과 소비자 기대치 형성에 대한 인사이트를 제공할 수 있는 다음과 같은 전문가들을 고려할 수 있습니다:

- **대학 교수**: 해당 분야에서 연구하고 가르치는 대학의 경제학이나 마케팅 교수. 이들은 이론적 배경과 실제 연구 경험을 모두 가지고 있어 유용한 정보를 제공할 수 있습니다.
- **산업 분석가**: 시장 조사 회사나 컨설팅 회사에서 근무하는 분석가들은 소비자 행동과 시장 동향에 대한 실질적인 데이터와 통찰력을 제공할 수 있습니다.

- **심리학자**: 특히 소비자 심리를 전문으로 하는 심리학자는 소비자 기대치 형성에 영향을 미치는 심리적 요인들에 대해 깊이 있는 설명을 할 수 있습니다.
- **마케팅 전문가**: 대기업이나 광고 대행사에서 근무하는 마케팅 전문가들은 브랜드 전략과 소비자 기대치와의 관계에 대한 실무적 경험을 공유할 수 있습니다.
- **정책 입안자**: 정부 기관이나 공공 연구 기관에서 근무하는 정책 입안자들은 소비자 보호 정책과 관련된 기대치 형성의 사회적, 경제적 측면을 설명할 수 있습니다.

연락처 정보는 개인정보 보호와 관련된 법률로 인해 제가 직접 제공할 수 없습니다. 하지만 해당 전문가의 연락처는 대학이나 기관의 공식 웹사이트, 연구 논문, 또는 전문가의 소셜 미디어 프로필을 통해 찾을 수 있습니다. 연구 목적으로 인터뷰를 요청할 때는 정중하고 명확한 이메일을 작성하여 연락을 시도해 보세요. 이메일은 해당 전문가의 연구에 대한 깊은 이해를 보여주고, 인터뷰의 목적과 기대하는 바를 명확히 해야 합니다.

개인정보와 관련해서 이메일 주소는 받을 수 없군요. 하지만 Chat GPT는 연락처를 찾을 수 있는 방법에 대해 알려주었습니다. 그럼 Chat GPT가 이야기하는 이메일 작성과 관련해서 도움을 받을 수 있을까요?

Prompt

전문가 교수님에게 도움을 요청하는 이메일을 작성해서 보여줄래? 나는 '문화적 배경과 소비자 기대치 조사'에 관해서 교수님의 도움을 받고 싶어.

Chat GPT

 아래는 '문화적 배경과 소비자 기대치 조사'에 대한 도움을 요청하는 이메일의 예시입니다:

제목: [학생 이름] - '문화적 배경과 소비자 기대치 조사' 연구 도움 요청

안녕하세요, 교수님.
저는 [학교 이름]의 [학과 이름]에 재학 중인 [학생 이름]입니다. 이번 학기에 [과목 이름] 과제로 "문화적 배경과 소비자 기대치 조사"에 관한 리포트를 준비하고 있습니다. 교수님의 깊은 전문 지식과 연구 경험을 바탕으로 조언을 구하고자 이메일을 드립니다.
제 연구는 특히 [구체적인 연구 관심사나 지역]의 문화적 배경이 소비자의 기대치 형성에 미치는 영향을 분석하는 것을 목표로 하고 있습니다. 이 주제에 대해 교수님의 연구 논문을 읽었고, 교수님의 통찰력이 제 연구에 큰 도움이 될 것이라고 확신합니다. 가능하시다면 제가 설정한 연구 방향에 대한 교수님의 의견을 듣고 싶습니다. 또한, 교수님의 연구에서 얻은 주요 발견이나 관련 연구 방법론에 대한 조언도 구하고 싶습니다.
제가 준비한 몇 가지 구체적인 질문은 다음과 같습니다:
- 문화적 배경이 소비자 기대치에 미치는 영향을 가장 잘 설명할 수 있는 이론적 틀은 무엇인가요?
- 이 주제에 관한 연구를 수행할 때 가장 중요하게 고려해야 할 변수는 무엇이라고 생각하시나요?
- 이 분야에서 가장 영향력 있는 최근 연구나 저널을 추천해 줄 수 있으신가요?

교수님의 바쁜 일정을 감안하여 짧은 면담이나 이메일로의 간단한 피드백도 큰 도움이 될 것입니다. 교수님의 소중한 시간을 할애해 주신다면 감사하겠습니다.
[학생 이름][학생 연락처][학생 이메일 주소]

이메일 작성 시 교수님의 이름과 학과, 그리고 과목 이름 등을 정확히 기입하고, 공손하고 존중하는 태도를 유지하는 것이 중요합니다. 또한, 교수님께서 바쁘실 것을 고려하여 질문을 명확하고 간결하게 정리하는 것이 좋습니다.

Q4 주의할 점

대학생이 Chat GPT를 활용함에 있어 중요한 것은 이 기술이 학습과 연구의 보조 수단으로 역할한다는 점을 인식하는 것입니다. AI는 정보를 수집하고 아이디어를 확장하는 데 유용하지만, 궁극적인 학문적 성취와 지식의 깊이는 개인의 노력과 통찰력에 달려 있습니다. 사용자는 AI가 제공하는 정보를 비판적으로 분석하고, 그 정확성을 검증하는 동시에 자신의 연구와 글에 대해 책임지는 태도를 가져야 합니다.

Chat GPT는 연구의 출발점에 불과하며, 그 이후의 과정은 사용자의 창의력과 열정에 의해 결정됩니다. 이러한 도구를 사용할 때는 그것이 단지 시작에 불과하다는 것을 명심하고, 자신만의 독창적인 기여를 통해 학문적 대화에 참여하길 바랍니다. AI의 활용은 학문적 여정에 있어서 새로운 차원의 통찰과 생산성을 가져다 줄 수 있지만, 그 근간에는 항상 인간의 깊은 사고와 끊임없는 탐구가 있어야 함을 잊지 않았으면 좋겠습니다.

chapter 2 | Chat GPT로 정보 검색 마스터하기

> **Q1** 왜 Chat GPT를 써야할까?

1. **정보의 정확성:** Chat GPT는 대규모 데이터셋을 기반으로 학습되므로, 주어진 키워드에 대해 정확하고 신뢰할 수 있는 정보를 제공할 가능성이 높습니다. 예를 들어, '행동 경제학에서 소비자 결정에 영향을 미치는 요인'에 대해 질문하면, Chat GPT는 이 분야의 기존 연구와 이론을 바탕으로 답변할 수 있습니다.
2. **다양한 관점 제공:** Chat GPT는 다양한 출처와 저자의 관점을 반영하여 균형 잡힌 정보를 제공합니다. 예를 들어, '재생 가능 에너지의 경제적 영향'에 대해 질문할 경우 Chat GPT는 경제학자, 환경과학자, 정책 입안자의 다양한 견해를 종합하여 제시할 수 있습니다.
3. **복잡한 질문에 대한 답변:** Chat GPT는 복잡한 질문이나 추상적인 개념에 대해서도 답변할 수 있는 능력을 가지고 있습니다. 예를 들어, '인공지능이 미래의 직업 시장에 미칠 영향'과 같은 주제에 대해서도 현재의 연구와 예측을 기반으로 답변할 수 있습니다.
4. **연구 방향 설정:** Chat GPT는 연구자가 새로운 연구 방향을 설정하는 데 도움을 줄 수 있습니다. 예를 들어, '사회적 거리두기가 정신 건강에 미치는 영향'에 대한 연구를 계획하는 경우 Chat GPT는 이

주제에 대한 기존 연구의 간격을 식별하고, 연구가 진행되어야 할 새로운 영역을 제안할 수 있습니다.

Q2 대학생이 활용가능한 프롬프트 리스트

- 다양한 시각에서 미래의 인공지능 발전을 예측해 보세요.
- 인공지능과 윤리적 고려 사이의 균형을 찾는 방법에 대해 설명해 주세요.
- AI 기술이 의료 분야에 미치는 영향과 가능성을 논하세요.
- 인공지능과 교육 시스템의 상호작용에 대한 연구 결과를 제시해 주세요.
- 지능형 로봇의 사회적 책임과 윤리적 고려사항에 관한 연구를 요약해 주세요.
- 인공지능의 예술과 창작 활동에 미치는 영향을 분석하세요.
- 인공지능과 자동화가 미래의 일자리 시장에 미치는 영향을 조사해 주세요.
- 지능형 시스템과 사람 간의 상호작용 개선을 위한 연구 결과를 제시해 주세요.
- AI의 활용이 환경 보호 및 지속가능성에 어떤 영향을 미칠 수 있는지 설명해 주세요.
- 자율주행 차량의 안전 문제와 해결 방안에 대해 논의해 주세요.
- 인공지능이 범죄 예방과 범죄 조사에 어떻게 활용될 수 있는지 제시해 주세요.
- AI와 의사결정 과정의 연관성에 대한 연구 결과를 요약해 주세요.
- 인공지능이 예술과 엔터테인먼트 산업을 혁신하는 방법에 대해 논

하세요.
- 지능형 로봇이 노령 인구에게 어떤 도움을 제공할 수 있는지 설명해 주세요.
- 인공지능이 금융 업계의 효율성과 안정성에 미치는 영향을 조사해 주세요.

Q3 실제 활용 사례

Prompt

- 당신은 컴퓨터 공학과 대학생입니다. 인공지능 기술의 윤리적 문제에 대해 기술 전문가와 인문학자의 시각 차이는 무엇이라고 생각하시나요?
- 당신은 인공지능 기술의 윤리적 문제에 대해 깊이 있는 지식을 가진 전문가입니다. 대학에서 컴퓨터 공학을 전공하는 학생인 나는 인공지능 기술의 윤리적 측면에 관심이 많아졌고, 기술 전문가와 인문학자 사이의 시각 차이를 이해하고 싶어졌습니다. 이 두 분야 전문가의 시각 차이를 명확히 이해함으로써, 인공지능 기술의 윤리적 측면에 대한 더 깊은 통찰을 얻고자 합니다. 기술 전문가와 인문학자의 시각 차이에 대해 약 1분 분량으로 자세히 설명해 주세요.

Chat GPT

인공지능 기술의 윤리적 문제에 대해 기술 전문가와 인문학자 사이에는 여러 가지 시각 차이가 있을 수 있습니다. 이러한 차이는 각 분야의 전문 지식, 가치, 관심사, 접근 방식에서 비롯됩니다.

<기술 전문가의 시각>
기능성과 효율성: 기술 전문가들은 인공지능이 어떻게 작동하는지, 어떻게 최적화할 수 있는지에 초점을 맞춥니다. 그들은 기술적 한계와 가능성을 탐구하고, 시스템의 성능을 개선하는 데 관심이 많습니다.
응용 가능성: 인공지능을 다양한 산업과 분야에 적용하는 방법에 대해 생각합니다. 이들은 AI가 비즈니스, 의료, 교육 등에 가져올 혜택을 강조합니다.
규제와 표준: 기술 전문가들은 데이터 보호, 프라이버시, 안전성과 같은 문제에 대한 기술적 해결책을 모색하며, 국제 표준과 규제를 준수하는 방법에 대해 논의합니다.
위험 관리: AI 기술의 위험을 인식하고 이를 관리하거나 완화하기 위한 기술적 방안을 모색합니다.

<인문학자의 시각>
도덕적·윤리적 가치: 인문학자들은 인공지능이 인간의 삶과 사회에 미치는 영향에 대해 깊이 생각합니다. 그들은 기술이 인간의 가치와 권리를 어떻게 존중하고 증진시킬 수 있는지를 중요하게 여깁니다.
사회적 영향: 인문학자들은 AI가 일자리, 사회 구조, 권력 분배 등에 미치는 장기적인 영향을 탐구합니다. 그들은 기술이 사회적 불평등을 심화시킬 수 있는 방법을 우려합니다.
문화적 관점: 다양한 문화적 배경에서 AI의 의미와 사용을 이해하려고 합니다. 이들은 기술이 문화적 다양성을 어떻게 반영하고 존중할 수 있는지를 탐구합니다.
인간 중심 설계: 인문학자들은 기술이 인간의 필요와 욕구에 어떻게 부응할 수 있는지에 대해 논의하며, 인간 중심의 설계 원칙을 강조합니다.

두 관점 사이의 대화는 중요합니다. 기술 전문가들은 종종 인문학자들의 통찰력을 활용하여 더 넓은 사회적 맥락에서 기술을 평가하고, 인문학자들은 기술 전문가들의 지식을 이해하여 그들의 주장을 더 구체적이고 실질적인 문제에 적용할 수 있습니다. 이러한 상호 작용은 AI 기술의 발전이 인간의 복지를 증진하고 윤리적으로 책임 있는 방식으로 이루어지도록 돕습니다.

자칫 한쪽으로 치우칠 수 있는 상황에서 양쪽의 견해를 균형있게 잘 보여주고 있다고 생각합니다. 이런 면에서는 개인이 혼자서 생각하는 것보다 Chat GPT가 훨씬 유용하다고 생각합니다. 이 상태에서 PPT를 만들기 위해 다시 질문해 보도록 하겠습니다.

Prompt

컴퓨터공학과 학생인 나는 도덕적 가치보다는 응용 가능성이 훨씬 더 중요하다고 생각해. 이와 관련된 PPT를 만들거야. 주제를 선정해줘.

Chat GPT

컴퓨터공학과 학생으로서 응용 가능성에 중점을 둔 PPT를 준비한다면 주제를 다음과 같이 설정할 수 있습니다:

"인공지능의 응용: 기술이 세상을 바꾸는 방법"
- 인공지능이 현재와 미래 사회에 미치는 영향
- AI 기술의 다양한 산업 분야에서의 응용 사례
- 기술 발전에 따른 경제적 이점

"AI in Action: 실생활 솔루션으로서의 인공지능"
- 일상 생활에서의 AI 응용 사례
- 소비자 제품에서 AI의 역할
- AI가 개선하는 생활의 질

"인공지능: 산업 혁신을 주도하는 기술"
- 제조, 물류, 의료 등의 산업에서 AI의 혁신적 사용
- AI가 산업 프로세스를 어떻게 최적화하는지

- 산업별 AI 도입의 경제적 영향

"AI와 빅데이터: 데이터 주도 의사결정의 미래"
- 빅데이터 분석과 AI의 결합
- 의사결정 과정에서 AI의 역할
- 데이터 기반 AI 솔루션의 사례 연구

"로봇공학과 인공지능: 자동화의 새로운 지평"
- 자동화 기술에서 AI의 중요성
- 로봇과 AI의 상호 작용
- 자동화가 노동시장에 미치는 영향

"AI의 윤리적 딜레마: 기술적 진보와 인간 가치의 균형"
- 윤리적 고려 사항과 기술적 진보 사이의 균형
- AI 개발에서의 도덕적 가치와 응용 가능성의 조화
- 책임감 있는 AI 사용을 위한 프레임워크

제시된 주제들은 AI의 응용 가능성에 중점을 두면서도 도덕적 가치와의 관계를 탐구할 수 있는 여지를 제공해 주고 있습니다. PPT를 준비할 때는 각 주제에 대한 구체적인 예시와 사례 연구를 포함하여, 청중이 기술의 실제 응용을 이해할 수 있도록 하는 것이 중요합니다. 또한, 기술적 진보가 사회에 가져오는 긍정적인 변화를 강조하면서도, 이러한 변화가 윤리적으로 어떻게 관리되어야 하는지에 대한 당신의 생각을 통합하는 것이 좋습니다.

Chat GPT가 보여준 여러 가지 주제 가운데 AI의 윤리적 딜레마와 관련된 PPT를 만들려고 합니다. 일단 AI의 윤리적 딜레마와 관련된 사례를 먼저 확인해 볼까요?

Prompt

AI의 윤리적 딜레마: 기술적 진보와 인간 가치의 균형과 관련해 PPT를 만드는 게 좋을 것 같아. 이 주제에 대한 구체적 사례를 제시해 줄래. 출처까지 함께 알려줘.

Chat GPT

AI의 윤리적 딜레마: "기술적 진보와 인간 가치의 균형" 주제에 대한 PPT를 만들 때 다룰 수 있는 구체적인 사례는 다음과 같습니다:

자율주행 자동차와 의사결정 문제
- 사례: 자율주행 자동차가 불가피한 사고 상황에서 선택을 해야 하는 경우 (예: 트롤리 문제)
- 윤리적 질문: 자동차는 승객의 생명을 우선시 해야 하는가, 아니면 보행자의 생명을 우선시 해야 하는가?

<출처> Morality, Ethics, and Autonomous Vehicles, Iyad Rahwan et al., in 'Science' (2016)

얼굴 인식 기술과 프라이버시 침해
- 사례: 공공 장소에서의 대규모 감시와 개인 프라이버시의 충돌
- 윤리적 질문: 보안과 개인의 프라이버시 중 어느 것이 더 중요한가?

<출처> Facial Recognition Technology: The Need for Public Regulation and Corporate Responsibility, Brad Smith, Microsoft Blog (2018)

AI 기반 채용 프로세스와 편견
- 사례: AI 채용 알고리즘이 이력서를 스크리닝할 때 성별, 인종, 나이에 기반한 편견을 가질 수 있는 문제
- 윤리적 질문: AI가 인간의 편견을 반영하거나 심화시킬 수 있는가?

<출처> Amazon AI Recruiting Tool Shows Bias Against Women, Reuters (2018)

AI와 전쟁
- 사례: 무인 항공기와 로봇이 전쟁에서 적을 타겟팅하고 공격하는 경우
- 윤리적 질문: 기계가 생명을 결정짓는 권한을 가져야 하는가?

<출처> Autonomous Weapons and the Ethics of Artificial Intelligence, Future of Life Institute (2017)

AI와 의료 윤리
- 사례: AI가 환자의 치료 방향을 결정하는 경우, 특히 생명을 연장하는 결정을 내릴 때
- 윤리적 질문: AI가 의료 결정을 내릴 때 어떤 윤리적 기준을 따라야 하는가?

<출처> Artificial Intelligence in Medicine: Applications, implications, and limitations, Harvard Magazine (2019)

AI와 인간 노동
- 사례: AI가 대규모로 일자리를 대체하는 경우
- 윤리적 질문: 기술 진보가 노동 시장에 미치는 영향을 어떻게 관리해야 하는가?

<출처> The Impact of Artificial Intelligence – Widespread Job Losses, Noam Chomsky, MIT Technology Review (2016)

자율주행 자동차 문제에 관심이 쏠립니다. 해당 주제로 PPT를 만들어 보고 싶은데 트롤리 문제가 뭔지 모르기 때문에 Chat GPT에게 물어보도록 하겠습니다.

Prompt

 1번 주제가 좋은 것 같아. 트롤리 문제가 뭔지 알려줄래?

Chat GPT

 트롤리 문제는 윤리학에서 널리 알려진 사고 실험으로, 극단적인 도덕적 선택 상황을 통해 도덕적 판단의 원칙을 탐구하는 데 사용됩니다. 이 문제는 1967년 영국 철학자 필리파 풋에 의해 처음 소개되었고, 이후 다양한 형태로 변형되어 사용되었습니다.

트롤리 문제의 기본 시나리오는 다음과 같습니다:
당신은 트롤리(또는 전차)의 궤도 옆에서 레버를 조작하는 사람입니다. 고장 난 트롤리는 제어할 수 없게 되었고, 현재 궤도를 따라 내려오고 있습니다. 앞으로 직진하면 궤도 위에 묶여 있는 다섯 명의 사람이 트롤리에 치여 사망할 것입니다. 하지만, 당신이 레버를 당겨 트롤리의 방향을 바꾼다면, 다른 궤도로 전환되고 그 길에는 한 명의 사람만이 묶여 있어 그 한 명만 사망할 것입니다.

이 문제는 다음과 같은 윤리적 질문을 제기합니다:
- 결과주의적 접근: 다섯 명을 구하기 위해 한 명을 희생시키는 것이 옳은가? 이는 최대 다수의 최대 행복을 추구하는 결과주의적 윤리와 관련이 있습니다.
- 의무론적 접근: 한 명을 죽이기 위해 의도적으로 레버를 당기는 행위는 정당화될 수 있는가? 이는 규칙이나 의무를 중시하는 의무론적 접근과 관련이 있습니다.
- 인간 생명의 가치: 모든 인간 생명은 동등한 가치를 가지는가, 아니면 상황에 따라 가치가 달라질 수 있는가?

자율주행 자동차 기술과 관련하여, 트롤리 문제는 자동차가 사고를 피할 수 없는 상황에서 프로그래밍된 알고리즘에 따라 어떤 결정을 내려야 하는지에 대한 윤리적 딜레마를 제시합니다. 예를 들어, 자동차가 사고를 피하기 위해 승객의 생명을 위험에 빠뜨리거나, 다수의 보행자를 구하기 위해 소수를 희생시키는 결정을 내려야 할 수도 있습니다. 이러한 상황에서 어떤 윤리적 원칙이 적용되어야 하는지는 자율주행 자동차 개발에 있어 중요한 고려 사항입니다.

트롤리 문제에 대한 기본적인 설명을 들었습니다. 해당 개념에 대한 이해는 되었지만, 이 내용을 어떻게 활용해 발표에 적용시킬지 여전히 궁금합니다.

Prompt

이 트롤리 문제를 응용 가능성과 도덕적 가치 비교 문제에서 어떻게 활용할 수 있을까?

Chat GPT

트롤리 문제를 응용 가능성과 도덕적 가치 비교의 문제에 적용하려면, 자율주행 자동차 기술을 예로 들어 설명할 수 있습니다. 이 기술은 현재 가장 논쟁적인 윤리적 문제 중 하나를 제기하며, 이는 인공지능 시스템이 실제로 도덕적 결정을 내려야 하는 상황을 만들어냅니다.

응용 가능성에 초점을 맞춘 PPT에서 다룰 수 있는 내용은 다음과 같습니다:

기술적 진보의 현황
- 자율주행 자동차의 현재 기술 수준과 미래 발전 전망을 소개합니다.
- AI와 기계 학습 알고리즘이 어떻게 복잡한 주행 환경에서의 결정을 내릴 수 있는지 설명합니다.

응용 가능성의 이점
- 교통사고 감소, 효율성 증가, 교통 체증 완화 등 자율주행 자동차가 가져올 수 있는 잠재적 이점을 강조합니다.
- 사회적, 경제적 측면에서의 긍정적 영향을 분석합니다.

도덕적 가치의 고려
- 트롤리 문제를 현대적 맥락에 맞게 변형하여, 자율주행 자동차가 직면할 수 있는 유사한 상황을 제시합니다.

- 자동차가 선택해야 하는 다양한 시나리오(예: 사고를 피하기 위해 보행자를 피하는 것과 승객을 보호하는 것 사이의 선택)를 설명하고, 이러한 결정이 도덕적 가치에 어떻게 영향을 미치는지 탐구합니다.

도덕적 딜레마에 대한 다양한 접근
- 결과주의, 의무론, 가치 윤리학 등 다양한 윤리적 이론을 적용하여, 각각의 시나리오에서 어떤 윤리적 원칙이 적용될 수 있는지 논의합니다.
- 기술 개발자, 법률가, 윤리학자, 일반 대중의 다양한 관점을 소개합니다.

균형 잡힌 결론
- 기술적 진보와 도덕적 가치 사이의 균형을 어떻게 찾을 수 있는지에 대한 당신의 관점을 제시합니다.
- AI 기술 개발에 있어서 윤리적 고려가 중요한 이유와 이를 위한 정책 제안이나 설계 원칙을 논의합니다.

이렇게 PPT를 구성함으로써 청중은 AI 기술의 응용 가능성과 이로 인해 발생할 수 있는 도덕적 가치의 충돌에 대해 깊이 이해할 수 있게 됩니다. 또한, 이러한 윤리적 문제를 해결하기 위한 다양한 접근 방식과 그에 따른 기술적, 사회적, 법적 대응 전략에 대해 생각해 볼 수 있습니다.

PPT를 어떤 식으로 구성해야 하는지에 대한 대략적인 개요가 나왔습니다. 전체 내용을 확인하며 궁금한 부분은 추가적으로 Chat GPT에게 질문하였습니다.

Prompt

 자동차가 선택해야 하는 다양한 딜레마 시나리오를 만들어 줄래?

Chat GPT

 다음은 자율주행 자동차가 직면할 수 있는 구체적인 윤리적 딜레마 시나리오입니다:

시나리오 1: 승객 대 보행자의 안전
- 상황: 자율주행 자동차가 고속도로를 주행 중일 때 앞서 가던 트럭이 갑자기 화물을 떨어뜨립니다. 자동차는 충돌을 피할 충분한 시간이 없습니다. 자동차의 알고리즘은 두 가지 선택지를 계산합니다: (A) 급브레이크를 걸어 트럭과의 충돌을 최소화하거나 (B) 급하게 차선을 변경하여 옆 차선으로 피하는 것입니다. 그러나 옆 차선에는 보행자가 차도를 건너려고 하고 있습니다.
- 결정: (A) 옵션을 선택하면 승객은 큰 충격을 받을 수 있지만, 보행자는 안전할 것입니다. (B) 옵션을 선택하면 승객은 덜 위험에 처하게 되지만, 보행자가 위험에 노출됩니다.
- 윤리적 딜레마: 자동차는 승객의 안전을 최우선으로 할 것인가, 아니면 보행자의 안전을 우선시할 것인가?

시나리오 2: 다수의 생명 구하기
- 상황: 자율주행 자동차가 시내 도로를 주행 중일 때, 도로를 가로질러 걷는 어린이 그룹을 발견합니다. 자동차는 두 가지 선택지를 계산합니다: (A) 계속 직진하여 어린이들과 충돌하거나 (B) 급하게 인도로 방향을 틀어 어린이들을 피하지만, 이 경우 인도에 있는 다른 보행자를 칠 위험이 있습니다.
- 결정: (A) 옵션을 선택하면 다수의 어린이가 위험에 처할 수 있습니다. (B) 옵션을 선택하면 어린이들은 안전하지만, 인도의 보행자가 희생될 수 있습니다.
- 윤리적 딜레마: 자동차는 최대한 많은 생명을 구하기 위해 행동해야 하는가, 아니면 가능한 피해를 최소화하는 선택을 해야 하는가?

시나리오 3: 불가피한 사고와 피해 최소화
- 상황: 자율주행 자동차가 안개가 짙은 날씨에 주행하고 있을 때, 갑자기 앞서 가던 차량이 정지합니다. 자동차는 두 가지 선택지를 계산합니다: (A) 앞 차량에 충돌하거나 (B) 대응하여 다른 차선으로 이동하지만, 이 경우 옆

차선의 차량과 충돌할 위험이 있습니다.
- 결정: (A) 옵션을 선택하면 자동차 승객은 큰 충격을 받을 수 있지만, 다른 차량의 승객은 안전할 수 있습니다. (B) 옵션을 선택하면 자동차 승객은 덜 위험에 처하게 되지만, 다른 차량의 승객이 위험에 노출됩니다.
- 윤리적 딜레마: 자동차는 자신의 승객을 보호하기 위해 다른 차량의 승객을 위험에 빠뜨려도 되는가?

저는 〈시나리오 2 : 다수의 생명 구하기 시나리오〉를 활용하기로 결정하였습니다. 또한 최초 PPT 주제 과정에서 언급했던 윤리적 이론과 관련해 궁금증이 생겨서 추가적으로 물어봅니다.

Prompt

결과주의, 의무론, 가치 윤리학 등 다양한 윤리적 이론을 적용하여, 이 시나리오(어린이 다수의 생명 구하기)에서 어떤 윤리적 원칙이 적용될 수 있는지 알려줘.

Chat GPT

시나리오 '다수의 어린이 생명 구하기'에 대해 다양한 윤리적 이론을 적용해 보겠습니다:

1. **결과주의 접근(Utilitarianism)**
   - 원칙: 결과주의는 행동의 결과가 최대한 많은 사람에게 최대한의 좋은 결과를 가져다주는 것을 목표로 합니다.
   - 적용: 이 시나리오에서 결과주의자는 어린이들을 구하는 행동이 더 많은 생명을 구하므로, 인도의 단일 보행자를 희생하는 선택을 정당화할 수 있습니

다. 결과주의적 관점에서는 다수의 이익을 최대화하는 것이 중요하므로, 어린이들을 구하는 것이 한 명의 보행자보다 더 큰 가치를 가진다고 봅니다.

2. 의무론적 접근(Deontology)
- 원칙: 의무론은 규칙·의무·또는 명령에 따라 올바른 행동을 결정합니다. 의도와 행동 자체가 중요하며, 결과는 고려 대상이 아닙니다.
- 적용: 의무론적 관점에서는 자동차가 의도적으로 보행자를 해치는 행위는 잘못된 것입니다. 따라서 자동차는 어린이들을 구하기 위해 인도로 방향을 틀지 않고, 가능한 충돌을 피하거나 충격을 최소화하는 방향으로 행동해야 합니다. 이는 자동차가 인도의 보행자에게 직접적인 해를 가하는 것을 피하려는 의무를 강조합니다.

3. 가치 윤리학적 접근(Virtue Ethics)
- 원칙: 가치 윤리학은 개인의 성품과 덕을 중시하며, 올바른 행동은 덕 있는 사람이 상황에 맞게 내리는 판단에서 나옵니다.
- 적용: 이 시나리오에서 가치 윤리학적 접근은 자동차가 어떤 결정을 내릴 때 용기·자비·공정성과 같은 덕을 발휘하는 방향으로 결정을 내려야 한다고 봅니다. 예를 들어, 자동차는 어린이들을 구하는 것이 덕을 발휘하는 행위로 볼 수 있으며, 이는 공동체에 대한 배려와 보호의 덕을 강조합니다.

4. 적용의 복잡성
- 실제 적용: 실제로 자율주행 자동차의 알고리즘 설계에 이러한 윤리적 원칙을 적용하는 것은 매우 복잡합니다. 알고리즘은 미리 정의된 규칙에 따라 작동하며, 모든 가능한 상황을 예측하고 이에 대한 도덕적 판단을 프로그래밍하는 것은 현재 기술로는 불가능합니다.
- 정책 및 법적 고려: 이러한 윤리적 딜레마에 대응하기 위해 법률가, 정책 입안자, 기술 개발자, 그리고 윤리학자들은 함께 협력하여, 기술적 진보가 사회적 가치와 어떻게 조화를 이룰 수 있을지에 대한 지침을 마련해야 합니다.

이러한 윤리적 이론들을 PPT에 포함시키면, 청중은 자율주행 자동차가 직면할 수 있는 윤리적 문제에 대해 더 깊이 이해하고, 이에 대한 자신의 생각을 형성하는데 도움이 될 것입니다.

여러 개의 윤리적 이론에 대한 답변을 들어보았습니다. 그럼 이러한 다양한 윤리적 이론에 대한 기술 개발자, 법률가, 윤리학자, 일반 대중의 다양한 관점은 어떤 것들이 나올 수 있을지 다시 물어보겠습니다.

> **Prompt**
>
> 다양한 윤리적 이론에 대한 기술 개발자, 법률가, 윤리학자, 일반 대중의 다양한 관점을 보여줘.

> **Chat GPT**
>
> 다양한 윤리적 이론에 대한 기술 개발자, 법률가, 윤리학자, 그리고 일반 대중의 관점을 아래와 같이 요약할 수 있습니다:
>
> **1. 기술 개발자의 관점**
> - 결과주의: 개발자는 기술이 가져올 긍정적인 결과에 중점을 둘 수 있습니다. 예를 들어, 자율주행 자동차가 교통사고를 줄이고 교통 효율성을 높이며, 전반적인 사회 복지를 증진시킬 것이라고 주장할 수 있습니다.
> - 의무론: 기술 개발자는 또한 안전한 제품을 만드는 것이 자신의 의무라고 느낄 수 있으며, 이는 사용자의 안전을 최우선으로 하는 설계 원칙을 따르는 것을 의미할 수 있습니다.
> - 가치 윤리학: 개발자는 자신의 작업을 통해 사회에 긍정적인 영향을 미치려는 덕을 발휘하고자 할 것이며, 이는 기술이 인간의 삶을 향상시키는 방향으로 발전해야 한다는 신념을 반영할 수 있습니다.
>
> **2. 법률가의 관점**
> - 결과주의: 법률가는 사회적 이익을 최대화하는 법과 정책을 지지할 수 있으며, 이는 자율주행 자동차가 가져올 수 있는 잠재적 이익을 법적 프레임워크 내에서 최적화하려는 노력을 포함할 수 있습니다.
> - 의무론: 법률가는 법적 의무와 규정 준수를 강조할 것이며, 이는 기술이 사

회적 규범과 법적 기준에 부합해야 한다는 점을 강조합니다.
- 가치 윤리학: 법률가는 기술이 사회적 가치와 덕을 존중하고 촉진해야 한다고 주장할 수 있으며, 이는 법적 결정과 판례에 덕의 개념을 통합하는 것을 의미할 수 있습니다.

3. 윤리학자의 관점
- 결과주의: 윤리학자는 자율주행 자동차가 사회에 미치는 영향을 평가하고, 그 결과가 도덕적으로 수용 가능한지를 논의할 것입니다.
- 의무론: 윤리학자는 기술이 인간의 권리와 의무를 어떻게 존중하고 있는지를 분석할 것이며, 기술 설계에 도덕적 원칙을 통합하는 방법을 모색할 것입니다.
- 가치 윤리학: 윤리학자는 기술 개발 과정에서의 덕의 중요성을 강조하고, 기술이 인간의 본성과 어떻게 조화를 이룰 수 있는지를 탐구할 것입니다.

4. 일반 대중의 관점
- 결과주의: 일반 대중은 자율주행 자동차가 가져올 편리함과 안전성 향상에 관심을 가질 수 있습니다. 그들은 기술이 일상생활을 어떻게 개선할 수 있는지에 초점을 맞출 것입니다.
- 의무론: 대중은 기술이 개인의 권리를 침해하지 않고, 모든 사용자에게 공정하게 혜택을 제공해야 한다는 기대를 가질 수 있습니다.
- 가치 윤리학: 일반 사람들은 기술이 사회적 책임과 윤리적 행동을 촉진하는 방향으로 발전해야 한다고 느낄 수 있으며, 이는 기술에 대한 신뢰와 수용도를 높일 수 있습니다.

이러한 다양한 관점을 PPT에 포함시키면, 청중은 같은 윤리적 문제에 대해 각 이해관계자가 어떻게 다른 시각을 가질 수 있는지를 이해하고, 이를 통해 더 포괄적인 논의를 이끌어낼 수 있습니다.

Prompt

지금까지 이야기한 내용을 기반으로 나는 '결과주의적 접근'을 중심으로 다수의 생명 구하기 시나리오를 포함해 PPT를 만들고 싶어. 전체 10장으로 만들거야. 각 PPT에 들어가야 하는 내용을 정리해 줘.

Chat GPT

아래는 '결과주의적 접근을 중심으로 한 다수의 생명 구하기 시나리오'를 주제로 한 10장짜리 PPT의 개요입니다:

슬라이드 1: 제목
- 제목: "결과주의적 접근: 자율주행 자동차와 생명 구하기 딜레마"
- 부제목: "기술적 진보와 윤리적 책임의 교차점"
- 이름 / 날짜 / 기관

슬라이드 2: 소개
- 자율주행 자동차 기술 소개
- 윤리적 딜레마의 중요성 강조
- 발표의 목적 및 구조 설명

슬라이드 3: 결과주의 윤리 이론 소개
- 결과주의 이론의 기본 원칙
- 결과주의가 기술 윤리에 어떻게 적용되는지
- 예상되는 결과의 중요성

슬라이드 4: 다수의 생명 구하기 시나리오 설명
- 시나리오 상세 설명
- 가능한 결정과 그 결과의 개요

슬라이드 5: 결과주의적 분석
- 시나리오에 대한 결과주의적 분석
- 각 결정이 가져올 수 있는 잠재적 결과 비교

슬라이드 6: 기술적 과제와 결정 알고리즘
- 자율주행 자동차의 결정 알고리즘 설명

- 기술적 한계와 도전 과제

슬라이드 7: 법적 및 사회적 고려 사항
- 현재 법적 프레임워크
- 사회적 기대와 공공의 안전

슬라이드 8: 결과주의적 접근의 장단점
- 결과주의적 접근의 장점
- 결과주의적 접근의 한계와 비판

슬라이드 9: 사례 연구 및 실제 사고 분석
- 실제 사고 사례와 그에 대한 결과주의적 해석
- 윤리적 결정이 실제 상황에서 어떻게 적용되었는지

슬라이드 10: 결론 및 미래 전망
- 결과주의적 접근의 중요성 재확인
- 기술 발전에 따른 윤리적 고려의 진화
- 질문 및 토론을 위한 열린 끝맺음

PPT를 만드는데 사진이나 그림도 꼭 필요하겠죠. 참고로 2024년 1월 현재 유료버전인 GPT4에서는 DALLE2를 활용해 그림을 그려줄 수 있습니다. 무료 버전인 GPT3.5는 그림 그리는 기능이 따로 없습니다.

Prompt

위 PPT에 필요한 그림을 찾아줘. 링크를 줄 수 있니?

Chat GPT

물론이죠, 여기 각 슬라이드에 적합할 수 있는 그림 유형과 그림을 찾을 수 있는 몇 가지 웹사이트를 추천해 드리겠습니다:

슬라이드 1: 제목
- 로고나 관련 이미지를 사용하여 제목 슬라이드를 꾸밀 수 있습니다.
- Unsplash또는 Pixabay에서 "technology" 또는 "autonomous cars" 검색

슬라이드 2: 소개
- 자율주행 자동차 또는 AI 기술의 추상적인 이미지
- Pexels에서 "artificial intelligence" 검색

슬라이드 3: 결과주의 윤리 이론 소개
- 결과주의 이론을 상징하는 추상적인 그래픽 또는 아이콘
- Flaticon에서 "balance scale" 아이콘 검색

슬라이드 4: 다수의 생명 구하기 시나리오 설명
- 트롤리 문제를 설명하는 다이어그램 또는 일러스트레이션
- 구글 이미지 검색에서 "trolley problem illustration" 검색

슬라이드 5: 결과주의적 분석
- 결과의 비교를 보여주는 차트 또는 그래프
- Canva에서 그래프 또는 차트 디자인 사용

슬라이드 6: 기술적 과제와 결정 알고리즘
- 알고리즘 또는 프로그래밍 관련 이미지
- Freepik에서 "algorithm" 또는 "programming" 검색

슬라이드 7: 법적 및 사회적 고려 사항
- 법정, 법률 서적, 또는 사회적 상호작용을 나타내는 이미지
- Unsplash에서 "law" 또는 "society" 검색

슬라이드 8: 결과주의적 접근의 장단점
- 장단점을 나타내는 리스트 또는 아이콘
- Flaticon에서 "pros and cons" 검색

슬라이드 9: 사례 연구 및 실제 사고 분석
- 사고 장면 또는 사고 후 분석을 나타내는 이미지
- Pixabay에서 "car accident" 검색

슬라이드 10: 결론 및 미래 전망
- 미래 기술 또는 전망을 상징하는 이미지
- Pexels에서 "future technology" 검색

각 슬라이드마다 필요한 사진을 찾을 수 있는 링크를 보여줍니다. 특히 이미지를 선택할 때는 저작권이나 사용 허가에 주의해야 합니다. Chat GPT에서 추천한 웹사이트들은 대부분 무료로 이미지를 제공하지만, 특정 사용 조건이 적용될 수 있으므로 사용 전에 해당 조건을 확인해야 합니다.

[그림 4] Unsplash에서 무료로 다운 받은 사진

Q4 주의할 점

Chat GPT를 사용하여 콘텐츠를 생성할 때 저작권에 특별한 주의가 필요합니다. 인공지능이 제공하는 정보와 자료는 종종 공개적으로 접근 가능한 데이터에 기반하기 때문에 모든 사용된 자료가 저작권법에 의해 보호받는지 여부를 확인하는 것이 중요합니다.

이미지, 텍스트, 데이터 등을 책이나 기타 출판물에 포함시키기 전에 해당 자료가 저작권의 제약을 받지 않거나, 사용에 대한 명확한 허가를 받았는지 검토해야 합니다. 무료로 제공되는 자료라 할지라도 그 사용 조건을 주의 깊게 읽고 이해해야 하며, 필요한 경우 저작권자에게 직접 연락하여 사용 허가를 구해야 합니다. 또한, 인공지능을 통해 생성된 콘텐츠가 원작자의 창작물을 변형한 것이라면, 이 역시 저작권 침해가 될 수 있으므로 창작 과정에서의 독창성과 저작권 준수 사이의 균형을 맞추는 것이 필수적입니다.

chapter 3 | Chat GPT가 알려주는 통계 분석의 기초

Q1 왜 Chat GPT를 써야할까?

Chat GPT는 복잡한 데이터의 해석이 가능합니다.

1. **통계 용어 설명:** Chat GPT는 평균, 중앙값, 표준편차, 상관관계, 회귀분석 등의 통계 용어와 개념을 설명할 수 있습니다. 사용자가 이러한 용어를 이해하지 못할 때, Chat GPT는 각 용어가 실제 데이터에 어떻게 적용되는지 사례를 들어 설명할 수 있습니다.
2. **결과 해석:** 연구 결과나 실험 데이터에서 나온 통계적 수치가 실제로 무엇을 의미하는지 사용자가 이해하기 쉽도록 설명할 수 있습니다. 예를 들어, 어떤 약물이 통계적으로 유의미한 결과를 보였다는 연구 결과를 사용자가 제시하면, Chat GPT는 그 결과가 실제로 어떤 의미인지, 유의미한 차이가 실제 임상 상황에서 어떤 영향을 미칠 수 있는지 설명할 수 있습니다.
3. **데이터 시각화 해석:** 사용자가 제공하는 차트, 그래프, 테이블 등의 시각적 자료를 바탕으로, Chat GPT는 그 자료가 표현하는 정보를 해석하고 요약할 수 있습니다. 예를 들어, 시간에 따른 질병 발생률 변화를 보여주는 그래프를 해석하여, 어떤 시점에 발생률이 증가했

는지와 그 원인을 설명할 수 있습니다.
4. **데이터 분석 방법론 조언:** 사용자가 데이터를 분석할 때 어떤 통계적 방법을 사용해야 할지 결정하기 어려울 수 있습니다. Chat GPT는 사용자의 데이터와 연구 목적에 가장 적합한 분석 방법을 추천하고, 그 방법을 사용하는 이유와 방법론에 대해 설명할 수 있습니다.
5. **복잡한 데이터셋 탐색:** 대규모 데이터셋에서 특정 패턴이나 트렌드를 찾는 것은 어려울 수 있습니다. Chat GPT는 사용자가 관심 있는 변수 간의 관계를 탐색하거나, 특정 조건을 만족하는 데이터 포인트를 찾는 데 도움을 줄 수 있습니다.

Q2 대학생이 활용가능한 프롬프트 리스트

- 이 데이터의 표준편차가 높은 이유는 무엇인가요?
- 이 회귀분석 결과가 실제로 어떤 의미를 가지나요?
- 이 상관관계 그래프에서 두 변수 사이의 관계를 어떻게 해석해야 하나요?
- 이 임상시험 결과에서 약물의 효과를 어떻게 판단할 수 있나요?
- 이 데이터셋에서 이상치(outliers)를 어떻게 식별하고 처리해야 하나요?
- 통계 용어 '표본'이란 무엇이며, 통계 분석에서 표본 선택의 중요성을 설명하세요.
- 단순선형회귀분석 결과를 해석하여 독립 변수와 종속 변수 간의 관계를 설명하세요.
- 다중선형회귀분석에서 다중공선성이란 무엇이며, 이 현상이 회귀분석 결과에 어떤 영향을 미칠 수 있는지 설명하세요.

- 통계에서의 '표준편차'와 '분산'의 차이를 설명하세요.
- 카이제곱 검정을 사용하여 두 범주형 변수 간의 관련성을 어떻게 평가할 수 있는지 설명하세요.
- ANOVA(분산분석)를 사용하여 그룹 간 차이를 검정하는 과정을 설명하세요.
- 통계적 가설 검정에서 'p-값'이란 무엇이며, 가설 검정 결과를 해석할 때 어떻게 사용하는지 설명하세요.
- 데이터 분포의 '왜도'와 '첨도'가 데이터의 특성을 어떻게 나타내는지 설명하세요.
- 탐색적 데이터 분석(EDA)을 수행할 때 어떤 시각화 도구와 기법을 사용할 수 있는지 설명하세요.
- 통계적 추론에서 '신뢰 구간'의 개념과 활용 방법을 설명하세요.
- ANOVA와 t-검정의 차이를 설명하고, 어떤 상황에서 어떤 검정 방법을 선택해야 하는지 설명하세요.
- 로지스틱 회귀분석 결과를 해석하여 범주형 종속 변수와 독립 변수 간의 관련성을 설명하세요.
- 상관분석을 사용하여 두 연속형 변수 간의 관계를 평가하는 과정을 설명하세요.
- 통계 소프트웨어나 프로그래밍 언어를 사용하여 가설검정을 어떻게 수행하는지 설명하세요.
- 데이터 정규화와 표준화의 차이를 설명하고, 언제 이 두 기법을 사용해야 하는지 설명하세요.

Q3 실제 활용 사례

통계학과 학생으로 가정하고 회귀분석 결과에 대한 문의를 해보겠습니다.

[회귀분석 결과 요약 샘플]

종속 변수: 시험 성적
독립 변수: 수면 시간

모델: 성적 = α + β * (수면 시간) + ε

계수 (β): 2.5
절편 (α): 50
R제곱 (R^2): 0.64
p값: < 0.001
표준 오차: ± 4.5

이러한 회귀분석 결과를 해석해 보도록 하겠습니다. 실제로 데이터 분석의 핵심적인 부분은 단순히 수치를 계산하는 것을 넘어, 그 결과가 실제로 의미하는 바를 이해하는 것이기 때문에 통계 결과치를 해석하는 것은 매우 중요합니다. Chat GPT는 이러한 역할도 잘 수행하고 있습니다. 회귀분석을 진행하도록 하겠습니다.

> **Prompt**
>
> 너는 통계학 전문가야. 회귀분석 결과에 대한 해석을 요청 받았어. 한 연구자가 시험 성적과 수면 시간 간의 관계를 분석했어. 그 연구자는 이 관계를 이해하고 싶어 해. 네 목적은 이 회귀분석 결과를 통해 수면 시간이 시험 성적에 어떤 영향을 미치는지 알리는 것이야. 이 회귀분석 결과의 의미를 간단하고 명확하게 설명하고, 이 설명을 1분 분량으로 작성해줘.
>
> [회귀분석 결과 요약 샘플]
>
> 종속 변수: 시험 성적
> 독립 변수: 수면 시간
>
> 모델: 성적 = $\alpha + \beta *$ (수면 시간) $+ \varepsilon$
>
> 계수 (β): 2.5
> 절편 (α): 50
> R제곱 (R^2): 0.64
> p값: < 0.001
> 표준 오차: ± 4.5

> **Chat GPT**
>
> 위 회귀분석 결과를 해석하면 다음과 같은 의미를 가질 수 있습니다:
>
> **계수 (β)의 해석:** 계수 값인 2.5는 수면 시간이 한 시간 증가할 때마다 시험 성적이 평균적으로 2.5점 증가한다는 것을 의미합니다. 이는 수면과 성적 사이에 양의 관계가 있음을 나타내며, 수면 시간이 학생의 성적에 긍정적인 영향을 미칠 수 있음을 시사합니다.

절편 (a)의 해석: 절편 값인 50은 수면 시간이 0시간일 때 예상되는 시험 성적을 나타냅니다. 물론, 실제로 0시간을 자는 것은 불가능하지만, 이 수치는 회귀선이 y축을 교차하는 지점을 나타내는 기준점으로 사용됩니다.

R제곱 (R^2)의 해석: R제곱 값은 0.64로, 모델이 시험 성적의 변동성 중 64%를 수면 시간을 통해 설명할 수 있음을 나타냅니다. 다시 말해, 수면 시간 외에도 성적에 영향을 미치는 다른 요인들이 있을 수 있지만, 수면 시간은 중요한 예측 변수임을 알 수 있습니다.

p값의 해석: p값이 0.001보다 작다는 것은 통계적으로 유의미한 결과를 나타냅니다. 이는 우연히 발생한 결과가 아니라 실제로 수면 시간이 시험 성적에 영향을 미친다는 강력한 증거입니다.

표준 오차의 해석: 표준 오차는 ±4.5로, 예측된 성적 점수가 실제 점수에서 평균적으로 ±4.5점 범위 내에서 변동할 수 있음을 나타냅니다. 이는 모델의 예측이 얼마나 정확한지, 즉 예측의 불확실성을 측정하는 지표입니다.

Chat GPT는 "수면 시간 외에도 성적에 영향을 미치는 다른 요인들이 있을 수 있지만"이라면서 R^2값에 대한 설명 중 수면 시간 외에도 성적에 영향을 미칠 수 있는 다른 요인이 있음을 설명해 주었습니다. 어떤 요인이 있는지 확인해 보겠습니다.

Prompt

수면 말고도 성적에 영향을 줄 수 있는 요인이 뭐가 있을까? 요인과 함께, 그 근거를 제시해 줘.

> **Chat GPT**
>
> 성적에 영향을 줄 수 있는 요인은 매우 다양하며, 여기에는 개인적, 교육적, 사회적, 심리적 요인들이 포함됩니다. 몇 가지 주요 요인은 다음과 같습니다:
>
> **학습 습관**: 정기적이고 효율적인 학습 습관은 성적 향상에 중요합니다. 이는 정보의 장기 기억으로의 전환을 돕고, 시험 준비에 있어 필요한 지식을 더 잘 이해하고 기억하는데 도움을 줍니다.
>
> **수업 참여도**: 수업에 적극적으로 참여하는 학생들은 더 나은 성적을 얻는 경향이 있습니다. 이는 학생이 수업 내용에 더 집중하고, 교사와의 상호작용을 통해 더 깊이 있는 학습을 할 수 있기 때문입니다.
>
> **교육 자원의 접근성**: 고품질의 교육 자원(예: 도서관, 인터넷, 학습 센터)에 쉽게 접근할 수 있는 학생들은 더 나은 학습 결과를 보일 수 있습니다.
>
> **개인의 지능 및 인지 능력**: 인지 능력과 지능은 학습 능력과 밀접한 관련이 있으며, 이는 학생의 학업 성취도에 영향을 미칠 수 있습니다.
>
> **동기 부여와 태도**: 학습에 대한 긍정적인 태도와 높은 동기 부여는 학생이 어려움에 직면했을 때도 꾸준히 노력하게 만들며, 이는 성적 향상으로 이어질 수 있습니다.
>
> **사회적 지원**: 가족, 친구, 교사 등의 사회적 지원 네트워크는 학생이 학업 스트레스를 관리하고, 학습에 필요한 지원을 받는데 중요한 역할을 합니다.
>
> **건강과 영양**: 적절한 영양 섭취와 건강한 생활 습관은 뇌 기능과 전반적인 학습 능력에 긍정적인 영향을 미칩니다.
>
> 이러한 요인들은 학생의 학업 성적에 직접적이거나 간접적으로 영향을 미칠 수 있으며, 성적은 이러한 다양한 변수들의 상호 작용 결과로 볼 수 있습니다. 따라서 성적 향상을 위해서는 수면 패턴뿐만 아니라 다른 요인들도 함께 고려 되어야 합니다.

모두 7가지 요인을 제시해 주었습니다. 쉽게 예상 가능한 내용(학습 습관 등)도 있지만, 교육 자원의 접근성처럼 평상시에는 생각하지 못했던 요인을 알려주고 있습니다.

Prompt

수업 참여도와 성적과의 관계에 대한 학술 연구 자료를 근거로 제시해 줄 수 있을까?

Chat GPT

UsedVoxScript

다음은 수업 참여도와 성적과의 관계에 대한 학술 연구 자료의 예시입니다:

1. Class Participation and Student Performance: A Follow-up Study- 이 연구에서는 강의 중심 수업에서 수업 참여도와 기말고사 점수 사이에 유의미한 관계를 발견했습니다. 프로그래밍 기술 기반 수업에서는 강의보다는 관련 실습실 참여가 더 중요한 요소로 나타났습니다.
2. How does student participation influence student achievement?- Dallimore, Hertenstein, and Platt의 연구에 따르면, 수업 참여도는 학생들의 일상생활과 관련된 교훈, 지지적인 교실 환경, 구성적인 피드백 참여 점수에 의해 영향을 받는다고 합니다.
3. Class Participation and Student Performance: A Tale of Two Courses- 이 연구는 수업에서의 적극적 참여가 학생의 주관적 및 객관적 성과를 향상시킨다는 것을 보여줍니다. 학생들은 자신이 수업에서 더 잘했다고 느꼈으며, GPA와 기말고사 점수와 같은 객관적 기준이 이를 확인해 줍니다.
4. Class participation and feedback as enablers of student academic success- 이 연구에서는 수업 참여를 평가하기 위해 연구자들이 설계한 Work-In-Class Assessment Tool (WICAT)을 사용하여 학생들의 출석, 적극

적인 청취, 수업 활동에 대한 기여도 및 자주 있는 작은 과제에서의 성과를 평가합니다.

5. A study of the relationship between students' engagement and their academic performance- 이 연구는 온라인 모듈에서의 학생 참여와 학업 성적 사이의 관계를 이해하기 위해 학생들의 학습 활동에 대한 기존 데이터를 분석합니다.

이 자료들은 수업 참여도가 학생의 학업 성적에 긍정적인 영향을 미칠 수 있음을 보여주는 근거를 제공합니다. 연구들은 참여도가 높은 학생들이 더 나은 성적을 얻는 경향이 있음을 보여주며, 이는 교육자들이 학생들의 적극적인 수업 참여를 장려하는 교육 전략을 개발하는 데 중요한 정보를 제공합니다.

　VOXSCRIPT 플러그인을 활용했습니다. 수업 참여도와 성적과의 관계에 대한 여러 가지 학술 논문을 제시한 것을 볼 수 있습니다. 해당 링크를 클릭해서 더 많은 자료들을 확인할 수 있습니다.

　논문을 활용해 자료를 검색할 때 가장 유용한 플러그인은 ScholarAI입니다. 따라서 이번에는 ScholarAI를 활용해 보도록 하겠습니다. 플러그인은 3개까지 등록해서 사용 가능합니다. 평상시 본인이 원하는 플러그인을 3개(최대) 설정해 놓으면, 필요시 Chat GPT가 자동으로 최적의 플러그인을 설정해서 결과를 제시해 줍니다.

Prompt

수업 참여도와 성적과의 관계에 대한 학술 연구 자료를 근거로 제시해 줄 수 있을까? 출처까지 함께 제시해 줘.

Chat GPT

 다음은 수업 참여와 성적 사이의 관계를 탐구하는 몇 가지 학술 연구입니다.

과거 수의학 생화학 및 대사 과정의 Poll Everywhere 질문 참여율 및 학업 성과 분석

요약: 본 연구는 수의과대학 과정에서 수업 참여도와 학업 성취도의 상관 관계를 조사하였다. 구체적으로 강의 중 Poll Everywhere 질문에 대한 학생들의 참여와 성적과의 관계를 분석했습니다. 연구 결과에 따르면 참여도가 높은(Poll Everywhere 질문에 답하는) 학생이 일반적으로 더 높은 성적을 받는 것으로 나타났습니다.

저자: C. Cardamone, Christopher M Schonhoff
발행일: 2023-11-02

리버스주 고등학교 학생의 학업성취에 아동학대가 미치는 영향

요약: 이 연구는 주로 아동 학대가 학업 성취도에 미치는 영향에 초점을 맞추는 한편, 아동 학대가 학생들의 수업 활동 참여와 학업 성취도에 미치는 영향에 대해서도 탐구했습니다.

저자: Ebenezer, Jacinta Chinyeaka

여성 동료 및/또는 생명 과학 과정의 여성 강사 증가로 여성 수업 참여 및 성과 향상

요약: 이 연구에서는 생명과학 과정의 학업 성취도와 수업 참여에 있어 성별 격차를 조사했습니다. 그 결과 여학생이 더 많은 동료나 여성 강사가 있는 수업에서 여학생이 더 많이 참여하고 더 높은 성적을 얻는 경향이 있는 것으로 나타났습니다.

저자: E. Bailey, R. F. Greenall, D. M. Baek, C. Morris, N. Nelson, T. Quirante, N. Rice, S. Rose, K. Williams
발행일: 2020-07-14

> **대학 온라인 강좌: 학생 참여율과 학업 성취도의 상관관계**
> 요약: 이 연구에서는 포럼 참여와 학생 성과 사이의 상관 관계를 이해하기 위해 291개의 온라인 강좌를 분석했습니다. 상위권 학생들이 반드시 포럼에서 가장 활발하게 활동하는 것은 아니지만, 학기 내내 꾸준히 참여하는 것은 공통적인 특징입니다.
> 저자: Sahar Voghoei, Navid Hashemi Tonekaboni, D. Yazdansepas, H. Arabnia
> 발행일: 2019-12-01

    ScholarAI가 더 좋은 값의 논문을 보여주는 것을 볼 수 있습니다. 또 '자세히 보기'를 클릭하면 해당 논문의 원문을 볼 수 있습니다. 하지만 Chat GPT의 답변 중 아래 P값의 해석에 대한 부분이 잘 이해가 가지 않습니다.

    P값의 해석: P값이 0.001보다 작다는 것은 통계적으로 유의미한 결과를 나타냅니다. 이는 우연히 발생한 결과가 아니라 실제로 수면 시간이 시험 성적에 영향을 미친다는 강력한 증거입니다.

    그래서 이번엔 P값에 대한 질문을 해보도록 하겠습니다.

> **Prompt**
>
> 통계학에서 중요한 개념인 'P값'에 대해 설명하고 싶어. 통계학에 익숙하지 않은 사람도 쉽게 이해할 수 있도록 P값의 개념과 중요성을 알리는 것이 목적이야. 이 설명을 1분 분량으로 작성해 줘.

Chat GPT

물론이죠, P값에 대해 쉽게 설명해 드리겠습니다.

통계에서 P값은 우리가 관찰한 데이터가 우연히 발생했을 가능성을 측정하는 하나의 방법입니다. 예를 들어, 두 그룹의 시험 점수가 다르다고 할 때, 이 차이가 실제로 의미 있는 차이인지, 아니면 우연히 발생한 것인지를 알고 싶을 때 P값을 사용합니다.

P값은 0과 1 사이의 숫자로, 보통 0.05(또는 5%)라는 기준점을 사용합니다. P값이 0.05보다 작으면, 우리가 관찰한 결과가 우연히 발생했다고 보기에는 너무 특별하다고 생각합니다. 즉, 실제로 두 그룹 사이에는 의미 있는 차이가 있다고 결론 내릴 수 있습니다. 반면에 P값이 0.05보다 크면, 관찰된 차이가 우연히 발생했을 가능성이 높다고 보고, 그 차이를 '통계적으로 유의미하지 않다'고 말합니다.

간단히 말해서, P값은 '이런 결과가 우연히 나타날 확률'을 나타냅니다. P값이 낮을수록 우리는 '우연이 아니야'라고 더 확신할 수 있고, 그래서 그 결과를 중요하게 여기게 됩니다. 그러나 P값이 낮다고 해서 그것이 반드시 '중요하다'는 것을 의미하지는 않습니다. P값은 단지 '우연히 발생할 확률이 낮다'는 것을 말할 뿐, 왜 그런 결과가 나왔는지, 그 결과가 실제로 얼마나 중요한지에 대한 정보는 주지 않습니다.

제시된 내용을 읽어도, 여전히 이해가 잘 가지 않습니다. 다시 질문을 해보겠습니다.

Prompt

P값에 대해서 예시를 들어서 설명해 줘. 너는 초등학생이 P값을 이해할 수 있게 만들어야 해.

Chat GPT

 상상해 보세요, 당신이 학교에서 친구들과 주사위 놀이를 하고 있어요. 주사위를 던져서 6이 나오면 상을 받는 게임이에요. 주사위는 보통 1부터 6까지의 숫자 중 하나가 나오죠. 그런데 한 친구가 주사위를 던질 때마다 거의 6만 나와요. 이걸 보고 '와, 이건 정말 특별한 주사위인가 봐!'라고 생각할 수도 있고, '이 주사위에 뭔가 문제가 있는 거 아냐?'라고 의심할 수도 있어요.

이때 P값이라는 것을 사용해서, 친구가 주사위를 특별한 방법으로 던져서 6이 나오는 것인지, 아니면 그냥 우연히 6이 많이 나온 것인지를 알아볼 수 있어요. P값이라는 건 '이 주사위가 정말 특별한가, 아니면 그냥 우연히 이렇게 된 건가'를 숫자로 보여주는 거예요.

만약 P값이 정말 작다면, 예를 들어 0.01이라면, 이건 '주사위가 특별하게 던져져서 6이 나올 확률이 100번 중에 1번밖에 없다'는 것을 의미해요. 그래서 우리는 "아하, 이 주사위 게임에서 이길 확률이 정말 높은 특별한 방법이 있나봐!"라고 생각할 수 있죠. 하지만 P값이 크다면, 예를 들어 0.5라면, 이건 "주사위를 던져서 6이 나올 확률이 반반인데, 그냥 우연히 여러 번 6이 나온 거야"라고 생각할 수 있어요. 그래서 P값은 우리가 어떤 일이 우연인지 아닌지를 판단하는 데 도움을 주는 숫자랍니다. 우리가 이 숫자를 보고 "이건 정말 특별한 일이야!"라고 말할 수 있는지, 아니면 "그냥 우연이야"라고 말할 수 있는지를 결정할 수 있어요.

    어린이들이 하는 주사위 놀이를 통해 P값을 설명해주고 있습니다. 처음 질문보다 P값을 훨씬 더 이해하기가 쉽습니다. 이번에는 표를 복사해서 Chat GPT에게 물어보도록 하겠습니다.

    PDF 파일에 있던 이 표를 복사(Ctrl+c)해서 그대로 붙이기(Ctrl+v)하고, 해석해 달라고 요청하였습니다.

Prompt

이 표를 해석해줘.

ANOVA[a]

Model		Sum of Squares	df	Mean Square	F	Sig.
1	Regression	63501.016	1	63501.016	180.270	.000[b]
	Residual	34521.074	98	352.256		
	Total	98022.090	99			

a. Dependent Variable: Standardized as % of max score possible
b. Predictors: (Constant), participation

Chat GPT

이 ANOVA(분산분석) 표는 참여도가 표준화된 점수(최대 점수의 백분율로 표현)에 미치는 영향을 분석한 회귀모델의 결과를 보여줍니다. 이 표를 해석해 보면 다음과 같습니다:

회귀(Regression): 회귀 행은 참여도가 예측 변수로 사용되었을 때, 모델이 설명하는 점수의 변동성을 나타냅니다. 이 경우, 회귀로 인한 변동성(Sum of Squares)은 63,501.016입니다. 이는 모델이 데이터의 변동을 상당 부분 설명한다는 것을 의미합니다.

자유도(df): 회귀의 자유도는 1입니다. 이는 모델에 하나의 예측 변수(참여도)만 포함되어 있음을 의미합니다. 잔차(Residual)의 자유도는 98로, 총 99개의 관측치에서 예측 변수와 상수항을 제외한 수치입니다.

평균 제곱(Mean Square): 평균 제곱은 각 출처(회귀와 잔차)의 변동성을 자유도로 나눈 값입니다. 회귀의 평균 제곱은 63,501.016이며, 이는 모델이 데이터에 잘 적합되어 있음을 나타내는 지표입니다. 잔차의 평균 제곱은 352.256으로, 모델이 설명하지 못하는 변동성의 크기를 나타냅니다.

F 통계량(F): F 통계량은 180.270로, 이는 모델이 통계적으로 유의미하게 데이터를 잘 설명하고 있음을 나타냅니다. F 통계량은 회귀 평균 제곱을 잔차

평균 제곱으로 나눈 값으로, 모델이 유의미한지를 검정합니다.

유의성(Sig.): P값은 .000b로 표시되어 있으며, 이는 결과가 매우 유의미하다는 것을 의미합니다. P값이 .000이라는 것은 관찰된 결과가 우연히 발생할 확률이 매우 낮다는 것을 나타내며, 일반적으로 p < .05를 유의미한 것으로 간주합니다.

이 데이터를 종합하면, 참여도는 표준화된 점수에 매우 강력한 영향을 미치며, 이 모델은 통계적으로 매우 유의미한 결과를 제공한다고 할 수 있습니다. 이는 참여도가 학생의 성적에 중요한 역할을 한다는 것을 강하게 시사합니다.

위 결과를 통해서 통계표를 해석하는 것을 배울 수 있었습니다. 통계 결과치 해석은 공부만 하면 누구나 할 수 있습니다. 그러나 통계를 분석할 때 가장 어려운 점은 그 결과를 갖고 어떤 시사점을 찾을 수 있느냐에 있습니다. 이것도 Chat GPT가 해줄 수 있을까요?

Prompt

그렇다면 이런 통계 결과를 통해서 어떤 연구 시사점을 도출할 수 있을까요?

Chat GPT

이러한 통계적 결과를 실제 생활에 적용하는 방법은 다음과 같습니다:

교육 정책 및 교수법 개선: 교육자들은 이 데이터를 사용하여 수업 참여도를 높이기 위한 전략을 개발할 수 있습니다. 예를 들어, 학생들이 수업에 더 적극적으로 참여하도록 격려하기 위해 토론, 그룹 작업, 대화식 강의 등을 포함시킬 수 있습니다.
학생의 학습 전략 개발: 학생들은 참여도가 성적에 긍정적인 영향을 미친다는 것을 인식하고, 수업에 더 적극적으로 참여하려는 동기를 가질 수 있습니다. 이는 자신의 학습 태도를 개선하고, 수업 내용에 더 깊이 몰입하는 데 도움이 될 수 있습니다.
학부모의 지원: 학부모는 이 정보를 바탕으로 자녀가 수업에 적극적으로 참여하도록 격려하고 지원할 수 있습니다. 이는 학부모가 자녀의 학업에 관심을 가지고, 학습 환경을 조성하는 데 도움이 됩니다.
개인적 목표 설정: 학생들은 자신의 학업 목표를 설정하고, 수업 참여도를 높이는 것을 목표 중 하나로 삼을 수 있습니다. 이는 학습에 대한 개인적인 책임감을 높이고, 자기 주도적 학습을 촉진할 수 있습니다.
학교 프로그램 및 활동: 학교는 이러한 연구 결과를 바탕으로 학생 참여를 촉진하는 프로그램이나 활동을 개발할 수 있습니다. 예를 들어, 학생들이 수업에 참여하도록 동기를 부여하는 시스템을 마련하거나, 참여도를 평가하는 방법을 개선할 수 있습니다.

이 결과는 단순히 학교와 교실 환경에만 국한되지 않고, 모든 학습 환경과 상황에 적용될 수 있습니다. 예를 들어, 직장 내 교육 프로그램이나 전문 개발 세미나에서도 참여도를 높이는 것이 중요할 수 있습니다. 참여도가 높은 환경은 학습의 질을 향상시키고, 궁극적으로는 개인의 성과와 성장에 긍정적인 영향을 미칠 수 있습니다.

연구 결과를 기반으로 실제 생활에 적용시킬 수 있는 방안을 이야기하고 있습니다. 5가지 결과를 이야기해 주고 있지만, 조금 일반적인 이야기기도 합니다.
이번엔 대학생인 저에게 도움이 될 수 있는 구체적인 방안을 물어보도록 하겠습니다.

Prompt

학습 전략 개발과 관련해서 대학생인 나에게 적용시켜서 알려줄래?

Chat GPT

대학생으로서 학습 전략을 개발하고 수업 참여도를 높이기 위해 다음과 같은 방법을 시도해 볼 수 있습니다:

수업 전 준비: 각 수업에 대한 사전 준비를 철저히 하세요. 예정된 강의 내용을 미리 읽고, 중요한 개념을 이해하며, 궁금한 점이나 토론하고 싶은 주제를 메모해 가세요. 이렇게 하면 수업 중에 더 적극적으로 참여하고, 교수님과의 대화에 깊이를 더할 수 있습니다.

수업 중 참여: 강의 중에 질문을 하거나 토론에 적극적으로 참여하세요. 이것은 단순히 성적을 높이는 것뿐만 아니라, 교수님과의 관계를 강화하고 수업 내용에 대한 깊은 이해를 돕습니다.

시간 관리: 효과적인 시간 관리를 통해 수업, 공부, 그리고 여가 활동 사이의 균형을 맞추세요. 이는 스트레스를 줄이고, 학업에 대한 집중력을 높이는 데 도움이 됩니다.

스터디 그룹 참여: 스터디 그룹에 참여하거나 만들어서 동료 학생들과 함께 공부하세요. 다른 사람들과 지식을 공유하고 토론하는 것은 학습을 더욱 효과적으로 만들고 동기 부여가 됩니다.

이렇게 구체적으로 질문을 할수록 Chat GPT가 우리에게 도움이 되는 답변을 제시하는 것을 확인할 수 있습니다.

Q4 주의할 점

　Chat GPT를 활용할 때 답변을 단순히 받아들이기 보다, 여러분의 분석과 해석을 더하는 것이 중요합니다. Chat GPT는 방대한 정보의 바다에서 항해를 시작할 나침반과 같지만, 진정한 지식의 섬에 도달하기 위해서는 여러분의 노력이 필요합니다. 정보의 출처를 확인하고 다양한 관점에서 비판적으로 사고하는 연습을 게을리 하면 안 됩니다.

　Chat GPT가 제공하는 정보는 학문적 여정에 있어서 유용한 출발점이 될 수 있으나, 모든 학문적 질문에 대한 완전한 답을 제공하지는 않습니다. 학교의 학술 정직 정책을 준수하며, Chat GPT를 사용하여 얻은 정보를 여러분의 작업에 통합할 때는 항상 자신의 언어로 재구성하고, 자신의 이해를 바탕으로 새로운 통찰을 추가해야 합니다. 이렇게 함으로써 Chat GPT를 효과적인 학습 도구로 만들 수 있습니다.

chapter 4 | Chat GPT가 알려주는 "논문, 이렇게 써야 한다"

몇 십, 몇 백 페이지 분량의 논문을 작성하다 보면, 처음의 주장을 잊어버리거나, 다른 주장들과 헷갈리게 되는 경우가 종종 발생합니다. 특히 작업 기간이 길어질수록 논리적 흐름의 일관성을 유지하는 것이 어렵게 됩니다. 이런 상황에서 Chat GPT의 도움을 받을 수 있습니다.

Q1 왜 Chat GPT를 써야할까?

Chat GPT는 논문 작성 시 논리적 구조와 아웃라인 개발에 큰 도움을 줍니다. 복잡한 주제를 체계적으로 구성하고, 주요 주제 및 하위 주제를 명확히 정리하는 데 유용합니다. 예를 들어 인공지능에 관한 논문을 작성할 때, Chat GPT는 인공지능의 역사, 현재 발전 상황, 미래 전망 등을 체계적으로 배열하고, 이들 간의 논리적 연결을 제시하여 논문의 일관성과 흐름을 강화하는데 기여할 수 있습니다. 이를 통해 논문 작성자는 자신의 아이디어와 연구 결과를 더욱 명확하고 효과적으로 전달할 수 있게 됩니다.

Q2 대학생이 활용가능한 프롬프트 리스트

- 내 논문 주제에 대한 기본적인 아웃라인을 제안해 줄 수 있나요?
- 이 논문 주제에 대한 강력한 논증을 구축하기 위해 어떤 주요 요소들을 포함해야 하나요?
- 제 논문의 주제와 관련된 주요 이론들은 무엇이며, 이들이 어떻게 상호 연결되어 있나요?
- 이 연구 주제에 대한 기존 연구들에서 논의되지 않은 새로운 관점은 무엇인가요?
- 이 논문 주제에 대한 반대 의견이나 비판적 관점은 무엇이며, 이에 어떻게 대응할 수 있나요?
- 결론을 강화하기 위해 어떤 추가적인 증거나 논리가 필요한가요?
- 논문 아웃라인을 개발하는데 도움을 주세요.
- 각 섹션의 주요 아이디어를 요약해 보라고 부탁합니다.
- 논문의 주요 주제를 나열하고 논리적 연결을 설명해 주세요.
- 서론 작성을 돕는 강력한 개요 문장을 제안해 주세요.
- 각 섹션의 서브토픽을 정의하고 논리적 순서를 배치하는데 도움을 청합니다.
- 주요 연구 질문을 다양한 관점에서 제시해 주세요.
- 비교 연구에 도움이 되는 비교 대상 요소와 결과 분석을 도와주세요.
- 각 섹션의 핵심 주장과 근거를 강조하는 첫 문장을 작성해 주세요.
- 각 섹션의 핵심 아이디어를 간결하게 요약하는 문장을 제안해 주세요.
- 섹션 간 연결 어구와 전환 문장을 제안해 주세요.
- 데이터와 결과 설명을 위해 명확하고 간결한 표현을 도와주세요.
- 결론 작성과 연구의 중요성 강조를 돕는 문장을 생성해 주세요.
- 인용문 사용과 신뢰성 높이기를 위한 도움을 청합니다.

- 논문 구조 재평가와 수정 사항 제안을 부탁합니다.
- 문법과 표현에 대한 조언을 얻을 수 있도록 초고를 검토해 주세요.

Q3 실제 활용 사례

Chat GPT를 활용해 논문의 아웃라인을 잡아 보겠습니다.

Prompt

너는 인공지능 발전에 관한 논문을 작성하는 대학생이야. 인공지능 기술의 진화와 그 영향에 대해 더 깊이 이해하고 싶어 해. 목적은 논문에 대한 명확하고 구조적인 아웃라인을 만드는 것이야. 이를 위해 1분 분량의 기본 아웃라인을 만들어 줘.

Chat GPT

인공지능(AI)의 발전에 관한 논문을 작성하기 위한 기본적인 아웃라인은 다음과 같이 구성될 수 있습니다:

1. 서론
   - 인공지능의 정의 및 중요성
   - 논문의 목적 및 연구 질문 소개
   - 논문의 구조 개요
2. 인공지능의 역사적 배경
   - 초기 AI 연구의 시작과 발전
   - 주요 이정표 및 발전 단계
   - 기술적 진보와 사회적 영향
3. 현재의 인공지능 기술

- 기계학습 및 딥러닝
- 자연어 처리(NLP), 컴퓨터 비전, 로보틱스 등의 응용 분야
- 현재 AI 기술의 한계와 도전 과제
4. 인공지능의 사회적, 윤리적 영향
- AI의 경제적 영향 및 일자리 시장에 미치는 영향
- 프라이버시, 보안, 윤리적 문제
- 인공지능의 규제 및 정책
5. 미래의 인공지능
- AI 기술의 잠재적 발전 방향
- 인간과 AI의 상호작용의 미래
- 장기적인 사회적, 경제적 영향 예측
6. 결론
- 연구의 주요 발견 및 결론
- 미래 연구를 위한 제안
- 논문의 중요성 및 영향에 대한 요약

서론, 본론, 결론까지 인공지능 발전에 대한 포괄적인 이해를 제공하며, 각 섹션은 논문의 주요 주제와 관련된 중요 측면을 다루고 있습니다. 이번에는 지금 제시된 기본적인 틀은 유지하면서 목차를 세분화하고 싶습니다. 특히 지금까지 진행된 인공지능 관련 선행 연구들을 자세히 살펴보고 싶습니다.

Prompt

인공지능 연구의 초기 시작과 발전에 대한 세부적인 정보를 얻고 싶어. 이를 통해 시대별로 인공지능 연구의 진행 과정을 이해할 수 있는 글을 작성해 줘. 그 목적은 인공지능 연구의 역사적인 맥락과 중요한 이정표들을 명확히 파악하는 것이야. 이 역사적 개요를 1분 분량의 목차로 작성해 줘.

Chat GPT

 초기 AI 연구의 시작과 발전을 시대별로 세분화하여 인공지능 연구의 역사를 다루는 논문 목차는 다음과 같이 구성될 수 있습니다:

인공지능의 태동 (1940년대~1950년대)
- 초기 컴퓨팅 기술의 발전
- 앨런 튜링과 '튜링 테스트'
- 최초의 AI 프로그램과 개념

AI의 황금기 (1960년대~1970년대)
- 기호주의 접근과 첫 번째 AI 프로그램들
- 전문가 시스템과 초기 성공 사례
- AI 연구의 초기 도전과 한계

AI 겨울 (1980년대~1990년대 초)
- 기대와 현실 사이의 격차
- 자금 지원의 감소와 연구의 침체
- AI 겨울의 교훈과 영향

AI 부흥과 현대 AI (1990년대 중반~2000년대)
- 기계학습과 알고리즘의 발전
- 인터넷의 등장과 데이터의 폭발적 증가
- 딥러닝의 등장과 AI의 부흥

AI의 최근 발전 (2010년대~현재)
- 딥러닝과 신경망의 혁신
- AI의 다양한 응용 분야와 성공 사례
- 현재 AI 기술의 한계와 미래 전망

Chat GPT가 제시한 목차는 인공지능의 역사적 발전을 시대별로 구분하여 각 시대의 주요 사건, 기술 발전, 그리고 그 시대의 AI 연구에 대한 사회적, 경제적 영향을 다루고 있습니다. 이를 보면서 인공지능이 어떻게 발전해 왔는 지에 대한 포괄적인 이해를 얻을 수 있다고 생각합니다.

이 내용을 최초 만들었던 목차 중에서 '2. 인공지능의 역사적 배경'에 넣으면 됩니다. 그리고 앞서 Chat GPT가 제시한 기간별로 AI의 발전과 관련한 주요 논점들을 확인해 보고 싶었습니다.

Prompt

앞선 시대별 구분을 그대로 놓고, 해당 기간 AI의 발전과 관련한 주요 논쟁거리를 알려줘.

Chat GPT

앞서 언급한 시대별 구분에 따라, 각 기간 동안 인공지능(AI)의 발전과 관련된 주요 논쟁거리는 다음과 같습니다:

인공지능의 태동 (1940년대~1950년대)
- 논쟁거리: 인공지능의 가능성과 한계에 대한 철학적 논의. 앨런 튜링의 '기계가 생각할 수 있을까?'라는 질문이 이 시기의 중심 논쟁이었습니다.
- 주요 이슈: 튜링 테스트의 타당성, 기계 지능의 정의 및 가능성에 대한 논의.

AI의 황금기 (1960년대~1970년대)
- 논쟁거리: 기호주의(symbolic AI) 접근법의 효율성 및 한계. 이 시기에는 AI가 인간의 지능을 모방할 수 있는지에 대한 논의가 활발했습니다.
- 주요 이슈: 전문가 시스템의 한계, AI의 일반화 및 추론 능력에 대한 의문.

AI 겨울 (1980년대~1990년대 초)
- 논쟁거리: AI 연구에 대한 투자와 기대치의 불일치. AI 기술의 실질적인 응용 가능성에 대한 회의론이 대두되었습니다.
- 주요 이슈: 연구 자금의 부족, 과대 광고된 기대감과 실제 결과 간의 격차.

AI 부흥과 현대 AI (1990년대 중반~2000년대)
- 논쟁거리: 기계학습, 특히 신경망과 딥러닝의 효과성 및 잠재력. 데이터의

중요성과 처리 방법에 대한 논의가 중심이었습니다.
- 주요 이슈: 데이터 마이닝의 윤리적 문제, 알고리즘의 투명성 및 해석 가능성.

AI의 최근 발전 (2010년대~현재)
- 논쟁거리: 딥러닝과 신경망의 발전에 따른 윤리적, 사회적 영향. AI의 자율성과 결정 과정의 투명성에 대한 우려가 증가했습니다.
- 주요 이슈: AI에 의한 일자리 대체, 프라이버시 침해, AI의 편향성 및 차별 문제, AI 규제 및 법적 책임.

이를 통해 동일한 기간 발생했던 논쟁거리와 각 시대 AI 기술 발전과 사회적, 윤리적 문제를 반영하며, AI 연구와 응용의 방향을 확인할 수 있었습니다. 이 내용을 조금 더 보기 쉽게 표로 만들어 달라고 요청하였습니다. 기본적인 표를 Chat GPT가 만들어 주기도 하지만 저는 다이어그램을 만드는데 최적화된 Show me 플러그인을 미리 설치해 놓았습니다.

Prompt

지금까지 이야기했던 각 시기별 특징을 구분한 것을 보기 쉽게 표로 만들어줘

Chat GPT

UsedDiagrams: Show Me

인공지능(AI) 발전의 역사를 각 시대별 특징과 주요 논쟁거리를 중심으로 보여주는 그래프 다이어그램입니다:
이것은 메리메이드 언어를 사용한 그래프 다이어그램입니다.

다른 다이어그램 스타일을 보고 싶으신가요? 다음과 같은 조합을 시도해 볼 수 있습니다:

1. 마크맵을 사용한 마인드맵 다이어그램
2. 플랜트UML을 사용한 마인드맵 다이어그램
3. 플랜트UML을 사용한 시퀀스 다이어그램

이 중 어떤 조합으로 다이어그램을 만들어 보시겠습니까?

Show me 플러그인이 작동하는 것을 볼 수 있습니다. 그리고 결과값으로 전체 화면 다이어그램이 등장합니다. 이를 보면서 수정을 할 수 있습니다.

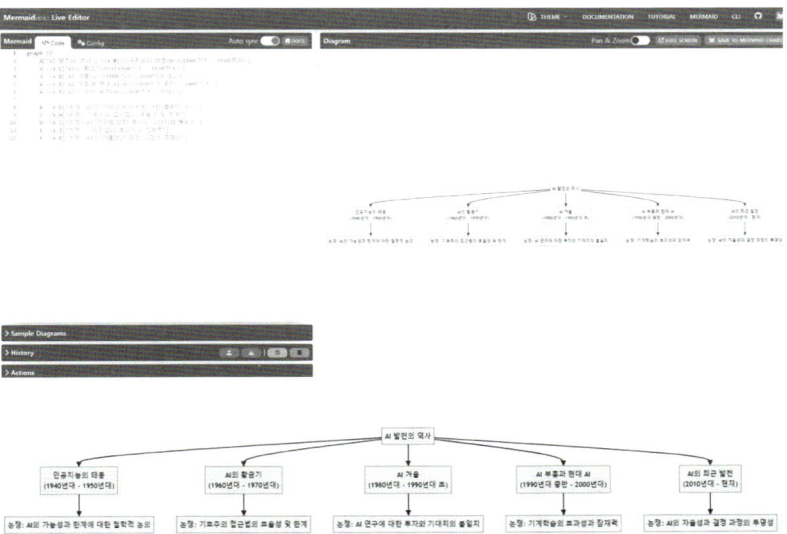

part 2 눈문/리포트

지금까지 살펴본 바와 같이 Chat GPT는 논문 작성 시 논리적 흐름과 일관성 유지에 큰 도움을 줍니다. 앞서 인공지능 발전에 관한 논문을 작성한 경우를 살펴보면, Chat GPT는 시대별 중요 이슈와 논쟁거리를 명확히 구분하며 아웃라인을 제안합니다.

이를 통해 연구자는 각 시대의 AI 발전과 관련된 주요 논쟁거리를 체계적으로 정리하고, 이를 바탕으로 논문의 구조를 세우며 깊이 있는 분석을 진행할 수 있습니다. 또한 Chat GPT는 복잡한 정보를 시각적 다이어그램으로 변환하여 연구자가 전체적인 연구 흐름을 한눈에 파악하고, 논리적 일관성을 유지하는데 도움을 줍니다. 이처럼 Chat GPT는 논문 작성 과정에서 중요한 연구 도구로 활용될 수 있습니다.

Q4 주의할 점

확인한 바와 같이 Chat GPT는 논리적 일관성을 유지하는데 도움을 줍니다. 하지만 때때로 Chat GPT는 전체 논문의 맥락과 논리적 흐름을 완전히 이해하고 반영하지 못할 수 있습니다. 이는 논문의 각 부분이 서로 어떻게 연결되고 전체 주제에 어떻게 기여 하는지를 완벽히 파악하는 데 한계가 있기 때문입니다.

따라서, Chat GPT가 제공한 정보나 아이디어를 논문에 통합할 때는 항상 전체 논문의 구조와 논리적 일관성을 스스로 검토해야 합니다. 각 섹션과 주장이 전체 주제와 어떻게 연결되는지, 주장들이 서로 모순되지 않는지, 그리고 논문의 결론이 전체적인 논의를 잘 반영하고 있는지 확인하는 것이 중요합니다. 이 과정을 통해 논문의 논리적 흐름을 강화하고, 더욱 탄탄하고 설득력 있는 연구 결과를 도출할 수 있습니다.

PART 03

발표

CHAT GPT

| chapter 1 | **Chat GPT로 발표의 신 되는 법** |

Q1 왜 Chat GPT를 써야할까?

대학 과제를 위한 프레젠테이션 준비 과정에서 Chat GPT의 활용은 자료 조사 및 아이디어 개발에 큰 도움을 줄 수 있습니다. 우선 Chat GPT는 방대한 데이터베이스와 지식을 기반으로 다양한 주제에 대한 깊이 있는 정보를 제공할 수 있어, 배경 조사나 데이터 수집 과정에서 시간을 절약하고 보다 심도 있는 내용을 탐구하는 데 기여합니다. 이러한 정보 수집은 과제의 품질을 높이는 데 중요한 요소입니다.

프레젠테이션의 아이디어를 구체화하고 체계적으로 정리하는 과정에서도 Chat GPT는 유용한 도구가 될 수 있습니다. 다양한 주제에 대한 아이디어를 제안하고, 이를 효과적으로 구조화하는 방법을 제공함으로써 프레젠테이션의 흐름과 내용을 강화할 수 있습니다. 이는 복잡하고 광범위한 정보를 명확하고 이해하기 쉬운 형태로 전달하는 데 도움이 되며, 청중의 이해와 관심을 끌 수 있는 효과적인 프레젠테이션을 만드는 데 중요한 역할을 합니다.

Q2 대학생이 활용가능한 프롬프트 리스트

- 대한민국 항공서비스 발달에 대한 프레젠테이션 개요를 작성해 주세요.
- 기후 변화와 지속가능성에 대한 프레젠테이션을 위한 통계 데이터를 제공해 주세요.
- 인공지능의 미래에 대한 프레젠테이션을 위한 최신 연구 결과와 사례 연구를 요약해 주세요.
- 모바일 기술의 진화에 대한 프레젠테이션 슬라이드에 사용할 인포그래픽 아이디어를 제시해 주세요.
- 마케팅 전략에 대한 프레젠테이션을 위한 강렬한 시작 문구를 생각해 주세요.
- 우주탐사 기술에 대한 프레젠테이션의 결론 부분을 위한 스크립트를 작성해 주세요.
- 건강한 생활 습관에 대한 학교 프로젝트 프레젠테이션을 위한 중요한 포인트를 나열해 주세요.
- 블록체인 기술의 장점과 단점에 대한 프레젠테이션을 위한 간략한 개요를 작성해 주세요.
- 세계여행과 문화 다양성에 대한 프레젠테이션을 위해 주요 국가별 특징을 정리해 주세요.
- 사이버 보안의 중요성에 대한 프레젠테이션을 위한 실제 사례 연구를 제공해 주세요.
- 재생가능 에너지의 미래에 대한 프레젠테이션의 시각적 자료 아이디어를 제안해 주세요.
- 인간행동의 심리학에 대한 프레젠테이션을 위한 연구 결과를 요약해 주세요.

- 글로벌 경제의 변화에 대한 프레젠테이션을 위한 핵심적 경제지표를 나열해 주세요.
- 스마트시티 기술에 대한 프레젠테이션을 위한 대화형 요소 아이디어를 제공해 주세요.
- 미술사의 주요 흐름에 대한 프레젠테이션을 위한 시대별 주요 작품과 예술가를 소개해 주세요.

Q3 실제 활용 사례

Prompt

 너는 항공서비스 전문가야. 대한민국 항공서비스의 발달에 대한 발표 프레젠테이션을 만들기 위해 '항공산업의 이해' 수업에서 이 주제에 대해 발표해야 해. 이 수업은 외국 항공사 사무장 출신이자 객실승무원 직무 만족 연구로 박사학위를 받은 교수님이 가르치고 있어. 이 발표의 목적은 대한민국 항공서비스 발달의 주요 사항들을 명확하고 흥미롭게 전달하는 것이야. 이 발표의 목차를 1분 분량으로 작성해 줘.

Chat GPT

 대한민국 항공서비스의 발달을 주제로 한 프레젠테이션을 위한 목차를 구성하면서, 귀하의 교수님의 배경과 관심사를 고려하는 것이 중요합니다. 다음은 A⁺를 받을 수 있는 발표를 위한 목차 제안입니다:

1. 서론
   - 주제 소개: 대한민국 항공서비스의 발달
   - 항공산업의 중요성 및 이 강의의 연관성

2. 대한민국 항공산업의 역사적 개요
- 초기 항공서비스의 시작
- 주요 발전 단계 및 이정표

3. 현대 항공서비스의 발달
- 기술 혁신과 서비스 개선
- 대한민국 주요 항공사의 발전 사례

4. 객실승무원의 역할과 직무 만족
- 객실승무원의 중요성 및 역할 변화
- 직무 만족에 영향을 미치는 요인들(귀하의 교수님의 전문성을 반영하여)

5. 국제 비교: 대한민국 항공서비스 vs 외국 항공사
- 대한민국 항공서비스의 특징과 강점
- 글로벌 표준 및 경쟁력 분석

6. 항공산업의 미래 전망과 도전 과제
- 지속가능한 발전 전략
- 기술 혁신과 고객 서비스의 미래

7. 결론
- 주요 포인트 요약
- 항공산업의 미래에 대한 전망

Q&A 세션

위 목차는 대한민국 항공산업의 역사와 현대적 발달, 특히 객실승무원의 직무 만족과 관련된 교수님의 전문성을 반영하여 구성되어 있습니다. 이런 목차를 통해 교수님의 관심사에 맞추어 깊이 있는 내용을 제공하고, 강의의 목적과 연결시키려는 모습이 보입니다. 그렇다면 각각의 소주제에서 가장 신경 써서 준비해야 할 부분은 어디일까요?

> **Prompt**
>
> 목차에서 가장 강조해야 할 부분은 어디일까? 그 이유는?

> **Chat GPT**
>
> 목차에서 가장 강조해야 할 부분은 '4. 객실승무원의 역할과 직무 만족'입니다. 이 부분이 특히 중요한 이유는 몇 가지가 있습니다:
>
> **교수님의 전문성과 연관성:** 귀하의 교수님이 외국 항공사 사무장 출신이며, 객실승무원의 직무 만족에 관한 박사 학위 논문을 쓰셨다는 점을 고려할 때, 이 섹션은 교수님의 전문 지식과 직접적인 관련이 있습니다. 이 부분을 강조함으로써 교수님의 관심을 끌고, 그들의 전문성에 대한 깊은 이해를 보여줄 수 있습니다.
> **항공 서비스의 핵심 요소:** 객실승무원은 항공 서비스의 가장 중요한 부분 중 하나입니다. 그들의 역할과 직무 만족도는 고객 경험과 서비스 품질에 직접적인 영향을 미칩니다. 이 섹션을 통해 항공 서비스의 질적인 측면을 탐구하고, 대한민국 항공산업의 발달이 어떻게 객실승무원의 역할 변화와 연결되는지 설명할 수 있습니다.
> **현재와 미래의 도전 과제에 대한 통찰력 제공:** 이 주제를 통해 현재 항공산업이 직면한 인적 자원 관리의 문제, 직무 만족도를 높이기 위한 전략, 그리고 미래의 서비스 혁신에 대해 논의할 수 있습니다. 이는 단순한 역사적 개요를 넘어서 현재와 미래의 산업 동향을 이해하는 데 중요합니다.

이 섹션을 강조함으로써, 발표자들은 프레젠테이션을 통해 교수님이 가장 관심 있어 할만한 객실승무원의 직무 만족에 관한 내용을 이야기하며, 교수님의 관심을 끌 수 있습니다.

> **Prompt**
>
> 교수님께서 이 과제를 혼자서 해도 괜찮고, 3명이 팀을 짜서 해도 괜찮다고 하셨어. 어떻게 하는 것이 나에게 더 이득일까? 그 이유는?

> **Chat GPT**
>
> 이 과제를 혼자 수행할지, 아니면 3명이 팀을 이루어 수행할지 결정하는 것은 여러 요소에 따라 달라집니다. 각 선택의 장단점을 고려하여 결정하는 것이 중요합니다.
>
> <혼자 수행하는 경우>:
>
> **장점**
> - 독립적인 작업: 자신의 아이디어와 전략을 완전히 통제하고, 일정과 작업 방식을 자유롭게 설정할 수 있습니다.
> - 개인적인 성취감: 과제 전체를 혼자 수행함으로써 얻는 개인적인 성취감과 자신감은 큽니다.
> - 특정 기술 개발: 독립적으로 작업함으로써 연구, 구성, 프레젠테이션 기술 등을 개별적으로 개발할 수 있습니다.
>
> **단점**
> - 시간과 노력: 혼자 모든 작업을 해야하므로 시간과 노력이 많이 소요됩니다.
> - 다양한 관점의 부족: 다른 팀원들의 아이디어나 관점을 듣지 못해, 프레젠테이션의 다양성이 떨어질 수 있습니다.
>
> <팀으로 수행하는 경우>:
>
> **장점**
> - 작업 분담: 과제의 부담을 분담할 수 있어, 시간 관리가 용이하고 효율적입니다.
> - 다양한 관점과 아이디어: 팀원들과의 논의를 통해 더 창의적이고 포괄적인 프레젠테이션을 만들 수 있습니다.

- 협업 능력 개발: 팀워크와 협업 능력은 미래 직장 생활에서 매우 중요한 스킬입니다.

단점
- 의견 조율의 어려움: 팀원 간의 의견 충돌이나 조율 문제가 발생할 수 있습니다.
- 일정 조정 문제: 팀원들의 일정을 조율하는 것이 어려울 수 있습니다.

<결정을 위한 고려 사항>:
- 개인의 선호와 강점: 혼자서 독립적으로 작업하는 것을 선호하는지, 아니면 팀워크와 협업을 통해 더 나은 결과를 도출할 수 있는지 고려해야 합니다.
- 시간 관리: 현재의 일정과 다른 과제의 부담을 고려하여, 혼자서 모든 작업을 수행할 수 있는지 판단해야 합니다.
- 과제의 복잡성과 범위: 과제의 범위가 넓고 복잡하다면, 팀 작업이 더 효율적일 수 있습니다.

개인의 성향, 현재 상황, 과제의 특성을 종합적으로 고려하여 최종결정을 내리는 것이 좋습니다. 일단 저는 이 과목에서 함께 수업을 듣는 친구들이 있으니 팀플로 하는 것이 나을 것 같습니다.

Prompt

팀으로 수행한다고 가정하고 프레젠테이션을 다시 작성해 줄래?

Chat GPT

팀으로 프레젠테이션을 수행한다고 가정했을 때 작업을 분담하고 팀의 강점을 최대한 활용할 수 있는 방식으로 프레젠테이션을 구성하는 것이 중요합니다. 다음은 '대한민국 항공서비스의 발달'이라는 주제에 대한 팀 프레젠테이션 구성 제안입니다:

1. 서론
- 분담: 팀원 중 한 명이 주제 소개, 항공산업의 중요성 및 이 강의와의 연관성을 설명
- 목적: 프레젠테이션의 목적과 팀원 소개

2. 대한민국 항공산업의 역사적 개요
- 분담: 다른 팀원이 초기 항공서비스의 시작부터 주요 발전 단계 및 이정표에 대해 연구하고 발표
- 자료 수집: 역사적 사진, 통계, 중요 사건의 타임라인 등을 활용

3. 현대 항공서비스의 발달
- 분담: 또 다른 팀원이 기술 혁신, 서비스 개선, 대한민국 주요 항공사의 발전 사례를 담당
- 강조점: 최신 기술 도입 사례, 고객 서비스 혁신

4. 객실승무원의 역할과 직무 만족
- 분담: 한 명 또는 두 명의 팀원이 이 부분을 맡아 교수님의 전문성과 연관된 내용을 깊이 있게 탐구
- 연구: 객실승무원의 역할 변화, 직무 만족도에 영향을 미치는 요인에 대한 심층 분석

5. 국제 비교: 대한민국 항공서비스 vs. 외국 항공사
- 분담: 각 팀원이 한 국가의 항공 서비스를 조사하여 비교 분석
- 포커스: 서비스 품질, 고객 만족도, 운영 효율성 등

6. 항공 산업의 미래 전망과 도전 과제
- 분담: 전체 팀이 함께 협력하여 미래 전망과 도전 과제에 대해 논의
- 토론: 지속가능한 발전, 기술 혁신, 고객 서비스의 미래 등에 대한 팀 내 토론을 바탕으로 함

7. 결론
- 분담: 팀 리더 또는 팀원 전체가 참여하여 주요 포인트 요약 및 전망 제시.

- 요약: 프레젠테이션의 주요 내용을 간략하게 요약하고 청중에게 강한 인상을 남김.

Q&A 세션
- 준비: 모든 팀원이 각자 담당 부분에 대한 질문에 답변할 준비를 함.
- 역할 분담: 특정 질문 유형에 대해 미리 역할을 나누어 준비.

이러한 방식으로 프레젠테이션을 구성하면 각 팀원의 역량을 최대한 활용할 수 있고, 다양한 관점과 전문 지식을 프레젠테이션에 반영할 수 있습니다. 또한 팀워크와 협업 능력을 발휘하여 보다 포괄적이고 깊이 있는 내용을 제공할 수 있습니다. 하지만 팀으로 발표를 한다고 했을 때 혼자서 발표를 준비하는 것과 어떤 부분이 다른지 눈에 잘 들어오지 않습니다.

Prompt

위에 제시한 PT에서 팀 또는 단독으로 했을 때 PT의 내용에서 달라진 부분이 있니?

Chat GPT

위에서 제시한 프레젠테이션을 살펴보면, 내용 자체는 팀 또는 개인으로 수행했을 때 크게 달라지지 않습니다. 주제, 목차, 주요 내용들은 동일하게 유지되며, 대한민국 항공서비스의 발달이라는 중심 주제에 초점을 맞춥니다. 다만, 수행 방식에 따라 다음과 같은 차이점이 있을 수 있습니다:

1. 작업 분담 및 협업의 정도:
- 팀 작업에서는 각 섹션 또는 주제를 다루는 데 있어 서로 다른 팀원이 담당

part 3 발표 **143**

하게 됩니다. 이는 서로 다른 관점과 전문성을 프레젠테이션에 반영할 수 있다는 장점이 있습니다.
- 개인 작업에서는 모든 부분을 한 사람이 담당해야 하므로, 깊이와 세부 사항에 대한 연구가 더 일관되지만, 다양한 관점이 부족할 수 있습니다.

2. **내용의 깊이와 세부 사항:**
- 팀 작업은 다양한 배경을 가진 팀원들의 전문 지식과 경험을 활용하여, 각 섹션에 더 많은 세부 사항과 깊이를 추가할 수 있는 기회를 제공합니다.
- 개인 작업은 프레젠테이션의 모든 측면을 개인의 지식과 시간 제약 내에서 처리해야 하므로, 어떤 부분은 더 깊이 탐구할 수 있지만, 다른 부분은 상대적으로 간략하게 다룰 수도 있습니다.

3. **프레젠테이션 스타일과 전달 방식:**
- 팀 작업은 다양한 팀원들이 발표하는 스타일과 전달 방식을 보여줄 수 있어, 청중에게 더 동적이고 흥미로운 경험을 제공할 수 있습니다.
- 개인 작업은 일관된 스타일과 전달 방식을 유지할 수 있지만, 동시에 다양성이 떨어질 수 있습니다.

즉 프레젠테이션의 내용 자체는 팀 또는 개인 작업 여부에 따라 크게 달라지지 않지만, 각 방식에 따라 내용의 깊이, 다양성, 전달 방식 등에서 차이가 있다는 것을 알 수 있습니다. 그렇다면 팀 방식으로 결정합니다.

Prompt

팀으로 하는게 낫겠어. 이번 PT를 진행할 때 다른 팀과 차별화를 두고 싶어. 우리 팀이 가질 수 있는 컨셉을 추천해줘.

Chat GPT

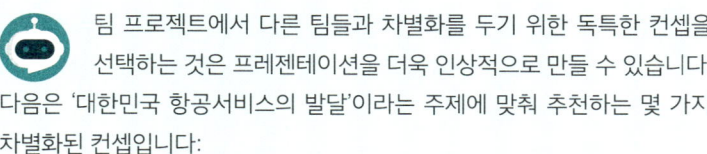
팀 프로젝트에서 다른 팀들과 차별화를 두기 위한 독특한 컨셉을 선택하는 것은 프레젠테이션을 더욱 인상적으로 만들 수 있습니다. 다음은 '대한민국 항공서비스의 발달'이라는 주제에 맞춰 추천하는 몇 가지 차별화된 컨셉입니다:

1. 시대별 여행 경험 재현: 각 팀원이 대한민국 항공서비스 발달의 특정 시대를 대표하는 승무원, 승객, 또는 항공사 관리자로 분장하고, 그 시대의 항공서비스 경험을 재현해 보는 방식입니다. 이를 통해 청중에게 항공 역사의 각 시대를 보다 생생하게 경험하게 할 수 있습니다.

2. 인터랙티브 퀴즈 및 활동: 프레젠테이션 중간에 청중 참여형 퀴즈나 활동을 포함시키는 것입니다. 예를 들어, 대한민국 항공사들의 중요한 업적이나 역사적 사건에 대한 퀴즈를 진행하거나, 현대적인 항공서비스 체험을 위한 작은 활동을 구성할 수 있습니다.

3. 미래 항공서비스 시나리오: 미래의 항공서비스가 어떻게 발전할지에 대한 창의적인 시나리오를 제시하는 것입니다. 예를 들어, 가상현실, 개인화된 서비스, 지속가능한 항공 여행 등 미래의 항공산업에 대한 예측을 시각적으로 표현하고 설명할 수 있습니다.

4. 실제 사례 연구: 현재의 대한민국 항공사 중 한 곳을 선택하여 그들의 서비스 발달을 심층적으로 분석하는 것입니다. 이를 통해 구체적인 사례를 바탕으로 항공서비스의 발전을 이해하고, 이러한 사례가 항공산업 전반에 어떤 영향을 미쳤는지 분석할 수 있습니다.

5. 고객 경험 중심의 접근: 항공서비스 발달을 승객의 관점에서 접근하여, 고객 경험의 변화와 개선에 초점을 맞추는 것입니다. 여행객 인터뷰, 설문조사 결과, 고객 후기 등을 활용하여, 실제 사용자 경험을 통해 항공서비스의 발달을 설명합니다.

위 컨셉들은 팀 프로젝트에 독창성과 창의력을 더하고, 청중에게 깊은 인상을 남길 수 있는 방법들로 보입니다. 컨셉을 선정할 때는 팀원들의 강점과 관심사, 그리고 프로젝트의 목표를 고려하는 것이 중요합니다.

> **Prompt**
> 우리 팀은 1번으로 할거야. 구체적으로 PT를 어떻게 꾸며야 할까?

Chat GPT

 시대별 여행 경험을 재현하는 컨셉으로 프레젠테이션을 꾸미려면, 대한민국 항공 역사의 각 시대별 특징을 생생하고 흥미롭게 보여줄 수 있는 방법들을 고려해야 합니다. 여기에는 시대별 복장, 스토리텔링, 시각적 자료 등이 포함될 수 있습니다. 구체적인 구성 방안은 다음과 같습니다:

1. 프레젠테이션 도입부 (서론)
- 연대별 배경 설명: 대한민국 항공 역사의 주요 시대(예: 1960년대 초기, 1980년대, 2000년대 초, 현재)를 소개하며, 각 시대의 항공업계 특징을 간략히 설명합니다.
- 팀원의 역할 소개: 각 팀원이 특정 시대의 승무원, 승객, 항공사 관리자 등으로 분장하고, 해당 시대를 대표하는 인물로서 소개합니다.

2. 시대별 항공 서비스의 발달 (본론)
- 각 시대별 섹션 구성: 각 시대별로 한 섹션씩 할당하고, 해당 시대의 항공 서비스 발달, 중요 사건, 기술 혁신 등을 설명합니다.
- 시대별 복장 및 연출: 각 팀원이 해당 시대의 항공 승무원 또는 승객의 복장을 착용하고, 그 시대의 언어 스타일과 태도를 재현합니다.
- 시각적 자료 활용: 각 시대의 항공기, 유니폼, 항공 광고 등 시대를 반영하는 사진이나 동영상을 프레젠테이션에 포함시킵니다.

3. 인터랙티브 요소
- 시대별 퀴즈 또는 게임: 각 시대별 섹션 후에 관련 퀴즈 또는 간단한 게임을 포함하여 청중의 참여를 유도합니다.
- 청중의 질문에 시대별 캐릭터로 대답: Q&A 세션에서 팀원들이 자신의 캐릭터로 남아 청중의 질문에 답변합니다.

4. 결론
- 시대별 발전의 요약: 각 시대의 주요 발전을 요약하고, 대한민국 항공서비

스가 어떻게 진화해 왔는지 강조합니다.
- 미래 전망 제시: 현재의 발전을 기반으로 앞으로의 항공서비스가 어떻게 발전할 수 있을지 전망합니다.

이러한 접근 방식은 프레젠테이션에 깊이와 즐거움을 더하며, 청중에게 교육적이면서도 재미있는 경험을 제공합니다. 각 시대별로 팀원들이 연구하고 준비하는 과정에서도 항공 역사에 대한 깊은 이해를 쌓을 수 있으며, 이러한 방식은 청중에게도 더욱 기억에 남는 프레젠테이션으로 보일 수 있습니다.

기본 PT는 다음과 같이 정한 상태에서 시작 부분을 어떻게 할 지 다시 아이디어를 구해 보겠습니다.

Prompt

발표 시작 부분을 어떻게 하는 것이 좋을까? 도입 부분 스크립트를 짜줄래?

Chat GPT

발표의 도입부는 청중의 관심을 끌고, 프레젠테이션의 주제와 톤을 설정하는 중요한 부분입니다. 시대별 여행 경험을 재현하는 컨셉에 맞게 도입부 스크립트를 짜보겠습니다. 이 스크립트는 청중을 시간 여행에 초대하는 느낌으로 시작하며, 각 시대별 중요성과 팀원들의 역할을 소개하는 방식으로 구성됩니다.

[도입부 스크립트 예시]
(배경음악으로 과거 항공 여행과 관련된 노래나 사운드트랙 재생)

> **발표자 1(팀 리더):** "안녕하십니까, 여러분. 오늘 저희는 여러분을 특별한 시간 여행에 초대하고자 합니다. 여러분의 좌석 벨트를 조여주시고, 대한민국 항공서비스의 흥미진진한 역사 속으로 함께 날아가 봅시다. 이 여정을 통해 우리는 대한민국이 어떻게 세계적인 항공 강국으로 발전해 왔는지, 그리고 항공 여행의 경험이 시대에 따라 어떻게 변화해 왔는지를 살펴볼 것입니다."
> (시대별로 분장한 팀원들이 하나씩 등장하며 자기소개)
> **발표자 2(1960년대 스타일):** "저는 1960년대의 승무원입니다. 이때는 항공 여행이 매우 특별한 경험이었죠. 우리는 항공 여행의 초기 모습과 이 시기의 중요한 발전을 소개할 예정입니다."
> **발표자 3(1980년대 스타일):** "저는 1980년대를 대표합니다. 이때는 대한민국 항공산업이 큰 도약을 경험한 시기이죠. 고객서비스의 향상과 기술의 발전에 대해 이야기할 것입니다."
> **발표자 4(2000년대 스타일):** "2000년대에 접어들면서 항공 여행은 더 대중화되고 다양해졌습니다. 저는 이 시대의 혁신과 변화에 대해 말씀드릴 것입니다."
> **발표자 5(현재 스타일):** "그리고 마지막으로, 저는 현재의 항공서비스를 맡게 되었습니다. 오늘날의 스마트하고 지속가능한 항공 여행의 모습을 여러분께 보여드릴 것입니다."
> **발표자 1:** "이제, 시간의 날개를 펼치고 대한민국 항공서비스의 멋진 역사 속으로 날아가 보겠습니다. 준비되셨나요? 그럼, 첫 번째 목적지인 1960년대로 가보겠습니다!"

위 스크립트는 프레젠테이션의 테마를 적극적으로 활용하고, 청중을 바로 이야기 속으로 끌어들이는 방식으로 구성되었습니다. 각 팀원이 자신의 역할을 소개함으로써, 청중은 프레젠테이션의 구조를 이해하고 각 시대별로 어떤 내용이 다루어질지 기대할 수 있습니다.

도입부와 마찬가지로 결론 부분도 중요하겠죠.

Prompt

PT 결론 부분도 중요하다고 생각해. 스크립트를 만들어 줘.

Chat GPT

프레젠테이션의 결론 부분은 전체 발표를 마무리하며, 청중에게 강한 인상을 남기는 중요한 순간입니다. '대한민국 항공서비스의 발달'이라는 주제에 대한 시대별 여행 경험 재현을 주제로 한 프레젠테이션에 적합한 결론 스크립트를 제안해 드리겠습니다.

[결론 부분 스크립트 예시]
발표자 1(팀 리더): "오늘 저희와 함께 대한민국 항공서비스의 멋진 역사 여행에 참여해 주셔서 감사합니다. 시간의 흐름 속에서 항공서비스가 어떻게 발전해왔는지 살펴보는 것은 정말 흥미로운 경험이었습니다."
발표자 2: "1960년대의 클래식한 시작부터 1980년대와 2000년대의 혁신적인 변화를 거쳐, 현재의 스마트하고 지속가능한 항공 여행에 이르기까지 우리는 많은 발전을 경험했습니다."
발표자 3: "이 모든 변화와 발전은 기술, 문화, 그리고 사람들의 끊임없는 노력 덕분이었습니다. 오늘날 우리가 누리는 편안하고 안전한 항공 여행은 과거 수많은 이들의 헌신과 혁신의 결과입니다."
발표자 4: "앞으로도 대한민국 항공산업은 지속적으로 발전하여 세계적인 수준의 서비스를 제공할 것입니다. 새로운 기술과 지속가능한 전략이 더욱더 발전된 항공 여행 경험을 가능하게 할 것입니다."
발표자 5: "오늘 저희 프레젠테이션을 통해 여러분 모두가 대한민국 항공 역사의 중요한 순간들을 함께 경험하셨기를 바랍니다. 앞으로도 항공산업의 발전에 많은 관심과 지지를 부탁드립니다."
발표자 1: "이상으로 저희의 발표를 마치겠습니다. 청중 여러분의 관심과 참여에 다시 한 번 감사드립니다. 질문이 있으시면 언제든지 해주시기 바랍니다. 감사합니다."

스크립트는 프레젠테이션의 핵심 주제인 '대한민국 항공서비스의 발달'을 재강조하고, 시대별 발전을 요약하여 청중이 항공 역사의 전체적인 맥락을 이해하도록 돕고 있습니다. 이러한 각 시대별 발전의 요약은 발표 내용의 완결성을 높이고, 청중의 기억에 남는 내용을 강화하는 데 중요합니다. 또한 청중에게 감사의 말을 전함으로써 긍정적인 분위기를 조성하고, 대한민국 항공산업의 미래에 대한 긍정적인 전망을 제시하여 희망적이고 기대감을 가질 수 있도록 합니다. 마지막으로, 질문 및 상호작용의 기회를 제공함으로써 청중과의 상호작용을 증진하고, 발표를 단방향적인 대화가 아닌 열린 토론의 형태로 이끌어 청중의 참여와 관심을 높이는 것을 목표로 합니다.

한편, 발표 도중 청중이 반응이 없을 수도 있기에 그런 경우를 염두에 두고 다음과 같이 질문합니다.

Prompt

발표를 하다가 청중의 반응이 없다면, 반응을 이끌어 낼 수 있는 방법이 뭘까. 우리 발표를 사례로 들어서 설명해 줘.

Chat GPT

청중의 반응이 없을 때 반응을 이끌어 내는 것은 발표의 중요한 부분입니다. 여러분의 발표, 즉 '대한민국 항공서비스의 발달'에 대한 시대별 여행 경험 재현을 예로 들어 설명해보겠습니다.

질문을 던지기: 청중에게 직접적인 질문을 하여 참여를 유도할 수 있습니다. 예를 들어, 1960년대 섹션에서 발표자가 "여러분 중 누가 1960년대의 항공여행에 대해 들어보신 적이 있나요?"라고 물어보는 것입니다. 이는 청중에게 생각할 기회를 제공하고, 그들의 참여를 이끌어 낼 수 있습니다.

인터랙티브 요소 활용: 발표 중간에 퀴즈 또는 간단한 게임을 포함시켜 청중의 참여를 유도합니다. 예를 들어, 1980년대 섹션 후에 "이 시대의 대표적인 항공사 광고 슬로건은 무엇일까요?"와 같은 퀴즈를 진행할 수 있습니다.

스토리텔링 기법 사용: 각 시대별 캐릭터로 분장한 발표자가 짧은 스토리나 에피소드를 공유하는 것입니다. 예를 들어, 2000년대 스타일의 발표자가 자신의 첫 항공 여행 경험을 공유하며, 그 시대의 항공서비스가 어떠했는지를 설명하는 것입니다. 이러한 개인적인 이야기는 청중의 감정을 자극하고 관심을 끌 수 있습니다.

시각적 자료 활용: 각 시대의 특징을 보여주는 흥미로운 사진이나 동영상을 활용하여 청중의 관심을 끌 수 있습니다. 예를 들어, 현재 스타일 섹션에서는 최신 항공 기술과 관련된 인상적인 영상을 보여주며 청중의 호기심을 자극할 수 있습니다.

에너지와 열정을 보여주기: 발표자의 열정과 에너지는 청중의 반응에 큰 영향을 미칩니다. 발표자가 각 시대의 캐릭터에 몰입하여 열정적으로 발표한다면, 청중도 그 열정에 끌리게 될 것입니다.

이러한 전략들은 청중이 발표에 더 적극적으로 참여하고 관심을 가지도록 유도하는 데 도움이 될 것입니다. 청중의 반응이 없을 때는 위에서 말한 방식으로 발표를 변경하거나, 청중과의 상호작용을 증가시키는 것이 중요합니다.

Q4 주의할 점

Chat GPT를 사용하여 발표용 프레젠테이션을 제작할 때 정보의 정확성을 확인하는 것은 매우 중요합니다. 특히 Chat GPT의 훈련 데이터는 특정 시점까지의 정보를 반영합니다. 이는 최신 동향, 발전된 기술, 또는 최근의 사건들을 반영하지 못할 수 있음을 의미합니다.

예를 들어, 항공산업의 최신 기술이나 규제 변경에 대한 정보는 Chat GPT가 제공한 정보를 기반으로 다른 생성형 AI(MS의 COPILOT)를 동시에 확인해야 합니다. 이는 발표의 현재성과 정확성을 보장하는데 필수적입니다.

chapter 2 | CHAT GPT의 피드백으로 완성하는 발표 스크립트

Q1 왜 Chat GPT를 써야할까?

Chat GPT는 공정하고 어느 한쪽 편을 들지 않기 때문에 프레젠테이션에 대한 피드백을 제공하는데 정말 편리합니다. 이는 학생들이 누군가의 개인적 호불호에 좌우되지 않는 조언을 얻는데 도움이 된다는 것을 의미합니다. 다만 프레젠테이션에 포함된 내용, 즉 당신이 말하는 내용이 어떻게 구성되어 있는지, 그리고 명확한 정보인지 여부만 살펴봅니다.

Chat GPT는 다양한 곳에서 배운 내용을 사용하여 이러한 조언을 제공합니다. 그렇기 때문에 솔직한 의견을 원할 때나 친구나 선생님의 피드백이 약간 편향될 수 있다는 우려가 있을 때 매우 유용합니다. 또한 프레젠테이션에서 개선해야 할 점, 여러분을 아는 사람들은 미처 눈치 채지 못할 수 있는 점을 찾아내는 데에도 좋습니다. 따라서 Chat GPT를 사용하면 많은 정보를 바탕으로 큰 그림을 볼 수 있으므로 프레젠테이션을 더 좋게 만드는 데 도움이 될 수 있습니다.

> **Q2** 대학생이 활용가능한 프롬프트 리스트

- **서론의 명확성:** 프레젠테이션의 서론에 주요 주제와 목적이 명확하게 설명되어 있는지 검토해 줄 수 있나요?
- **구조와 구성:** 프레젠테이션의 구조가 논리적이고 잘 조직되어 있는 것 같나요?
- **결론 효율성:** 결론이 강력하고 프레젠테이션의 핵심 사항을 효과적으로 요약하고 있습니까?
- **일관성:** 프레젠테이션의 주장이 일관되고 논리적으로 제시되었습니까?
- **데이터 및 통계 활용:** 프레젠테이션에서 요점을 뒷받침하기 위해 데이터와 통계를 적절하게 사용했습니까?
- **언어 및 어조:** 프레젠테이션의 언어와 어조가 학계·업계 청중에게 적합합니까?
- **참여 전략:** 프레젠테이션을 청중의 관심을 더욱 끌기 위해 어떤 기술을 사용할 수 있습니까?
- **주제 간 전환:** 프레젠테이션의 여러 주제 간 전환이 원활하고 따라가기 쉬운가요?
- **시각 자료 효과:** 슬라이드와 시각 자료가 내가 말한 내용을 효과적으로 보완하고 명확하게 합니까?
- **기술 콘텐츠 처리:** 프레젠테이션의 기술 콘텐츠가 전문가가 아닌 청중도 접근할 수 있는 방식으로 설명되어 있습니까?
- **스타일의 일관성:** 프레젠테이션이 전체적으로 일관된 스타일과 형식을 유지합니까?
- **질문 처리 준비:** 프레젠테이션을 바탕으로 청중으로부터 어떤 질문을 예상할 수 있으며 어떻게 준비할 수 있습니까?

- **내용의 설득력:** 프레젠테이션의 내용이 청중에게 설득력 있고 설득력이 있습니까?
- **문화적 및 상황적 민감성:** 프레젠테이션이 주제 및 청중과 관련된 문화적, 상황적 요인을 적절하게 고려합니까?
- **관련성 및 최신성:** 프레젠테이션의 정보와 데이터가 최신 상태이고 해당 주제 영역의 현재 추세와 관련이 있습니까?

Q3 실제 활용 사례

앞서 만들었던 발표의 PPT를 보고 피드백을 받아가며 수정해 보겠습니다. 최초 PPT는 다음과 같습니다.

1. **서론**
   - 분담: 팀원 중 한 명이 주제 소개, 항공산업의 중요성 및 이 강의와의 연관성을 설명
   - 목적: 프레젠테이션의 목적과 팀원 소개
2. **대한민국 항공산업의 역사적 개요**
   - 분담: 다른 팀원이 초기 항공서비스의 시작부터 주요 발전 단계 및 이정표에 대해 연구하고 발표
   - 자료 수집: 역사적 사진, 통계, 중요 사건의 타임라인 등을 활용
3. **현대 항공서비스의 발달**
   - 분담: 또 다른 팀원이 기술 혁신, 서비스 개선, 대한민국 주요 항공사의 발전 사례를 담당
   - 강조점: 최신 기술 도입 사례, 고객서비스 혁신
4. **객실승무원의 역할과 직무 만족**

- 분담: 한 명 또는 두 명의 팀원이 이 부분을 맡아 교수님의 전문성과 연관된 내용을 깊이 있게 탐구
- 연구: 객실승무원의 역할 변화, 직무 만족도에 영향을 미치는 요인에 대한 심층 분석

5. **국제 비교: 대한민국 항공서비스 vs 외국 항공사**
- 분담: 각 팀원이 한 국가의 항공서비스를 조사하여 비교 분석
- 포커스: 서비스 품질, 고객 만족도, 운영 효율성 등

6. **항공산업의 미래 전망과 도전 과제**
- 분담: 전체 팀이 함께 협력하여 미래 전망과 도전 과제에 대해 논의
- 토론: 지속가능한 발전, 기술 혁신, 고객 서비스의 미래 등에 대한 팀 내 토론을 바탕으로 함

7. **결론**
- 분담: 팀 리더 또는 팀원 전체가 참여하여 주요 포인트 요약 및 전망 제시
- 요약: 프레젠테이션의 주요 내용을 간략하게 요약하고 청중에게 강한 인상을 남김

Q&A 세션
- 준비: 모든 팀원이 각자 담당 부분에 대한 질문에 답변할 준비를 함
- 역할 분담: 특정 질문 유형에 대해 미리 역할을 나누어 준비

Prompt

너는 10년 경력을 가진 PPT 전문 심사자야. 내 PPT 내용을 검토해 줘. 동시에 발표 심사자의 관점에서 10가지 피드백을 제공해 줘. 이 피드백은 발표의 효과성과 전달력을 향상시키기 위한 것이야. 발표에 대한 전문적인 분석과 구체적인 조언을 1분 분량으로 작성해 줘.

Chat GPT

 한국 항공산업에 대한 프레젠테이션 개요를 바탕으로 Chat GPT에서 사용할 수 있는 피드백 요청의 구체적인 10가지 예는 다음과 같습니다.

소개 피드백 요청:
- 제 소개가 항공산업의 중요성과 본 강좌와의 관련성을 효과적으로 설명했습니까? 프레젠테이션의 목적과 팀원 소개가 명확하고 매력적이었습니까?

역사적 개요 피드백 요청:
- 한국 항공산업의 주요 발전 단계와 이정표를 얼마나 잘 표현했습니까? 역사적 사진, 통계, 타임라인이 내러티브를 뒷받침하는 데 효과적으로 사용되었습니까?

현대 항공서비스 피드백 요청 개발:
- 국내 주요 항공사의 기술 혁신과 서비스 개선을 성공적으로 부각시켰는가? 최신 기술과 고객서비스 혁신에 대한 강조가 명백하고 호평을 받았는가?

객실승무원 역할 및 직무 만족도 피드백 요청:
- 객실승무원의 역할 변화와 직업 만족도에 영향을 미치는 요인에 대한 분석이 얼마나 효과적이었나요? 내용이 깊고 교수님의 전문 지식과 관련이 있었나요?

국제 비교 피드백 요청:
- 대한항공과 외국 항공사의 비교가 종합적으로 이루어졌나요? 서비스 품질, 고객 만족도, 운영 효율성 등의 측면을 효과적으로 다루었나요?

미래 전망 및 과제 피드백 요청:
- 항공산업의 미래 전망과 과제에 대한 논의가 잘 연구되고 통찰력이 있다고 보셨나요? 지속가능한 발전, 기술 혁신, 고객서비스의 미래가 적절하게 다루어졌나요?

결론 피드백 요청:
- 결론이 주요 내용을 요약하고 강한 인상을 남기는 데 효과적이었는가? 핵심 내용을 간결하고 임팩트 있게 요약하였는가?

전체 프레젠테이션 흐름 및 일관성 피드백 요청:
- 발표의 전체적인 흐름과 일관성은 어땠나요? 섹션 간 전환이 부드럽고 논리적으로 보였어요?

시청각 자료 피드백 요청:
- 프레젠테이션에 사용된 시각 및 청각 자료(슬라이드, 그래프, 비디오 등)가 효과적이고 잘 통합되었습니까? 내용에 대한 이해를 높였습니까?

Q&A 세션 준비 피드백 요청:
- 발표 내용을 보면 Q&A 세션에서 어떤 질문이 나올 것으로 예상되나요? 이러한 질문을 처리할 준비가 얼마나 잘 되어 있는 것 같나요?

이러한 특정 피드백 요청을 확인하면 프레젠테이션의 각 섹션을 개선하고 프레젠테이션이 포괄적이고 매력적이며 효율적인지 확인하는데 도움이 됩니다. 이번에는 위에서 언급한 현대 항공서비스 개선과 관련해서 구체적으로 질문해 보겠습니다.

Prompt

국내 주요 항공사의 기술 혁신과 서비스 개선을 성공적으로 부각시키기 위해선 어떻게 발표해야 할까? 팁을 줄래?

Chat GPT

틀림없이! 국내 주요 항공사의 기술 혁신과 서비스 개선을 강조하는 것을 목표로 하는 프레젠테이션을 만들 때 더 영향력 있고 매력적이도록 하려면 다음 팁을 고려하십시오.

- **강력한 매력으로 시작:** 흥미로운 사실, 놀라운 통계 또는 항공 기술 및 서

비스 혁신과 관련된 흥미로운 이야기로 프레젠테이션을 시작하세요. 이는 시작부터 관객의 시선을 사로잡는다.
- **명확하고 간결한 언어 사용:** 전문 용어와 지나치게 기술적인 용어를 피하세요. 반드시 사용해야 하는 경우에는 간단한 방법으로 설명하세요. 이렇게 하면 배경에 관계없이 모든 청중이 프레젠테이션에 액세스할 수 있습니다.
- **시각 자료 통합:** 고품질 이미지, 인포그래픽, 비디오를 사용하여 기술 발전과 서비스 개선 사항을 시각적으로 보여줍니다. 예를 들어 전후 시나리오, 실제 기술 또는 고객 사용후기를 보여주세요.
- **실제 사례 공개:** 기술 혁신 및 서비스 개선의 구체적인 사례를 제공합니다. 여기에는 새로운 항공기 기술, 디지털 개선, 고객서비스 프로토콜 또는 친환경 이니셔티브가 포함될 수 있습니다.
- **데이터 및 통계 사용:** 관련 데이터 및 통계로 포인트를 뒷받침하세요. 차트와 그래프는 이러한 혁신이 효율성 향상, 고객 만족도 향상, 안전 강화 등의 개선으로 어떻게 이어졌는지 효과적으로 전달할 수 있습니다.
- **스토리텔링:** 기술 및 서비스 발전을 내러티브로 구성합니다. 항공사가 직면한 과제, 구현한 솔루션, 이러한 변화의 영향에 대해 논의하십시오. 이야기는 기억에 남고 프레젠테이션을 더욱 흥미롭게 만듭니다.
- **비교 및 대조:** 해당하는 경우 항공사의 이전 상태를 혁신 후 현재 상태와 비교하거나 경쟁사와 비교합니다. 이는 개선 정도를 강조합니다.
- **청중과 상호작용:** 질문으로 청중의 참여를 유도하거나 가상 시나리오를 제안합니다. 이는 청중의 참여를 유지하고 프레젠테이션을 더욱 역동적으로 만듭니다.
- **영향력 있게 마무리:** 핵심 사항을 요약하여 프레젠테이션을 마무리하고 청중에게 항공 기술과 고객서비스의 미래에 대한 생각을 자극하는 진술이나 질문을 남겨주세요.
- **리허설과 피드백:** 원활한 전달을 위해 프레젠테이션을 여러 번 연습하세요. 동료나 멘토로부터 피드백을 구하고 그들의 통찰력을 바탕으로 프레젠테이션을 개선하세요.

목표는 단순히 정보를 제공하는 것이 아니라 항공사의 기술 발전과 서비스 향상을 청중에게 알리고 깊은 인상을 남기는 것임을 기억하십시오. 청중의 관심과 기대에 부응하도록 프레젠테이션을 맞춤화 하세요.

생각보다 일반적인 피드백이 나온 것 같습니다. 이번엔 질문을 구체적으로 해보겠습니다.

생각보다 일반적인 피드백이 나온 것 같습니다. 이번엔 질문을 구체적으로 해보겠습니다.

Prompt

위 10가지를 넣어서 국내 항공사 서비스 개선 관련과 관련한 발표 스크립트를 만들어 줘.

Chat GPT

물론이죠, 국내 항공사의 기술 혁신과 서비스 개선에 관한 발표 스크립트를 만들어보겠습니다. 위에서 언급한 10가지 팁을 기반으로 합니다:

- **시작 (훅 사용)**: 안녕하세요, 여러분. 오늘 제가 여러분께 소개할 내용은 바로 최근 몇 년간 국내 항공사가 어떻게 기술 혁신과 서비스를 개선해 왔는지에 대한 이야기입니다. 지난 5년간 고객 만족도가 30% 상승한 이유, 바로 지금부터 시작합니다.
- **기술 혁신 소개 (시각 자료 사용)**: 첫째, 우리 항공사는 최신 기술을 적극 도입했습니다. [화면에 사진/비디오 보여주기] 여기 보시는 것처럼, 최신 항공기 기술은 안전성과 효율성을 동시에 향상시켰습니다. 예를 들어, [구

체적인 기술 예시] 기술은 [효과 설명].
- **서비스 개선 사례 (실제 예시 사용):** 다음으로, 서비스 개선에 대해 말씀드리겠습니다. 최근 우리 항공사는 [구체적인 서비스 개선 사례], 이를 통해 고객 경험을 대폭 향상시켰습니다. 예를 들어, [사례] 서비스는 [개선된 결과].
- **데이터와 통계 (데이터 사용):** 이러한 변화가 얼마나 효과적이었는지를 숫자로 보여드리겠습니다. [차트나 그래프 보여주기] 여기 보시는 바와 같이, [통계나 데이터]는 우리의 기술 혁신과 서비스 개선이 얼마나 성공적이었는지를 명확히 보여줍니다.
- **스토리텔링 (이야기 구성):** 이 모든 변화의 배경에는 한 가지 이야기가 있습니다. 바로 [항공사의 도전과 해결 과정에 대한 이야기]. 이 과정에서 우리는 [학습한 점]을 깨달았고, [개선 사항]을 도입하기로 결정했습니다.
- **비교 분석 (비교와 대조):** 이러한 개선을 통해 우리 항공사는 이전 상태와 비교해 얼마나 달라졌는지 보여드리겠습니다. 또한, [경쟁사와의 비교]를 통해 우리의 서비스가 어떻게 돋보이는지도 확인할 수 있습니다.
- **청중 참여 (상호 작용):** 여러분, 여기서 질문을 하나 드리겠습니다. [청중에게 질문] 이런 변화가 고객 여러분에게 어떤 의미가 있을까요?
- **결론 (강력한 마무리):** 오늘 제가 여러분께 소개한 내용을 통해, 우리 항공사가 기술 혁신과 서비스 개선에 얼마나 많은 노력을 기울였는지를 보여드렸습니다. 앞으로도 우리는 계속해서 혁신을 추구하며 고객 여러분에게 최상의 서비스를 제공할 것입니다.
- **연습과 피드백 (반복 연습):** 이 발표를 여러 번 연습하고 동료나 멘토의 피드백을 받으며 내용을 계속해서 다듬어 가겠습니다. 여러분의 소중한 의견도 기다리고 있습니다.
- **Q&A 준비 (질문 대비):** 마지막으로, 이 발표와 관련된 모든 질문에 답변할 준비가 되어 있습니다. 저희 팀 모두가 여러분의 궁금증을 해소해 드리기 위해 준비되어 있습니다.

이 스크립트는 귀하의 발표 주제에 맞춰 각 섹션을 구성하고, 관객의 관심을 끌며, 내용을 효과적으로 전달할 수 있도록 설계되었습니다.

아까보다는 주제에 맞게, 좀 더 보기 좋은 형태의 스크립트를 제안해 주고 있습니다. 하지만 저는 더 많은 정보를 Chat GPT가 알려주기를 원합니다.

> **Prompt**
>
> 위에서 말한 시각 자료, 실제 예시, 데이터, 이야기를 넣어서 다시 작성해 줘.

> **Chat GPT**
>
>
> - **시작 (훅 사용):** 여러분, 안녕하세요. 오늘 제가 여러분에게 소개할 내용은 국내 항공사의 기술 혁신과 서비스 개선에 관한 이야기입니다. 여러분, 지난 5년간 국내 항공사 고객 만족도가 30% 상승한 사실을 알고 계신가요? 이 놀라운 변화의 배경에는 무엇이 있을까요? 바로 지금부터 시작하겠습니다.
> - **기술 혁신 소개 (시각 자료 사용):** 먼저, 기술 혁신에 대해 말씀드리겠습니다. [화면에 최신 항공기 모델의 이미지를 보여주며] 여기 보시는 것은 우리 항공사가 최근 도입한 차세대 항공기입니다. 이 항공기는 연료 효율성이 기존 모델보다 20% 높고, 탄소 배출량도 25% 줄였습니다. 또한, [화면에 고객서비스 관련 앱의 스크린샷 보여주기] 이 모바일 앱을 통해 승객들은 비행 정보를 실시간으로 확인하고, 좌석 업그레이드를 간편하게 요청할 수 있게 되었습니다.
> - **서비스 개선 사례 (실제 예시 사용):** 서비스 개선의 사례로, [화면에 고객 피드백의 인용문 보여주기] 최근 우리 항공사는 고객 대기 시간을 줄이기 위해 자동 체크인 시스템을 도입했습니다. 이 시스템 덕분에 체크인 시간이 평균 50% 감소했으며, 고객 만족도는 크게 향상되었습니다.
> - **데이터와 통계 (데이터 사용):** 이러한 변화가 얼마나 효과적이었는지를 숫자로 보여드리겠습니다. [차트나 그래프 보여주기] 여기 보시는 바와 같이,

자동 체크인 시스템 도입 후 고객 만족도는 80% 이상으로 상승했으며, 항공기 연착률은 30% 감소했습니다.
- **스토리텔링 (이야기 구성)**: 이 모든 변화의 배경에는 한 가지 이야기가 있습니다. 몇 년 전, 우리 항공사는 큰 도전에 직면했습니다. [화면에 도전과 해결 과정을 보여주는 타임라인 보여주기] 고객 만족도가 저하되고 있었고, 이에 우리는 대대적인 내부 평가를 실시했습니다. 이 과정에서 우리는 고객 경험을 개선할 필요가 있다는 것을 깨달았고, 기술 혁신과 서비스 개선에 집중하기로 결정했습니다.
- **비교 분석 (비교와 대조)**: 이러한 개선을 통해 우리 항공사는 이전과 얼마나 달라졌는지 비교해 보겠습니다. [경쟁사와의 서비스 비교 차트 보여주기] 이 차트에서 보듯이, 우리는 경쟁사 대비 고객 만족도와 운영 효율성에서 우위를 점하고 있습니다.
- **청중 참여 (상호 작용)**: 이런 변화가 여러분에게 어떤 의미가 있다고 생각하시나요? 여러분의 의견을 듣고 싶습니다.
- **결론 (강력한 마무리)**: 오늘 제가 여러분께 소개한 내용을 통해, 우리 항공사가 기술 혁신과 서비스 개선을 위해 얼마나 많은 노력을 기울였는지 보여드렸습니다. 앞으로도 우리는 계속해서 혁신을 추구하며 고객 여러분에게 최상의 서비스를 제공할 것입니다.
- **연습과 피드백 (반복 연습)**: 이 발표를 여러 번 연습하고 동료나 멘토의 피드백을 받으며 내용을 계속해서 다듬어 가겠습니다.
- **Q&A 준비 (질문 대비)**: 마지막으로, 이 발표와 관련된 모든 질문에 답변할 준비가 되어 있습니다. 여러분의 궁금증을 해소해 드리기 위해 준비되어 있습니다.

진전된 결과물이지만 여전히 제가 원하는 수준의 답변이 나오지 않았습니다.

Prompt

화면에 최신 항공기 모델의 이미지를 보여줘.

Chat GPT

[그림 5] Dall-e를 활용해 그린 그림

다음은 현대적이고 진보된 상업용 항공기 모델을 묘사한 이미지입니다. 이 항공기는 하이테크 프레젠테이션 환경에 적합한 세련된 디자인과 혁신적인 기능을 선보입니다. 이 이미지를 프레젠테이션의 시각적 자료로 사용하여 최신 기술을 설명할 수 있습니다.

이번에는 제가 원했던 그림이 나왔습니다. 이처럼 본인이 원하는 결과가 나오지 않는다면 질문을 작게 나누어서 다시 해보시길 권장 드립니다. 예를 들어 10개의 그림을 원한다면 "10개 그림을 전부 그려줘"가 아니라 "1개 그림을 그려줘"라는 질문으로 반복 작업을 하는 것을 추천 드립니다.

마찬가지로 위에서 Chat GPT가 언급했던 고객 피드백 인용문, 차트나 그래프, 타임라인, 서비스 비교차트를 요청해 보았습니다. 단, 현재까지는 Dall-e를 통해 만들어지는 그림은 매우 우수하지만 그림에 나타난 글자는 제대로된 글자가 나오지 않는다는 단점이 있습니다. 이를 극복하기 위해서 "글자는 그림에 넣지마"라고 명령을 하거나, 글자가 나온 상태에서 후작업(포토샵)을 동반해야 합니다.

[그림 6] Dall-e를 활용해 그린 그림

[그림 7] Dall-e를 활용해 그린 그림

[그림 8] Dall-e를 활용해 그린 그림

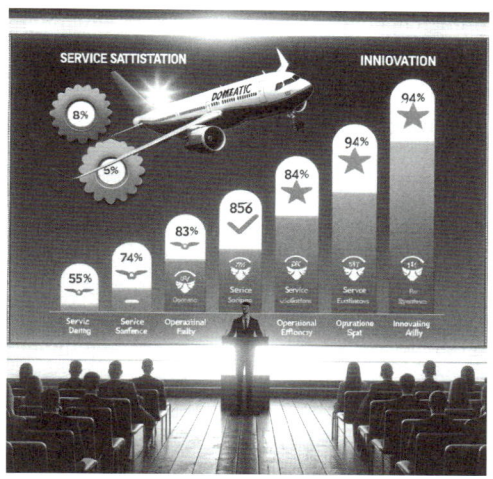

[그림 9] Dall-e를 활용해 그린 그림

다음으로 발표를 진행했을 때 나올만한 질문을 Chat GPT를 통해서 확인해 보겠습니다.

일단 발표 스크립트를 Chat GPT에 넣어줍니다. 저는 앞선 Chat GPT와의 대화를 통해 만들었던 스크립트를 분량을 늘려달라고 요청했습니다.

Prompt

 지금 이 스크립트를 현재 분량보다 3배로 길게 작성해줘.

"먼저, 기술 혁신에 대해 말씀드리겠습니다. [화면에 최신 항공기 모델의 이미지를 보여주며] 여기 보시는 것은 우리 항공사가 최근 도입한 차세대 항공기입니다. 이 항공기는 연료 효율성이 기존 모델보다 20% 높고, 탄소 배출량도 25% 줄였습니다. 또한, [화면에 고객 서비스 관련 앱의 스크린샷 보여주기] 이 모바일 앱을 통해 승객들은 비행 정보를 실시간으로 확인하고, 좌석 업그레이드를 간편하게 요청할 수 있게 되었습니다."

Chat GPT

 물론입니다. 발표 스크립트를 더 상세하게 확장하여 세 배 길이로 작성하겠습니다:

"[최신 항공기 모델의 이미지를 화면에 보여주며] 먼저, 여기 보이는 것을 소개하겠습니다. 이것은 우리 항공사의 자랑거리, 새로운 세대의 항공기입니다. 이 최첨단 모델은 항공 기술에서 중요한 도약을 나타냅니다. 이것은 단순한 항공기가 아닙니다. 이것은 혁신과 지속가능성에 대한 우리의 약속의 상징입니다.

이 새 모델은 이전 모델보다 더 유선형적이고 공기역학적으로 설계되었습니다. [항공기의 특정 기능에 대해 확대하여 보여주기] 유선형의 모양, 고급 날개, 혁신적인 엔진 디자인을 주목해 주세요. 이러한 기능들은 단순한 미적 요소가 아닙니다; 이것들은 항공기 성능을 향상시키는 중요한 역할을 합니다.

이 항공기는 이전 모델보다 연료 효율이 20% 더 높습니다. 이것이 우리와 환경에 어떤 의미가 있을까요? 이것은 연료 소비 감소를 의미하며, 이는 운영비용 감소와 더 중요하게는 상당히 낮은 탄소 발자국으로 이어집니다. 우리는 비즈니스에 좋은 것뿐만 아니라 지구에도 좋은 CO_2 배출 감소를 이야기하고 있습니다.

또한, 이 항공기는 승객의 편안함과 안전을 향상시키는 첨단 기술로 장착되어 있습니다. [항공기 내부 이미지 보여주기] 내부에서 넓은 좌석, 큰 창문, 고급 공기 여과 시스템을 찾을 수 있습니다. 이러한 기능은 승객이 가장 긴 비행에서도 편안하고 즐거운 경험을 할 수 있도록 보장합니다.

이제 항공기 자체에서 우리가 승객과 어떻게 상호 작용하는 지로 초점을 옮겨 보겠습니다. [고객 서비스 관련 앱의 스크린샷을 화면에 보여주며] 여기 보이는 것은 우리가 새롭게 개발한 모바일 애플리케이션입니다. 이 앱은 우리가 고객에게 제공하는 서비스 방식에 있어 게임 체인저입니다. 이 앱을 통해 승객은 실시간 비행 정보를 손쉽게 확인할 수 있습니다. 이제 공항에서 긴 줄을 서서 비행 상태를 확인하거나 탑승권을 받을 필요가 없습니다. 모든 것이 집에서나 이동 중에도 접근 가능합니다. 그러나 이것이 전부는 아닙니다. 이 앱은 좌석 업그레이드를 위한 사용자 친화적인 인터페이스도 제공합니다.

과거에 좌석 업그레이드는 번거로운 과정이었을 수 있습니다. 종종 전화나 체크인 카운터에서의 상호작용이 필요했습니다. 이제 몇 번의 탭만으로 승객은 사용 가능한 업그레이드를 볼 수 있으며, 자신의 요구에 가장 적합한 것을 선택할 수 있습니다. 이 기능은 승객 경험을 개선할 뿐만 아니라 운영 과정을 간소화합니다.

이 앱은 개인화된 여행 제안, 충성도 프로그램 추적 등을 제공합니다. [화면에 다양한 앱 기능 보여주기] 여행 경험을 맞춤화하고, 충성도 포인트를 적립하고 추적하며, 개인화된 제안을 한 곳에서 받을 수 있는 상상을 해보세요. 이것이 바로 우리가 고객에게 제공하는 것입니다 - 시작부터 끝까지 원활하고, 효율적이며, 즐거운 여행 경험. 그러므로, 여러분이 보시는 것처럼, 우리의 기술 혁신에 대한 약속은 우리가 운항하는 항공기를 넘어섭니다. 이것은 고객과의 모든 접점에 확장됩니다. 여행을 생각하는 순간부터 목적지에 도착하는 순간까지, 우리는 거기에 있으며, 비교할 수 없는 수준의 서비스와 편의를 제공합니다. 이러한 혁신들은 우리의 우수성에 대한 헌신과 항공 여행의 미래에 대한 우리의 비전을 증명합니다."

길게 만들어진 발표용 스크립트를 보면서 추가로 질문해 보겠습니다, 저는 위 발표를 듣고 나올만한 질문이 궁금합니다.

Prompt

 위 내용으로 발표를 진행했을 때 여기서 나올만한 질문은 뭐가 있을까? 질문자는 20년 경력의 전공 교수님들과 발표를 듣는 우리 학과 친구들이야. 질문 10개만 선정해 줘.

Chat GPT

교수님: 이러한 기술 혁신이 항공사의 운영 비용과 전반적인 수익성에 미치는 영향을 어떻게 평가하십니까?
동료: 새 항공기의 환경적 이점이 어떻게 측정되고 검증되는지 설명할 수 있습니까?
교수님: 특히 직원 교육 및 새로운 시스템 통합 측면에서 이러한 기술 변화를 구현하는데 직면한 과제는 무엇입니까?
동료: 고객 피드백이 모바일 앱의 개발 및 기능에 어떤 영향을 미쳤습니까?
교수님: 지역 내 다른 항공사와 비교하여 이러한 혁신을 통해 얻은 경쟁 우위에 대해 논의해 주실 수 있나요?
동료: 이러한 서비스 개선이 항공사 내 직원 만족도와 성과에 어떤 방식으로 영향을 미쳤습니까?
교수님: 항공사는 미래에 이러한 기술 발전을 어떻게 유지하고 발전시킬 계획입니까?
동료: 새 항공기 모델에 포함된 특정 안전 개선 사항이 있습니까?
교수님: 이 새로운 항공기의 예상 수명은 얼마나 되며 유지 관리 및 효율성 측면에서 이전 모델과 비교하면 어떻습니까?
동료: 모바일 앱의 도입으로 항공사에 대한 고객 충성도 또는 재구매가 눈에 띄게 증가한 것으로 나타났습니까?

교수님으로부터 나올만한 질문, 친구(동료)들로부터 나올만한 질문을 10개 제시해 주고 있습니다. 어떤 질문이 청중들로부터 나올 확률이 가장 높은지 물어보고, 동시에 예상 모범 답안도 만들어 보겠습니다. 그리고 가능성 높은 질문부터 공부를 하면 될 것 같습니다.

> **Prompt**
>
> 위 질문 가운데 질문이 나올 가능성이 높은 질문부터 순위를 매겨 주고, 모범 답도 작성해 줘.

> **Chat GPT**
>
> 항공 산업의 기술 혁신 및 서비스 개선에 대한 프레젠테이션의 내용과 맥락을 바탕으로, 질문을 받을 가능성이 높은 순서대로 질문 순위를 매겼으며, 모범답도 함께 제공됩니다.
>
> **1. 가능성이 가장 높음**
> **동료:** 고객 피드백이 모바일 앱의 개발 및 기능에 어떤 영향을 미쳤습니까?
> **모범답:** 고객 피드백은 모바일 앱 개발에 필수적이었습니다. 우리는 가장 원하는 기능을 식별하기 위해 고객서비스 문의를 분석하고 상용 고객을 대상으로 설문조사를 실시했습니다. 이를 통해 실시간 항공편 업데이트가 포함되었습니다. 손쉬운 좌석 업그레이드와 개인화된 여행 제안을 통해 우리 앱이 사용자의 요구와 기대를 충족할 수 있도록 보장합니다.
>
> **동료:** 이러한 서비스 개선이 항공사 내 직원 만족도와 성과에 어떤 방식으로 영향을 미쳤습니까?
> **모범답:** 서비스 개선, 특히 모바일 앱과 새로운 항공기 기술의 도입으로 직원 만족도가 크게 향상되었습니다. 이러한 혁신으로 인해 많은 운영 프로세스가 간소화되어 직원의 업무량과 스트레스가 줄어들었습니다. 또한 긍정적인 결과는 다음과 같습니다. 고객 피드백 덕분에 우리 팀의 사기도 높아졌습니다.
>
> **교수님:** 특히 직원 교육 및 새로운 시스템 통합 측면에서 이러한 기술 변화를 구현하는 데 직면한 과제는 무엇입니까?
> **모범답:** 이러한 기술 변화를 구현하려면 포괄적인 직원 교육과 시스템 통합이 필요했습니다. 우리는 새로운 기술을 기존 인프라에 맞추고 모든 직원이 새로

운 시스템을 능숙하게 사용할 수 있도록 하는데 어려움을 겪었습니다. 이러한 문제를 극복하려면 광범위한 교육 프로그램과 점진적인 통합 단계가 필요합니다.

교수님: 이러한 기술 혁신이 항공사의 운영 비용과 전반적인 수익성에 미치는 영향을 어떻게 평가하십니까?
모범답: "이러한 기술 혁신은 운영 비용과 수익성에 상당한 영향을 미쳤습니다. 새로운 항공기 모델의 연료 효율성으로 인해 연료비가 크게 절감되었습니다. 또한 모바일 앱을 사용하면 인건비와 종이 비용이 감소하여 기여도가 높아졌습니다. 비용 절감과 고객 만족도 향상을 통해 전반적인 수익성을 높이고 재구매로 이어집니다.

동료: 새 항공기 모델에 포함된 특정 안전 개선 사항이 있습니까?
모범답: 예, 새로운 항공기 모델에는 여러 가지 안전 향상 기능이 있습니다. 여기에는 고급 항법시스템, 더 나은 안정성을 위한 개선된 기체 설계, 최첨단 비상 대응시스템이 포함됩니다. 이러한 기능은 우리 항공편의 전반적인 안전을 보장합니다.

교수님: 이러한 혁신을 통해 얻은 경쟁 우위에 대해 지역 내 다른 항공사와 비교해 말씀해 주시겠습니까?
모범답: 이러한 혁신을 통해 우리는 눈에 띄는 경쟁 우위를 확보했습니다. 첨단 항공기는 우리를 환경 친화적인 항공 분야의 선두주자로 자리매김하고 환경에 관심이 있는 고객을 유치했습니다. 모바일 앱의 사용자 친화적인 기능은 또한 다른 지역 항공사와 차별화되는 고객 서비스의 새로운 표준을 제시합니다.

동료: 새 항공기의 환경적 이점이 어떻게 측정되고 검증되는지 설명할 수 있습니까?
모범답: 새 항공기의 환경적 이점은 연료 소비 감소 및 배출량 감소를 통해

측정됩니다. 우리는 승객 마일당 연료 효율성 및 CO_2 배출량과 같은 업계 표준 지표를 사용합니다. 이 수치는 외부 환경 기관에서 검증합니다. 국제 지속 가능성 표준에 부합합니다.

2. 가능성이 낮음
교수님: 이 새로운 항공기의 예상 수명은 얼마나 되며, 유지 관리 및 효율성 측면에서 이전 모델과 비교하면 어떻습니까?
모범답: 이 새로운 항공기의 예상 수명은 약 20~25년으로 이전 모델보다 약간 길어졌습니다. 첨단 소재와 설계로 인해 유지 관리 빈도가 줄어들어 더욱 효율적이고 효율적입니다. 수명 기간 동안 비용 효율적입니다.

교수님: 항공사는 미래에 이러한 기술 발전을 어떻게 유지하고 발전시킬 계획입니까?
모범답: 이러한 발전을 유지하고 발전시키려는 우리의 계획에는 R&D에 대한 지속적인 투자와 최신 기술에 대한 최신 정보를 유지하는 것이 포함됩니다. 또한 우리는 혁신이 유지되도록 고객 및 직원과의 정기적인 피드백 주기에 최선을 다하고 있습니다. 관련성이 있고 효과적입니다.

3. 가능성이 가장 낮음
동료: 모바일 앱의 도입으로 항공사의 고객 충성도나 재구매가 눈에 띄게 증가했습니까?
모범답: 예, 모바일 앱을 도입한 이후로 고객 충성도가 눈에 띄게 증가했습니다. 상용 고객 프로그램 등록이 15% 증가했고 단골 고객도 늘어났습니다. 앱은 고객 충성도와 만족도에 긍정적인 영향을 미쳤습니다.

이러한 답변은 각 질문에 대한 자세한 통찰력을 제공하도록 구성되어 있으며 프레젠테이션에 대한 포괄적인 이해를 보여줍니다. 이 예상 질문에 대한 답변만 준비를 해도 충분할 것 같습니다.

그러던 중 Chat GPT가 제시한 질문이 왜 중요한전지 궁금해졌습니다. 왜 Chat GPT는 위 질문들이 더 중요하다고 판단한 걸까요?

Prompt

질문 순위를 매긴 근거가 뭔지 알려 줄래? 그리고 기왕이면 표로 작성해 주는 게 더 보기 좋을 것 같아

Chat GPT

다음은 잠재적 질문의 순위와 순위 기준을 보여주는 표입니다.

순위	질문	순위 기준
1	고객 피드백이 모바일 앱의 개발 및 기능에 어떤 영향을 미쳤습니까?	현재 기술 동향과의 관련성이 높고 사용자 경험에 직접적인 영향을 미칩니다.
2	이러한 서비스 개선은 항공사 내 직원 만족도와 성과에 어떤 방식으로 영향을 미쳤습니까?	내부 운영 및 직원 경험에 직접적인 영향을 미칩니다.
3	특히 직원 교육 및 새로운 시스템 통합 측면에서 이러한 기술 변화를 구현하는 데 직면한 과제는 무엇입니까?	운영 및 물류에 미치는 영향은 실제 문제를 이해하는 데 매우 중요합니다.
4	이러한 기술 혁신이 항공사의 운영비용과 전반적인 수익성에 미치는 영향을 어떻게 평가하십니까?	경제적 영향은 학계와 산업계 모두의 주요 관심사입니다.
5	새로운 항공기 모델에는 특정한 안전 개선 사항이 포함되어 있습니까?	안전은 항공의 핵심 측면이지만 가정된 표준으로 인해 덜 질문될 수 있습니다.
6	지역의 다른 항공사와 비교하여 이러한 혁신을 통해 얻은 경쟁 우위에 대해 논의할 수 있습니까?	경쟁적인 측면은 중요하지만 운영에 직접적인 영향을 미치는 것보다 질문이 덜 할 수 있습니다.
7	새로운 항공기의 환경적 이점을 어떻게 측정하고 검증하는지 설명해 주실 수 있나요?	환경에 미치는 영향은 매우 중요하지만 기술적 복잡성으로 인해 질문이 덜 할 수 있습니다.

8	이 새로운 항공기의 예상 수명은 얼마나 되며, 유지 관리 및 효율성 측면에서 이전 모델과 어떻게 비교됩니까?	기술 및 수명 측면이 중요하지만 약간 더 틈새 시장입니다.
9	항공사는 미래에 이러한 기술 발전을 어떻게 유지하고 발전시킬 계획입니까?	미래 지향적인 질문은 중요하지만 Q&A 세션에서는 빈도가 낮을 수 있습니다.
10	모바일 앱의 도입으로 항공사의 고객 충성도나 재구매가 눈에 띄게 증가했습니까?	고객 충성도는 중요하지만 간접적인 영향으로 인해 질문이 덜할 수 있습니다.

　Chat GPT가 제시한 순위는 관심과 지식 수준을 고려하여 교수님과 학과 친구들이 제기한 각 질문의 관련성과 가능성을 기반으로 한 것으로 보입니다. 이런 식으로 발표 PT를 준비한다면 좋은 결과를 얻을 수 있을 것 같습니다.

Q4 주의할 점

　이렇게 프레젠테이션 피드백을 위해 Chat GPT를 활용하는 경우 다음과 같은 사항을 알고 있어야 합니다.

　첫째, Chat GPT는 우리가 제공한 텍스트를 기반으로 일반적인 피드백을 제공할 수 있지만 프레젠테이션의 실제 음성 전달, 비언어적 단서 또는 시각적 디자인 요소를 이해하거나 비평하는 기능이 부족하다는 점을 알고 있어야 합니다. 이는 연설 전달 스타일, 신체 언어 또는 슬라이드의 미적 매력에 대한 통찰력을 제공할 수 없음을 의미합니다. 하지만 이런 비언어적 요소가 발표에 있어서 중요하다는 것은 여러분 모두 잘 알고 있을 겁니다.

둘째, Chat GPT의 피드백 결과는 질문이 얼마나 구체적인지에 따라 크게 달라집니다. 자세한 질문은 보다 구체적이고 실용적인 조언을 제공하는 반면, 광범위한 질문은 보다 일반화되고 실행 가능성이 낮은 제안을 제공할 수 있습니다. 저희는 이런 측면을 이해하는 가운데 Chat GPT의 피드백을 최대한 활용해야 하며, Chat GPT가 갖고 있는 단점 또한 미리 알고 있어야 할 것입니다.

PART **04**

공모전

CHAT GPT

chapter 1 | Chat GPT의 페르소나 기법으로 승부하자

페르소나는 개인이나 집단이 자신들을 다른 사람들에게 보이기 위해 구축하거나 투영하는 상상 속의 이미지나 역할을 의미합니다. 이것은 대개 사회적 상황, 환경 또는 목적에 따라 변할 수 있으며, 개인의 정체성과 상호 작용에서 중요한 역할을 합니다. 페르소나는 자아를 표현하고 타인과의 관계를 조절하며, 일상 생활에서 다양한 역할을 수행하는 데 사용됩니다.

예를 들어, 직장에서는 전문적인 페르소나를 취하고 가족과는 다른 면을 보일 수 있습니다. 이런 다양한 페르소나는 우리가 사회적 상호작용을 효과적으로 관리하고, 자아를 다양한 맥락에서 적절하게 표현할 수 있게 해줍니다.

대학생 공모전을 준비할 때 페르소나를 준비하는 것은 큰 도움이 됩니다. 페르소나를 만들면 공모전의 목표와 목적을 명확히 이해할 수 있으며, 타깃 시장 또는 고객층을 선정하는 데 도움을 줍니다. 이를 통해 어떤 학생 그룹이 제안한 아이디어 또는 프로젝트에 관심을 가질지를 파악하고, 그에 따라 문제 해결과 핵심 가치 제안을 더 구체적으로 정의할 수 있습니다. 또한 페르소나를 고려하여 공모전 제안을 구성하면 마케팅 및 커뮤니케이션 전략을 더 정확하게 개발하고 경쟁 우위를 확보할 수 있습니다. 이렇게 페르소나를 활용하면 공모전 참가자로서 더 효과적인 전략을 수립하고, 심사위원들에게 명확하게 제안을 전달할 수 있습니다.

> **Q1 왜 Chat GPT를 써야할까?**

대학생 공모전에서 페르소나를 만들 때 Chat GPT를 활용하는 이유는 다음과 같습니다.

다양한 시나리오 및 인사이트 생성: Chat GPT는 다양한 정보와 시나리오에 대한 이해력을 가지고 있어, 다양한 페르소나를 생성하고 관련 인사이트를 제공하는 데 도움이 됩니다. 이를 통해 페르소나의 다양성을 확보하고, 창의적이고 유용한 아이디어를 도출할 수 있습니다.
신속하고 효율적인 분석: Chat GPT는 많은 데이터와 정보를 신속하게 분석하고 이해할 수 있으며, 그 결과를 요약하거나 핵심 인사이트를 추출하는 데 도움이 됩니다. 이를 통해 페르소나를 빠르게 구축하고, 공모전 준비에 소요되는 시간과 노력을 절약할 수 있습니다.

예를 들어, 대학생 공모전에서 '교육 기술을 활용한 학습 도구'를 주제로 한다고 가정해 봅시다. Chat GPT를 활용하여 학생 페르소나를 만들면, 학생들의 다양한 학업 수준, 관심사, 학습 스타일을 고려하여 구체적인 페르소나를 생성할 수 있습니다. "고등학교 수학에 어려움을 겪는 학생"이라는 페르소나를 만들었다고 가정해 봅시다. Chat GPT를 통해 이 학생 그룹의 수학 학습에 어떤 어려움이 있는지 분석하고 해결책을 추천받을 수 있습니다. 이를 토대로 공모전 제안을 구성하고, 이 그룹을 위한 학습 도구를 개발하는데 도움이 될 것입니다.

Q2 대학생이 활용가능한 프롬프트 리스트

- 이 페르소나의 주된 목표와 필요는 무엇인가요?
- 이 페르소나가 직면한 주요 문제점은 무엇인가요?
- 이 페르소나의 인구학적 특성은 무엇인가요?
- 이 페르소나의 구매 결정에 영향을 미치는 요소는 무엇인가요?
- 대학생 공모전에서 '온라인 교육 환경'을 주제로 한 페르소나를 생성해 줘.
- 대학생들의 학습 스타일을 고려한 '학습 방법 개선'에 관한 페르소나를 만들어봐.
- 학업 수준과 관심사를 고려하여 '대학 전공 선택에 관한 조언'을 포함한 페르소나를 생성해 줘.
- '대학생의 스트레스 관리'를 주제로 한 페르소나를 만들어봐.
- '캠퍼스 생활 개선'을 위한 페르소나를 생성해 줘.
- '대학 취업 준비'를 주제로 한 페르소나를 만들어봐.
- '대학생의 학습 동기 부여'에 관한 페르소나를 생성해 줘.
- '대학생을 위한 학습 도구 개발'을 위한 페르소나를 만들어봐.
- 대학생들의 '온라인 학습 플랫폼 사용성 개선'을 위한 페르소나를 생성해 줘.
- 대학생들의 '프로젝트 협업 능력 향상'을 위한 페르소나를 만들어봐.
- '대학생의 학습 시간 관리'에 관한 페르소나를 생성해 줘.
- 대학생 공모전에서 '학생 건강 및 웰빙' 주제의 페르소나를 만들어봐.
- '대학생을 위한 진로 상담'을 주제로 한 페르소나를 생성해 줘.
- 대학생들의 '비용 절감을 위한 재정 관리'에 관한 페르소나를 만들어봐.
- '대학생의 시간 관리 및 스트레스 해소'를 위한 페르소나를 생성해 줘.

Q3 실제 활용 사례

Prompt

 너는 공모전을 준비 중인 대학생이고, 경주 관광 활성화를 위한 공모전을 준비하는 중이야. 타깃이 되는 고객을 누구로 설정할까?
너는 관광 및 마케팅 전문가야. 현재 대학생들이 참여하는 경주 관광 활성화를 위한 공모전을 준비하고 있는데, 이 공모전은 특히 경주의 역사적이고 문화적인 매력을 부각시키기 위해 기획되었어.
우리는 타깃 고객을 설정하는데 네 도움이 필요해. 이 타깃 고객은 경주의 관광객 수를 늘리는 데 중요한 역할을 할 거야. 경주에 관심이 있을만한 타깃 고객층을 분석하고 제안하는 것이 목적이야. 이 타깃 고객층에 대한 분석과 제안을 1분 분량으로 작성해 줘.

Chat GPT

 경주 관광 활성화에 초점을 맞춘 대학생 공모전에서는 이러한 관광 활성화를 통해 가장 큰 이익을 얻고 기여할 대상 고객을 식별하는 것이 중요합니다. 고려해야 할 잠재적인 대상 고객 그룹은 다음과 같습니다.

- **국내 관광객**: 이 그룹에는 역사 및 문화 유적지 탐험에 관심이 있는 가족, 커플 또는 개인이 포함될 수 있습니다. 경주는 한국 역사가 풍부한 곳이므로, 경주의 유산에 대해 더 많이 알고 싶은 사람들에게 매력적인 곳입니다.
- **외국인 관광객**: 특히 한국의 문화와 역사에 관심이 있는 분들. 유네스코 세계문화유산으로 지정된 경주는 전 세계의 역사 애호가와 문화 관광객에게 많은 것을 제공합니다.
- **청년 및 대학생**: 그들은 종종 저렴하고 독특한 여행 경험을 찾습니다. 경주는 교육 여행, 문화 탐방, 심지어 야외 활동의 목적지로 홍보될 수 있습니다.
- **학교 그룹(교육 관광)**: 학교는 한국 역사에서 역사적 중요성을 고려할 때 교육 목적으로 경주 여행을 조직하는 데 관심이 있을 수 있습니다.

- **문화 애호가:** 한국 미디어(K드라마, K팝 등)에 참여하는 사람들을 포함하여 한국의 문화, 역사, 유산에 관심이 있는 사람들은 특히 경주에 매력을 느낄 수 있습니다.
- **모험과 자연을 사랑하는 사람들:** 경주는 단지 유적지만 있는 곳이 아닙니다. 아름다운 자연 경관이 있는 곳이기도 합니다. 이는 하이킹, 사이클링 및 기타 야외 활동에 관심이 있는 관광객에게 어필할 수 있습니다.
- **노인:** 나이든 관광객은 역사 및 문화 유적지에 깊은 관심을 갖는 경우가 많습니다. 경주의 풍부한 역사는 이 그룹에게 중요한 매력이 될 수 있습니다.

이러한 고객층을 대상으로 콘테스트를 통해 다양한 관심 분야에 맞는 관광 아이디어를 개발하고 다목적 관광 목적지로서 경주의 매력을 높일 수 있습니다. 각 그룹마다 서로 다른 마케팅 전략과 관광 상품 유형이 필요할 수 있다는 점을 기억하세요.

국내 관광객부터 외국인, 문화 애호가, 노인들까지 다양한 타깃층을 제시해 줍니다. 그리고 모험과 자연을 사랑하는 사람은 경주 관광에서는 생각하지 못했던 부분인데 참신한 아이디어 같습니다. Chat GPT의 결과를 통해 기존 타깃층에 대한 고정 관념을 깰 수 있었습니다. 위 타깃층을 조금 더 자세히 분석해 보겠습니다.

Prompt

위 타깃 고객 중 공모전에서 가장 신경을 써야하는 타깃층은 누구이니? 중요도의 순위를 매기고 그 이유를 알려줘.

Chat GPT

경주 관광 활성화를 위한 대학생 공모전에서 주목해야 할 대상 고객군을 결정하는 것은 공모전의 목표, 사용 가능한 자원, 그리고 경주의 독특한 특성을 고려해야 합니다. 다음은 잠재적인 영향력과 경주의 제공 내용과의 일치성을 기반으로 한 우선순위 목록입니다:

젊은 성인 및 대학생:
- **이유:** 이 그룹은 여러분의 동료일 뿐만 아니라 새롭고 저렴한 여행 경험을 자주 찾는 인구집단입니다. 그들은 소셜 미디어에서 활발하게 활동하며 추세에 상당한 영향을 미칠 수 있습니다. 이 그룹을 대상으로 하면 경주에 대한 관심을 일으키고 장기적으로 더 많은 방문객을 유치하는 데 도움이 될 수 있습니다.

국내 관광객:
- **이유:** 국내 관광객들은 경주의 문화적 및 역사적 중요성에 지속적인 관심을 가질 가능성이 높습니다. 가족, 커플 또는 개인을 대상으로 하는 것은 장기적인 관광 지속성을 위한 안정적인 방문객 흐름을 보장할 수 있습니다.

문화 애호가:
- **이유:** 이 그룹의 한국 문화 및 역사에 대한 관심은 경주의 풍부한 유산과 완벽하게 일치합니다. 그들은 경주가 제공하는 경험의 깊이를 감상할 수 있으며 그 문화적 가치의 대사가 될 수 있습니다.

외국인 관광객:
- **이유:** 이 그룹은 특히 한국의 역사와 문화에 관심이 있는 사람들 사이에서 큰 잠재력을 가지고 있지만, 언어 장벽과 보다 광범위한 마케팅 홍보가 필요하기 때문에 유치하기 위한 노력이 더 필요할 수 있습니다.

학교 그룹 (교육 관광):
- **이유:** 학교 여행은 방문객의 안정적인 출처가 될 수 있으며 경주의 역사적 및 교육적 가치와 잘 어울립니다. 그러나 이 시장은 1년 중 특정 시간(학기 중)에 제한될 수 있으며 특화된 프로그래밍이 필요할 수 있습니다.

모험 및 자연 애호가:
- **이유:** 경주는 역사적인 장소뿐만 아니라 아름다운 자연 경관을 제공하지

만, 이러한 측면은 문화적 및 역사적 관광 명소만큼 두드러지지 않습니다. 따라서 이 그룹을 무시해서는 안 되지만, 주요 타깃은 아닐 수 있습니다.

노년층:
- **이유:** 노년층 관광객은 문화적 및 역사적 관광에 상당한 시장을 형성할 수 있지만, 그들의 여행 패턴과 선호도는 젊은 청중을 대상으로 하는 다이내믹하고 소셜 미디어 지향적인 마케팅 전략과 다를 수 있습니다.

이러한 대상 고객군을 선정하는 것은 효과적인 마케팅 전략, 접근성 및 선택된 대상 그룹과 공감할 수 있는 독특하고 매력적인 경험을 창출하는데 달려 있습니다.

   제안된 답변을 확인한 결과 다양한 목적에 따라서 결과를 제시해 주었습니다. 질문을 조금 더 발전시켜 보겠습니다. 우선 젊은 성인 및 대학생과 국제 관광객이 사용하는 금액을 확인해 보고 싶었습니다.

Prompt

경주 방문객의 일일 지출 추정치를 확인해 보고 싶어. 특히 '성인 및 대학생과 외국인 관광객'의 지출 추정치를 비교하고 싶어.

Chat GPT

경주 방문객의 일일 지출 추정치를 제공하기 위해, 특히 그룹 1(청년 및 대학생)과 그룹 4(외국인 관광객)를 비교하기 위해 일반적인 비용을 고려하겠습니다. 이는 일반적인 추정치이며 실제 지출은 개인의 선호도와 습관에 따라 달라질 수 있습니다.

그룹 1: 청년 및 대학생
- **숙박:** 게스트하우스, 호스텔, 경제적인 호텔 등 예산 친화적인 옵션을 제공합니다.
- 예상 비용: 1박 당 20,000~50,000원
- **음식 및 음료:** 길거리 음식, 현지 식당, 카페
- 예상 비용: 식사 당 5,000~15,000원
- **교통:** 대중교통 또는 자전거 대여
- 예상 비용: 현지 교통비 1,000~5,000원
- **관광 명소:** 유적지, 박물관 입장료. 일부 학생에게는 할인이 제공될 수 있습니다.
- 예상 비용: 사이트 당 3,000~10,000원
- **기타:** 기념품, 스낵, 추가 활동
- 예상 비용: 5,000~15,000원

** 일일 총 예상 지출액: 약 34,000~95,000원

그룹 2: 외국인 관광객
- **숙박:** 중급 호텔부터 고급 호텔까지
- 예상 비용: 1박 당 60,000~150,000원
- **음식 및 음료:** 일부 고급 식사 경험을 포함한 레스토랑
- 예상 비용: 식사 당 10,000~30,000원
- **교통:** 택시, 개인 여행, 자동차 렌트 가능
- 예상 비용: 일일 여행 5,000~20,000원
- **관광 명소:** 입장료, 가이드 투어
- 예상 비용: 사이트 당 10,000~20,000원
- **기타:** 쇼핑, 기념품, 특별한 경험
- 예상 비용: 10,000~30,000원

** 일일 총 예상 지출액: 약 95,000~250,000원

주요 차이점
- **숙소:** 외국인 관광객은 예산에 민감한 학생들에 비해 더 편안하고 비싼 숙

소를 선택하는 경향이 있습니다.
- **음식**: 외국인 관광객은 다양하고 때로는 더 비싼 식사 옵션을 시도하는 경향이 더 있을 수 있습니다.
- **교통**: 외국인 관광객은 학생들이 선호하는 대중교통보다 비용이 더 많이 드는 택시나 개인 여행에 더 많이 의존할 수 있습니다.
- **관광 명소 및 활동**: 외국인 관광객은 일반적으로 더 비싼 가이드 투어와 특별 경험에 참여하는 경우가 많습니다.

이는 대략적인 추정치이며 실제 비용은 다를 수 있습니다. 지출 패턴은 두 그룹의 서로 다른 우선순위와 예산 제약을 반영합니다. 학생들은 종종 예산이 부족하고 가격 대비 가치가 높은 옵션을 찾는 반면, 외국인 관광객은 통신을 위해 더 많은 돈을 기꺼이 지출할 수 있습니다.

Chat GPT가 각 그룹이 사용할 금액을 보여주었습니다. 구체적으로 어떤 항목에 돈을 쓰는지까지 보여주고 있습니다.

Prompt

보기 쉽게 표로 다시 작성해 줄래.

Chat GPT

일일 지출 비교

비용 항목	청소년/대학생(원)	외국인 관광객(원)
숙박	20,000 - 50,000	60,000 - 150,000
음식과 음료	5,000 - 15,000	10,000 - 30,000
교통	1,000 - 5,000	5,000 - 20,000
관광명소	3,000 - 10,000	10,000 - 20,000
기타	5,000 - 15,000	10,000 - 30,000

이 표에는 두 그룹 모두에 대한 다양한 범주의 일일 지출 예상 범위가 요약되어 있습니다. 추정치는 예산과 여행 선호도의 차이를 반영하여 외국인 관광객이 청년·대학생에 비해 모든 범주에 걸쳐 더 많은 지출을 하는 경향이 있음을 보여줍니다.

 이렇게 두 그룹이 사용하는 금액을 비교해 보았습니다. 이번에는 다시 초기 질문으로 돌아가서, 각 7개 그룹을 다시 확인하며 공모전 타깃층을 선정하는 작업을 해보겠습니다.
 한편, 해당 공모전의 공지사항에 "지속가능성과 홍보 효과가 큰" 작품에 대해 가산점을 준다는 표현이 있었습니다. 그래서 공지사항을 떠올리며 이번에는 이렇게 질문해 보았습니다.

Prompt

위 7개 그룹 중 가장 홍보 효과가 좋은 그룹은 어디일까? 고객의 규모, 예상 구매력, 지속가능성을 기준으로 순위를 매겨서 표로 보여줘.

Chat GPT

 경주 관광 홍보를 위한 대상 고객군을 고객 규모, 예상 구매력, 지속가능성을 기준으로 순위를 매긴 표는 다음과 같습니다:

대상 그룹	고객 기반 규모	구매력	지속가능성
젊은 성인 및 대학생	큼	중간	높음
국내 관광객	큼	높음	높음
문화 애호가	중간	중간	중간
외국인 관광객	중간	높음	낮음
학교 그룹 (교육 관광)	중간	낮음	중간
모험 및 자연 애호가	중간	중간	중간
노년층	중간	낮음	중간

이 순위는 다음과 같은 일반적인 가정을 바탕으로 합니다:
- 젊은 성인 및 대학생: 큰 고객 기반을 가지고 있으며 구매력은 중간입니다. 장기적인 참여 가능성과 입소문을 통한 홍보로 인해 지속가능성이 높습니다.
- 국내 관광객: 큰 고객 기반과 높은 구매력을 가지고 있으며, 반복 방문 가능성과 연중 여행으로 인해 지속가능성도 높습니다.
- 문화 애호가: 역사적 및 문화적 측면에 진정한 관심을 가진 중간 크기의 그룹으로, 중간 수준의 구매력과 지속가능성을 제공합니다.
- 외국인 관광객: 여행 복잡성으로 인해 기반 규모와 지속가능성이 낮을 수 있지만, 일반적으로 높은 구매력을 가지고 있습니다.
- 학교 그룹: 교육 여행을 중심으로 중간 크기의 고객 기반과 지속가능성을 제공하지만, 일반적으로 구매력이 낮습니다.
- 모험 및 자연 애호가: 이 그룹은 중간 규모의 고객 기반을 가지고 있으며, 구매력과 지속가능성은 중간입니다. 이는 제공되는 자연 기반 관광 명소에 따라 다릅니다.
- 노년층: 일반적으로 중간 크기의 고객 기반과 지속가능성을 가지고 있지만, 다른 그룹에 비해 구매력은 낮은 편입니다.

이 표는 경주 관광 활성화를 위한 최적의 홍보 효과를 제공할 수 있는 대상 그룹을 명확하게 이해하는 데 도움이 될 것입니다.

    Chat GPT가 7개 그룹에 대해 고객의 크기, 구매력 크기, 지속가능성 정도를 기준으로 나누어서 제시해 줍니다. "젊은 성인 및 대학생은 큰 고객 기반을 가지고 있으며 구매력은 중간입니다."처럼 영어 표현을 한국어로 해석한 것이기에 표현은 어색하게 나왔습니다. 하지만 제가 요청한 기준에 맞춰서 타깃 그룹을 분석해 주었습니다.
    타깃 그룹을 선정하기 위해 표를 조금 더 자세히 만들어 보도록 하겠습니다.

Prompt

위 표에 나온 크기를 숫자로 표시해 줘. 고객 기반 규모, 구매력, 지속가능성에 가중치를 줘야하는 게 있을까? 있다면 가중치를 줘. 그리고 이 숫자의 합을 계산해 줘.

Chat GPT

고객 기반 규모, 구매력, 지속가능성을 숫자로 표현하고, 각 요소에 가중치를 부여해 합계를 계산하기 위해, 다음과 같은 기준을 설정할 수 있습니다:

- **고객 기반 규모**: '큼'은 3점, '중간'은 2점, '낮음'은 1점으로 설정합니다.
- **구매력**: '높음'은 3점, '중간'은 2점, '낮음'은 1점으로 설정합니다.
- **지속가능성**: '높음'은 3점, '중간'은 2점, '낮음'은 1점으로 설정합니다.

가중치를 부여하는 것은 공모전의 목표와 전략에 따라 달라질 수 있습니다. 예를 들어, 단기적인 효과를 중시한다면 '구매력'에 더 높은 가중치를 줄 수 있으며, 장기적인 관광지 지속가능성을 고려한다면 '지속가능성'에 더 높은 가중치를 줄 수 있습니다. 여기서는 모든 요소에 동일한 가중치를 부여한다고 가정하겠습니다.

이제 각 그룹별로 점수를 계산해 보겠습니다.

1. 젊은 성인 및 대학생:
- 고객 기반 규모: 3 (큼)
- 구매력: 2 (중간)
- 지속가능성: 3 (높음)
- 총합: 3 + 2 + 3 = 8

2. 국내 관광객
- 고객 기반 규모: 3 (큼)
- 구매력: 3 (높음)
- 지속가능성: 3 (높음)
- 총합: 3 + 3 + 3 = 9

3. 문화 애호가:
- 고객 기반 규모: 2 (중간)
- 구매력: 2 (중간)
- 지속가능성: 2 (중간)
- 총합: 2 + 2 + 2 = 6

4. 외국인 관광객:
- 고객 기반 규모: 2 (중간)
- 구매력: 3 (높음)
- 지속가능성: 1 (낮음)
- 총합: 2 + 3 + 1 = 6

5. 학교 그룹 (교육 관광):
- 고객 기반 규모: 2 (중간)
- 구매력: 1 (낮음)
- 지속가능성: 2 (중간)
- 총합: 2 + 1 + 2 = 5

6. 모험 및 자연 애호가:
- 고객 기반 규모: 2 (중간)
- 구매력: 2 (중간)
- 지속가능성: 2 (중간)
- 총합: 2 + 2 + 2 = 6

7. 노년층:
- 고객 기반 규모: 2 (중간)
- 구매력: 1 (낮음)
- 지속가능성: 2 (중간)
- 총합: 2 + 1 + 2 = 5

이 숫자들을 통해 각 대상 그룹의 홍보 효과에 대한 종합적인 평가를 할 수 있습니다. 가장 높은 점수를 받은 그룹은 '국내 관광객'이며, 이는 큰 고객 기반과 높은 구매력, 높은 지속가능성을 반영합니다.

위 결과를 통해서 국내 관광객이 가장 높은 점수를 갖고 있는 것을 확인했지만, 공모전의 세부 사항이 써 있던 '지속가능'에 초점을 맞춰서, 가중치를 주고 싶습니다. 공모전에서 지속가능성이 있는 작품에 가산점을 준다고 했으니, 저도 지속가능성에 가중치를 두고 계산을 다시 해보겠습니다.

Prompt

지속가능성에 가중치를 줄래. 가중치는 2배로 줘.

Chat GPT

지속가능성에 추가적인 가중치를 부여하면, 각 그룹의 총 점수는 다르게 계산됩니다. 지속가능성을 더 중요하게 고려하고자 한다면, 이 요소에 2배의 가중치를 주는 것이 합리적일 수 있습니다. 이에 따라 새로운 점수를 계산해 보겠습니다.

새로운 계산 방식은 다음과 같습니다:

- **고객 기반 규모**: '큼'은 3점, '중간'은 2점, '낮음'은 1점
- **구매력**: '높음'은 3점, '중간'은 2점, '낮음'은 1점
- **지속가능성(가중치 적용)**: '높음'은 6점(3점 x 2), '중간'은 4점(2점 x 2), '낮음'은 2점(1점 x 2)

이제 이 가중치를 적용하여 각 그룹의 새로운 총점을 계산해 보겠습니다.

각 대상 그룹에 대해 가중치를 적용한 새로운 점수는 다음과 같습니다:

1. 젊은 성인 및 대학생:
- 총합: 3 (고객 기반 규모) + 2 (구매력) + 6 (지속가능성 x 2) = 11

2. 국내 관광객
- 총합: 3 (고객 기반 규모) + 3 (구매력) + 6 (지속가능성 x 2) = 12

3. 문화 애호가:
- 총합: 2 (고객 기반 규모) + 2 (구매력) + 4 (지속가능성 x 2) = 8

4. 외국인관광객:
- 총합: 2 (고객 기반 규모) + 3 (구매력) + 2 (지속가능성 x 2) = 7

5. 학교 그룹 (교육 관광):
- 총합: 2 (고객 기반 규모) + 1 (구매력) + 4 (지속가능성 x 2) = 7

6. 모험 및 자연 애호가:
- 총합: 2 (고객 기반 규모) + 2 (구매력) + 4 (지속가능성 x 2) = 8

7. 노년층:
- 총합: 2 (고객 기반 규모) + 1 (구매력) + 4 (지속가능성 x 2) = 7

지속가능성에 더 큰 가중치를 부여한 결과, '국내 관광객'이 가장 높은 점수를 받았으며, 이는 장기적인 관광 활성화에 기여할 수 있는 중요한 요소입니다.

Prompt

위 결과를 표로 제시해 줘.

Chat GPT

물론입니다. 각 대상 그룹에 대한 가중치를 적용한 새로운 점수를 표 형태로 제시하겠습니다.

대상 그룹	고객 기반 규모	구매력	지속가능성 (가중치 적용)	총점 (가중치 적용)
젊은 성인 및 대학생	3	2	6	11
국내 관광객	3	3	6	12
문화 애호가	2	2	4	8
외국인 관광객	2	3	2	7
학교 그룹 (교육 관광)	2	1	4	7
모험 및 자연 애호가	2	2	4	8
노년층	2	1	4	7

이 표는 지속가능성에 추가 가중치를 부여한 후 각 대상 그룹의 총점을 나타냅니다. 이를 통해 장기적인 관광 활성화에 가장 효과적인 대상 그룹을 파악할 수 있습니다. 여기서 '국내 관광객'이 가장 높은 점수를 받았음을 알 수 있습니다.

국내 관광객에 가장 높은 점수를 주었습니다. 지금까지는 타깃 고객층에 대해 이야기를 했고, 이제부터는 페르소나에 대해 이야기해 보겠습니다.

페르소나는 특정 집단이나 개인을 대표하는 가상의 캐릭터나 프로필을 의미합니다. 공모전에서 페르소나를 만든다는 말은 '우리 관광 상품을 사용하게 될 가상의 고객층을 만든다'고 이해하시면 됩니다. 예를 들어 경주에 오는 국내 관광객도 커플도 있을 수 있고, 솔로끼리 올 수도 있고, 부모님과 올 수도 있고, 다양한 배경을 가진 사람들이 올 수 있겠죠? 그래서 이번엔 10명의 페르소나를 선정해 보겠습니다.

Prompt

 경주에 관심 있는 국내 관광객의 페르소나를 10명만 알려줘.

Chat GPT

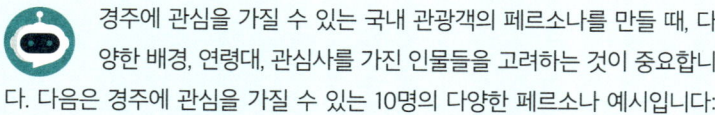 경주에 관심을 가질 수 있는 국내 관광객의 페르소나를 만들 때, 다양한 배경, 연령대, 관심사를 가진 인물들을 고려하는 것이 중요합니다. 다음은 경주에 관심을 가질 수 있는 10명의 다양한 페르소나 예시입니다:

1. 김지영 (25세, 대학생): 한국 역사에 관심이 많고, 경주의 역사적인 장소들을 방문하여 인스타그램에 사진을 올리고 싶어합니다.
2. 이철수 (40세, 중학교 교사): 학생들에게 역사 교육의 일환으로 경주의 문

화 유적지를 탐방할 계획을 세우고 있습니다.
3. **박민지 (32세, 프리랜서 작가)**: 한국의 전통 문화와 미술에 대한 책을 쓰고 있으며, 경주의 불국사와 석굴암에 대한 자료를 수집하기 위해 방문할 예정입니다.
4. **최은영 (28세, IT 전문가)**: 업무로 인한 스트레스 해소를 위해 역사적이고 평화로운 장소인 경주를 여행하길 원합니다.
5. **정태호 (55세, 은퇴자)**: 한국의 역사적인 도시들을 방문하는 것을 취미로 삼고 있으며, 경주는 그의 버킷리스트에 있습니다.
6. **김혜수 (37세, 가정주부)**: 가족과 함께 문화적인 체험을 하고자 하며, 아이들에게 한국의 역사를 가르치기 위해 경주 여행을 계획 중입니다.
7. **이상훈 (45세, 기업가)**: 역사적인 장소에서 영감을 받아 새로운 비즈니스 아이디어를 찾고자 하며, 경주의 고즈넉한 분위기에 매력을 느낍니다.
8. **조아라 (20세, 대학생)**: 한국 전통 문화에 관심이 많으며, 경주의 전통 마을과 공예품에 대해 배우고 싶어합니다.
9. **한지민 (29세, 마케팅 매니저)**: 회사의 팀 빌딩 여행을 계획 중이며, 경주의 다양한 역사적 명소와 활동을 통해 직원들의 단합을 도모하고자 합니다.
10. **유다인 (50세, 사진작가)**: 한국의 아름다운 풍경과 역사적 장소를 사진으로 담는 것을 좋아하며, 경주의 유적지와 자연 풍경을 촬영하기 위해 방문합니다.

이러한 페르소나들은 각기 다른 관점과 필요를 가지고 경주를 방문할 것이며, 이를 통해 경주 관광 상품 개발에 다양한 아이디어를 제공할 수 있습니다.

서로 다른 10명의 페르소나가 만들어졌습니다. 하지만 이 상태로는 어떻게 공모전을 준비해야 할지 감이 서지 않습니다. 그래서 위 10명의 페르소나를 그룹화(군집화)시켜서 이들의 공통점을 알아보겠습니다.

Prompt

 경주 여행에 관심 있는 페르소나를 군집화 해서 보여줄래.

Chat GPT

 경주 여행에 관심 있는 페르소나를 군집화하려면, 이들의 특성을 기반으로 몇 가지 주요 그룹으로 분류할 수 있습니다. 여기서는 이전에 제시한 페르소나를 기준으로 몇 가지 군집으로 나누어 보겠습니다:

1. 교육 및 학습에 중점을 둔 관광객:
- 이철수 (중학교 교사)
- 김혜수 (가정주부)
- 조아라 (대학생)

이 그룹은 경주의 역사적, 문화적 유산을 학습하고 가르치는 데 관심이 많습니다. 그들은 문화적 체험을 통해 지식을 얻고 싶어하며, 교육적인 여행을 선호합니다.

2. 개인적 휴식 및 영감을 찾는 여행자:
- 최은영 (IT 전문가)
- 정태호 (은퇴자)
- 이상훈 (기업가)

이 사용자들은 일상에서 벗어나 평화로운 환경에서 휴식을 취하거나 새로운 영감을 찾기 위해 경주를 방문합니다. 역사적인 장소에서 평온을 찾거나 창의적인 아이디어를 얻는 데 관심이 있습니다.

3. 문화적 체험 및 전통에 관심 있는 관광객:
- 김지영 (대학생)
- 박민지 (프리랜서 작가)
- 유다인 (사진작가)

이 그룹은 경주의 전통적인 문화와 예술에 관심이 있습니다. 사진 촬영, 글쓰기 또는 개인적인 체험을 통해 경주의 문화적 가치를 탐색하고자 합니다.

4. 기업 및 단체 관련 여행 계획자:
• 한지민 (마케팅 매니저)
이 페르소나는 회사 또는 단체의 여행을 계획하는 사람으로, 팀 빌딩이나 직원 교육에 적합한 장소와 활동을 찾습니다. 경주의 다양한 문화적, 역사적 활동이 이 목적에 맞을 수 있습니다.

이렇게 군집화된 페르소나는 경주 여행 상품 개발에 있어 다양한 사용자의 요구와 관심을 반영하는데 도움이 됩니다. 각 군집에 맞는 맞춤형 여행 상품 및 경험을 제공함으로써, 보다 효과적인 관광 활성화 전략을 수립할 수 있습니다.

한 명 한 명의 개인을 보는 것보다 군집화 해보니 공모전을 준비하는데 도움이 되는 것 같습니다. 이번에는 각 집단의 경주 관광에서의 니즈를 확인해 보도록 하겠습니다.

Prompt

각 집단별 니즈와 그들이 경주 관광에서 반드시 찾게 될 매력 요소, 경주 관광의 목표를 표로 보여줘.

Chat GPT

 각 집단별로 니즈, 경주 관광에서 찾을 수 있는 매력 요소, 그리고 경주 관광의 목표를 다음과 같이 표로 정리할 수 있습니다:

집단	니즈	경주 관광의 매력 요소	경주 관광의 목표
교육 및 학습 중점 관광객	역사적, 문화적 학습과 체험	불국사, 석굴암, 경주 역사유적지구, 국립경주박물관	교육적 가치와 역사적 이해 증진
개인적 휴식 및 영감을 찾는 여행자	평화로운 환경, 영감을 주는 장소	안압지, 동궁과 월지, 토함산, 경주 불국사	휴식과 영감을 제공하는 여행 경험 제공
문화적 체험 및 전통에 관심 있는 관광객	문화적 체험, 전통 예술과 공예 체험	양동마을, 첨성대, 경주 전통 공예품, 경주 한옥 마을	전통 문화의 재발견 및 체험
기업 및 단체 관련 여행 계획자	팀 빌딩, 직원 교육적 활동	경주 월드, 경주 엑스포 공원, 황리단길, 경주 역사 테마 파크	직원 교육 및 팀워크 증진을 위한 활동 제공

이 표는 경주 관광이 제공하는 다양한 매력 요소와 각 집단별 필요를 반영합니다. 경주는 그 역사적, 문화적 매력과 함께 다양한 관광객의 니즈를 만족시킬 수 있는 목적지입니다. 이러한 분석을 통해 경주 관광 상품 개발에 있어 보다 구체적이고 타깃에 적합한 접근 방식을 취할 수 있습니다.

Chat GPT가 각 집단들의 목표, 그들이 찾게 될 매력물, 그리고 니즈까지 분석해 주었습니다. 관광객들이 찾게 될 장소까지 함께 알려주었습니다. 어느 정도 공모전 타깃층에 대한 가닥이 잡혀가고 있습니다. 이번에는 문화와 전통에 관심 있는 커플을 위한 공모전을 준비해 보고 싶습니다.

> **Prompt**
>
> 문화적 체험과 전통에 관심있는 관광객 중, 커플을 대상으로 한 공모전을 기획하고 싶어. 커플의 페르소나를 만들어줘.

> **Chat GPT**
>
> 커플을 대상으로 경주 여행 공모전을 진행하기 위해 문화적 체험과 전통에 관심 있는 관광객의 페르소나를 만들어 보겠습니다:

이름: 최수연 & 이준호
나이: 두 사람 모두 30세
직업:
- 최수연: 미술 교사
- 이준호: 건축가

거주지: 서울
배경:
- 이들은 어릴 적부터 한국의 전통 문화와 역사에 관심이 많았습니다.
- 둘 다 대학에서 예술과 디자인을 전공했으며, 자주 문화적인 활동을 함께 합니다.
- 최수연은 학생들에게 한국의 전통 예술과 문화를 가르치는 것을 좋아하며, 이준호는 전통적인 요소를 현대적인 건축에 접목시키는 것에 관심이 많습니다.

관심사:
- 한국 전통 문화, 역사적인 장소 탐방, 예술과 디자인
- 여가 시간에는 한옥 마을 방문, 전통 공예 체험, 역사적인 사이트 탐색
- 서로의 취미를 공유하며, 문화적인 경험을 함께 즐기기를 좋아함

경주 여행 목적:
- 경주의 역사적인 장소와 문화적 매력을 체험하고, 이를 통해 예술적 영감을 얻고자 함

- 경주의 전통 공예품 제작 체험과 한옥에서의 하룻밤
- 경주의 아름다운 자연 풍경과 역사적인 장소를 배경으로 한 로맨틱한 시간 보내기

특별한 요구사항:
- 문화적 가치가 높은 장소에서의 식사와 체험을 선호
- 역사적인 배경이 있는 장소에서의 사진 촬영 기회
- 여유로운 일정으로 문화적인 경험을 깊이 있게 즐길 수 있는 프로그램 선호

이 페르소나는 문화적 체험과 전통에 관심 있는 커플 관광객의 특징을 잘 반영하고 있으며, 공모전 기획에 있어 타깃 관광객의 필요와 기대를 충족시키는 데 도움이 될 것입니다.

이렇게 한 커플의 페르소나가 만들어졌습니다. 이 커플의 여행 코스를 만들어 보겠습니다.

Prompt

최수연과 이준호 커플의 1박 2일 경주 여행 코스를 만들어 줘.

Chat GPT

최수연과 이준호 커플을 위한 1박 2일 경주 여행 코스를 다음과 같이 구성해 보겠습니다:

첫째 날: 역사와 문화의 발견

오전
- 도착 및 체크인: 경주 시내에 위치한 전통 한옥 게스트하우스에서 체크인. 한옥의 고즈넉한 분위기를 체험하며 여행의 시작을 알립니다.

- 불국사 탐방: 유네스코 세계문화유산으로 지정된 불국사 방문. 고대 신라의 불교 예술과 건축을 감상합니다.

점심
- 한식 체험: 경주 전통 시장에서의 전통 한식 점심. 지역의 신선한 재료로 만든 음식을 맛봅니다.

오후
- 첨성대와 안압지 방문: 신라시대 천문 관측소인 첨성대와 궁궐의 터인 안압지를 탐방하며 역사적인 배경에 대해 배웁니다.
- 경주 국립박물관 관람: 신라의 역사와 문화가 담긴 유물들을 감상하며 신라 역사에 대한 이해를 높입니다.

저녁
- 한옥에서의 저녁 식사: 게스트하우스에서 전통 한식으로 저녁 식사. 조용하고 고즈넉한 분위기에서의 식사를 즐깁니다.

밤
- 동궁과 월지 야경 감상: 밤에 더욱 아름다운 동궁과 월지의 야경을 산책하며 하루를 마무리합니다.

둘째 날: 전통과 자연 속에서
오전
- 양동마을 방문: 한국의 전통 마을인 양동마을을 방문하여 전통 가옥과 생활 방식을 체험합니다.
- 전통 공예품 체험: 마을 내 공방에서 전통 공예 체험을 통해 직접 공예품을 만들어 봅니다.

점심
- 지역 특색 있는 식당에서 점심: 경주의 전통 음식을 제공하는 지역 식당에서 점심 식사를 합니다.

오후
- 토함산 등반 또는 산책: 자연 속에서 휴식을 취하며, 토함산의 아름다운 경치를 감상합니다.
- 석굴암 방문: 세계문화유산인 석굴암을 방문하여 신라 불교 예술의 정수를

체험합니다.

저녁
- 경주 시내에서 자유 시간: 경주 시내를 자유롭게 산책하며 여행을 마무리합니다. 기념품 구매나 카페에서의 휴식 등을 즐깁니다.

이 여행 코스는 문화적 체험과 전통에 관심 있는 최수연과 이준호 커플이 경주의 역사적 매력과 전통을 깊이 있게 체험할 수 있도록 구성되었습니다.

글로 작성한 내용을 그림으로 볼 수 있다면 더 좋겠죠.

Prompt

이 여행코스를 그림으로 그려줄 수 있니?

Chat GPT

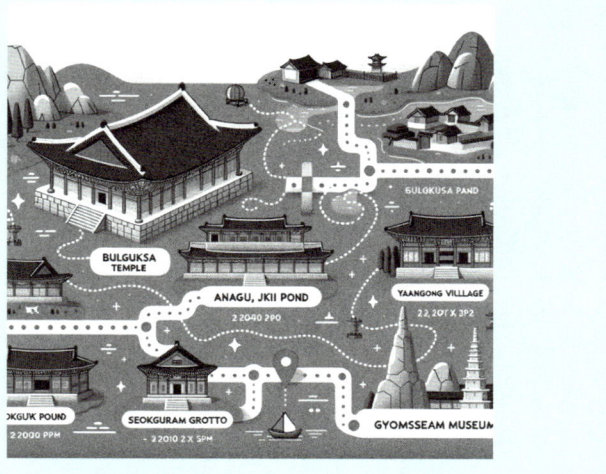

[그림 10] Dall-e를 활용해 그린 그림

여기 최수연과 이준호 커플의 2일간 경주 여행 코스를 나타낸 그림이 있습니다. 이 그림에는 불국사, 안압지, 양동마을, 석굴암, 경주 국립박물관, 첨성대와 같은 주요 목적지들이 포함되어 있으며, 각 목적지는 아이콘으로 표시되어 있습니다. 여행 경로는 점선으로 연결되어 있으며, 한옥 집과 토함산의 자연 경관과 같은 전통적인 한국 요소가 디자인에 포함되어 있습니다.

Dall-e가 위와 같이 그림을 그려줍니다. 이 정도만 해도 커플의 여행 루트를 소개하는데 충분하겠지만, 디테일을 살리고 싶다면, 각 여행 장소에서 이동하는 시간까지 함께 작성해도 좋을 것 같습니다.

Prompt

위 여행 스케줄에서 시간표도 작성해 줄래. 그 다음에 그림에 시간도 함께 넣어 줘.

Chat GPT

먼저 최수연과 이준호 커플의 2일간 경주 여행 코스에 대한 시간표를 작성하겠습니다:

첫째 날
- 09:00- 도착 및 체크인 (한옥 게스트하우스)
- 10:30- 불국사 탐방
- 12:30- 전통 시장에서 점심 식사
- 14:00- 첨성대와 안압지 방문
- 15:30- 경주 국립박물관 관람
- 17:30- 게스트하우스에서 저녁 식사
- 19:30- 동궁과 월지 야경 산책

둘째 날
- 09:00- 양동마을 방문 및 전통 공예품 체험
- 12:00- 지역 식당에서 점심 식사
- 13:30- 토함산 등반 또는 산책
- 15:00- 석굴암 방문
- 17:00- 경주 시내에서 자유 시간

이제 이 시간표를 포함하여 여행 코스 그림을 다시 그려 보겠습니다.

[그림 11] Dall-e를 활용해 그린 그림

여기 최수연과 이준호 커플의 2일간 경주 여행 코스에 대한 시간표가 포함된 그림이 있습니다. 각 목적지 옆에 해당 활동의 시간이 표시되어 있으며, 그림은 경주의 중요한 명소들과 전통적인 한국 요소를 색감 있고 매력적으로 표현하고 있습니다.

그런데 그림을 자세히 봤더니 시간과 이름이 앞에서 저희가 함께 이야기했던 내용과 다릅니다. 지금 보신 것처럼 그림 같은 경우는 아직 Dall-e가 디테일한 것을 묘사하는데 한계가 있습니다. 하지만 Chat GPT가 빠르게 발전하고 있기에 이 책이 출간되는 시점에 이미 이 한계점이 극복되었을 수도 있습니다. 그리고 ChatGPT를 활용해서 그림을 그리는 경우, 반드시 포토샵이나 다른 프로그램을 활용해 수정해야 합니다.

Q4 주의할 점

예상 타깃 선정에서 모험 및 자연애호가처럼 우리가 생각지도 못했던 예상 고객을 추천해 줄 수도 있습니다. 이렇게 고정관념을 깬다는 측면에서 Chat GPT는 상당히 도움이 됩니다. 하지만 Chat GPT는 훈련된 시점의 데이터를 기반으로 응답하기 때문에, 최신 시장 동향이나 고객 행동에 관한 데이터를 제공하는데 한계가 있습니다.

예를 들어, 최근의 소비자 트렌드, 신흥 시장의 동향, 특정 산업의 최신 발전 사항 등은 Chat GPT의 데이터 베이스에 포함되지 않을 수 있습니다. 이는 특히 빠르게 변화하는 시장 환경에서 타깃 고객 선정이나 페르소나 개발에 중요한 영향을 미칠 수 있습니다. 따라서 Chat GPT를 사용하여 이러한 결정을 내릴 때는 최신 시장 조사 보고서, 업계 분석, 소비자 설문조사 등 외부의 최신 데이터를 참고하여 보다 정확하고 현실적인 인사이트를 도출해야 합니다.

chapter 2   Chat GPT의 브랜드명 선정 방법

Q1   왜 Chat GPT를 써야할까?

공모전을 준비하는 과정에서 효과적인 브랜드 네이밍은 해당 지역의 관광 상품의 성공에 매우 중요한 역할을 합니다. 브랜드 네이밍을 통해 각 지역의 독특한 정체성과 차별성을 부각시킬 수 있습니다. 특히 각 지역이 지닌 역사적, 문화적 특성과 전통을 반영한 브랜드 이름은 그 지역만의 독특한 매력을 관광 상품에 더해줍니다. 이는 단순한 여행 경험을 넘어 문화적 여정을 제공하며, 관광객들에게 강한 인상을 남깁니다.

또한, 창의적이고 기억에 남는 네이밍은 마케팅과 홍보에서 큰 역할을 하며, 소셜 미디어와 디지털 마케팅이 중요해진 현대에서 빠른 소문의 전파와 높은 인지도 형성에 큰 도움이 됩니다. 마지막으로, 효과적인 브랜드 네이밍은 지역의 문화적 가치와 이야기를 전달하는 데 중요한 역할을 합니다. 역사적 배경, 전설, 문화적 상징을 담은 네이밍은 강렬한 스토리텔링을 통해 관광객들과의 감정적 연결을 강화합니다. 이러한 스토리텔링은 관광객들이 해당 지역의 깊은 문화를 이해하고 경험하는 데 도움을 주며, 결국 관광 상품의 매력을 증가시키고 지역에 대한 관심을 유도합니다.

공모전에서 브랜드 네이밍을 수행할 때 Chat GPT를 사용하는 것은 다음과 같은 장점을 가집니다. 무엇보다 Chat GPT의 뛰어난 창의력을 활용할 수 있습니다. Chat GPT는 방대한 양의 데이터와 다양한 문화적, 언어적 자료를 기반으로 창의적이고 혁신적인 아이디어를 생성합니다. 이는 브랜드 네이밍 과정에서 독특하고 기억에 남는 이름을 찾는 데 큰 도움이 됩니다.

그리고 Chat GPT는 다양한 분야와 주제에 대한 깊은 지식을 바탕으로 폭넓은 네이밍 옵션을 제공합니다. 이는 특정 산업이나 시장에 제한되지 않고 다양한 옵션을 탐색하고자 하는 경우에 매우 유용합니다. 브랜드 네이밍에 있어서 창의성과 다양성은 매우 중요한 요소이며, Chat GPT는 이러한 요소를 강화시켜 줄 수 있는 훌륭한 도구입니다. 따라서 공모전에서 돋보이고 효과적인 브랜드 네임을 개발하고자 할 때 Chat GPT의 활용은 매우 가치 있는 선택이 될 수 있습니다.

Q2. 대학생이 활용가능한 프롬프트 리스트

- 친환경적인 여행사를 위한 브랜드 이름을 제안해 줘.
- 첨단 기술을 사용하는 피트니스 앱에 어울리는 브랜드 네임을 생각해 줘.
- 유기농 제품을 판매하는 스타트업을 위한 창의적인 브랜드 이름을 만들어 줘.
- 아동용 교육 앱에 적합한 재미있고 기억하기 쉬운 브랜드 이름을 찾아줘.
- 고급스러운 핸드메이드 주얼리 브랜드를 위한 우아한 네이밍을 제안해 줘.
- 지속가능한 패션 브랜드를 위한 현대적이고 세련된 이름을 생각해 줘.

- 건강 음료 회사를 위한 상쾌하고 에너지 넘치는 브랜드 이름을 만들어 줘.
- 디지털 마케팅 에이전시를 위한 혁신적인 브랜드 네이밍을 제공해 줘.
- 자연 친화적인 홈 데코 브랜드에 어울리는 이름을 찾아줘.
- 심리상담 서비스를 위한 신뢰감을 주는 브랜드 이름을 생각해 줘.
- 여행용 가방 브랜드를 위한 모험적이고 매력적인 이름을 제안해 줘.
- 채식주의자를 위한 레스토랑 브랜드에 어울리는 건강한 느낌의 이름을 만들어 줘.
- 아트 갤러리를 위한 독창적이고 예술적인 브랜드 네이밍을 제공해 줘.
- 유아용 장난감 회사를 위한 친근하고 재미있는 브랜드 이름을 찾아줘.
- 스마트홈 기술 제품을 위한 미래 지향적인 브랜드 네이밍을 생각해 줘.

Q3 실제 활용 사례

공모전 지역을 경주로 잡고 '경주'하면 떠오르는 키워드를 찾아보겠습니다. 일반적으로 빅데이터 분석법 중 하나인 텍스트마이닝을 통해서 이런 정보를 얻을 수 있지만, 우리는 Chat GPT를 활용해서 간단히 경주 관련 키워드를 찾을 수 있습니다.

Prompt

 너는 경주 지역 마케팅 전문가야. 경주 지역과 관련된 키워드를 찾고 싶은데, 이는 경주 지역을 주제로 한 공모전 준비를 위해 필요해. 목표는 경주와 연관된 주요 키워드 20개를 찾아내는 것이야. 경주와 연상되는 키워드 20개를 1분 분량으로 작성해 줘.

Chat GPT

 경주와 연관된 키워드를 20개 정리해보았습니다:

1. 신라 : 경주는 신라 왕국의 수도였습니다.
2. 불국사 : 유명한 불교 사찰로, 경주의 대표적인 관광지입니다.
3. 석굴암 : 세계적으로 유명한 불교 석굴 사원입니다.
4. 첨성대- 신라시대의 천문 관측대입니다.
5. 경주역사유적지구 : 유네스코 세계문화유산에 등재된 지역입니다.
6. 황룡사 : 신라시대의 대표적인 사찰이었던 곳입니다.
7. 안압지(동궁과 월지) : 신라 왕관의 연못과 정원으로 유명합니다.
8. 토함산 : 경주의 대표적인 산으로, 석굴암이 위치해 있습니다.
9. 경주월드 : 경주에 위치한 대형 놀이공원입니다.
10. 신라문화제 : 경주에서 매년 열리는 문화 축제입니다.
11. 황남빵 : 경주의 유명한 지역 특산품입니다.
12. 계림 : 김 씨 왕조의 시조, 김알지의 탄생 설화가 깃든 숲입니다.
13. 경주국립박물관 : 신라의 역사와 문화를 전시하는 박물관입니다.
14. 양동마을 : 전통적인 한옥 마을로 유명합니다.
15. 삼릉숲 : 경주에서 가장 아름다운 소나무 숲입니다.
16. 대릉원 : 신라 왕족의 무덤이 있는 고분군입니다.
17. 포석정 : 경주의 유명한 전통 정자로, 아름다운 경치를 자랑합니다.
18. 신라금관 : 신라 왕들이 사용했던 화려한 금관입니다.
19. 월정교 : 경주 안압지에 있는 아름다운 다리입니다.
20. 교촌마을 : 경주의 전통적인 주거지역으로, 역사적 가치가 높은 지역입니다.

다양한 분야의 20개 키워드가 도출되었습니다. 역사적 유적지, 자연 및 레저명소, 문화 행사 및 특산품으로 구분할 수 있습니다. 하지만 위 자료를 통해 경주의 정체성을 명확하게 찾을 수 있을까요? 신라와 관련한 것이긴 하지만 조금 애매해 보입니다. 브랜드는 그 지역의 정체성을 담고 있어야 하기 때문입니다.

> **Prompt**
>
> 경주를 떠올릴 때 일반적으로 사람들이 갖는 느낌이나 표현을 알려 줘.

> **Chat GPT**
>
> 경주를 떠올릴 때 일반적으로 사람들이 갖는 느낌이나 표현은 이 지역의 풍부한 역사와 문화적 배경에서 비롯됩니다. 이들은 일반적으로 다음과 같은 감정이나 표현을 가질 수 있습니다:
>
> 1. **자부심**: 경주의 역사적 배경과 문화적 유산에 대한 자부심을 갖고 있습니다. 신라 왕국의 수도였던 곳으로서, 이 지역의 고대 유적과 전통은 주민들과 방문객 모두에게 큰 자부심을 느끼게 합니다.
> 2. **경외감과 존경심**: 경주의 역사적 유적지, 예를 들어 불국사, 석굴암, 첨성대 등을 방문하는 사람들은 종종 그곳의 고대 건축과 예술에 대해 경외감을 느끼고, 신라시대의 문화와 기술에 대한 존경심을 표합니다.
> 3. **평화롭고 고요한 느낌**: 경주의 고요한 사찰, 아름다운 자연 경관, 잘 보존된 역사적 장소들은 방문객들에게 평화롭고 차분한 느낌을 줍니다. 이러한 환경은 명상적이고 반성적인 분위기를 조성합니다.
> 4. **호기심과 탐험심**: 경주의 풍부한 역사와 문화는 관광객들에게 호기심을 자극합니다. 고대 신라의 역사, 전설, 전통을 탐구하고자 하는 열정이 많은 사람들에게 있습니다.
> 5. **영감**: 예술가, 작가, 역사학자 등 많은 창작자들에게 경주는 영감을 주는 장소입니다. 이곳의 역사적 유적과 아름다운 풍경은 창의적인 작업에 영감을 줄 수 있습니다.
> 6. **역사적 연결감**: 경주를 방문하는 이들은 과거와 현재의 연결을 느끼며, 신라시대와 현대 사이의 시간적 여행을 경험합니다. 이것은 역사를 체험하고 실감하는 독특한 감정을 가져다줍니다.
> 7. **문화적 감사**: 경주의 전통과 문화적 유산을 경험한 많은 사람들은 이 지역의 보존된 문화와 전통에 대한 감사함을 표현합니다.

이러한 느낌과 표현들은 경주와 관련된 일반대중의 감정이라고 볼 수 있습니다. 자부심, 존경심부터 평화, 호기심, 영감 등 다양한 분야의 느낌과 표현들이 등장했습니다. 이번에는 조금 더 구체적으로 형용사로 다시 요청해 보겠습니다.

> **Prompt**
>
>
> 경주하면 떠오르는 일반인의 느낌을 형용사 10개로 표현해 줘. 그리고 그 사례를 각각 하나씩만 보여줘.

> **Chat GPT**
>
>
> 1. **역사적인(Historical)**: 경주는 신라시대의 수도였기 때문에, 방문객들은 첨성대 같은 고대 건축물을 보며 역사적인 분위기를 느낍니다.
> 2. **신비로운(Mystical)**: 석굴암과 같은 사찰의 불상들이 주는 신비로운 분위기는 경주만의 독특한 매력입니다.
> 3. **평화로운(Peaceful)**: 경주의 아름다운 동궁과 월지(안압지)를 산책하며 평화로움을 느낍니다.
> 4. **고요한(Tranquil)**: 토함산의 조용한 숲속을 거닐며 고요함을 체험할 수 있습니다.
> 5. **경외감을 주는(Awe-inspiring)**: 불국사의 웅장한 모습과 세세한 조각들은 관람객들에게 경외감을 줍니다.
> 6. **영감을 주는(Inspiring)**: 경주의 전통 한옥이 즐비한 양동마을은 예술가들에게 영감을 제공합니다.
> 7. **매혹적인(Enchanting)**: 황룡사의 역사적인 이야기와 유적은 방문객들에게 매혹적인 경험을 선사합니다.
> 8. **고대의(Ancient)**: 대릉원의 신라시대 고분들은 고대의 역사를 고스란히 느끼게 합니다.

9. 전통적인(Traditional): 황남빵과 같은 전통적인 지역 특산품은 경주의 전통을 맛볼 수 있게 해줍니다.
10. 문화적인(Cultural): 매년 열리는 신라문화제는 경주의 풍부한 문화적 유산을 체험할 수 있는 기회를 제공합니다.

이러한 형용사들은 경주를 방문하거나 경주에 대해 생각할 때 일반인들이 흔히 느끼는 감정과 인상을 잘 나타냅니다

이번에는 제시된 10개의 느낌 가운데 중요한 5개만 뽑아서, 경주에 대한 느낌을 찾아보도록 하겠습니다.

Prompt

 위 10개 형용사 가운데 경주와 가장 관련 깊은 형용사 5개만 골라 줘.

Chat GPT

 경주와 가장 관련 깊은 형용사 다섯 가지를 골라 드리겠습니다:

1. 역사적인(Historical): 신라 시대의 수도로서 경주의 풍부한 역사는 도시의 정체성을 형성하는 핵심 요소입니다.
2. 신비로운(Mystical): 석굴암과 같은 고대 사찰이 주는 신비로운 분위기는 경주만의 특별한 매력을 만들어냅니다.
3. 경외감을 주는(Awe-inspiring): 불국사의 웅장한 건축과 세밀한 조각은 방문객들에게 깊은 인상을 남깁니다.
4. 고대의(Ancient): 대릉원의 신라시대 고분군은 고대 신라의 역사를 생생하게 전달합니다.

5. **문화적인(Cultural)**: 신라문화제와 같은 행사는 경주의 풍부한 문화적 유산을 보여주는 중요한 사례입니다.

이 다섯 가지 형용사는 경주의 역사, 문화, 그리고 건축적 아름다움을 잘 반영하며, 경주를 대표하는 특성들로 볼 수 있습니다.

경주가 가진 유니크함을 찾기 위해 경주와 비슷한 분위기를 갖고 있는 지역을 찾아보겠습니다.

Prompt

위 5개를 비슷하게 갖고 있는 다른 지역을 5군데만 추천해 줘. 어느 나라든지 상관없어.

Chat GPT

경주와 유사한 역사적, 문화적, 건축적 특성을 지닌 전 세계의 다른 지역 다섯 곳을 추천해 드리겠습니다:

1. **교토(일본)**: 역사적인 사찰, 정원, 고대 건축물들이 많이 남아 있는 도시로, 교토는 일본의 고대 문화와 전통을 잘 보존하고 있는 곳입니다.
2. **루앙프라방(라오스)**: 유네스코 세계문화유산으로 지정된 이 도시는 고대 불교 사원들과 전통적인 라오스 건축 양식으로 유명합니다.
3. **이스탄불(터키)**: 이스탄불은 비잔틴 제국과 오스만 제국의 역사를 간직한 도시로, 경외감을 주는 건축물과 풍부한 문화적 유산을 지니고 있습니다.
4. **시안(중국)**: 중국의 고대 수도로, 테라코타 군대와 같은 고대 유적으로 유명하며, 중국의 오랜 역사와 문화를 간직하고 있습니다.
5. **로마(이탈리아)**: 고대 로마 제국의 수도였던 로마는 콜로세움, 포럼, 판테

온 등의 유적으로 세계적으로 유명하며, 건축과 역사적인 면에서 경주와 유사한 매력을 가지고 있습니다.

이들 지역은 각각 자신들만의 독특한 방식으로 고대의 역사와 문화를 보존하고 있으며, 방문객들에게 신비로운 경험과 깊은 문화적 인상을 남깁니다.

5곳 모두 역사적인 스토리를 갖고 있는 지역입니다. 경주의 차별성을 찾기 위해서 다른 지역과 다른 점이 무엇인지 확인해 보겠습니다. 이번에는 경주를 포함해서 각 지역들이 갖고 있는 특이점을 비교해 보도록 하겠습니다.

Prompt

경주를 포함해서 6개 지역이 갖고 있는 차이점을 구분해 줘. 표로 나타내 줘.

Chat GPT

다음은 경주를 포함한 6개 지역의 차이점을 나타내는 표입니다:

특징	경주 (한국)	교토 (일본)	루앙프라방 (라오스)	이스탄불 (터키)	시안 (중국)	로마 (이탈리아)
역사	신라 왕국의 수도	일본의 고도	고대 라오스 왕국의 수도	비잔틴과 오스만 제국의 수도	중국 고대 수도	로마 제국의 수도
주요 유적	불국사, 첨성대, 석굴암	기요미즈데라, 골든 파빌리온	와트 시엥통	아야 소피아, 블루 모스크	테라코타 군대, 무츠 장군 묘	콜로세움, 판테온
문화	신라 문화와 전통	일본 전통 문화	라오스 전통 문화	터키 이슬람 문화	중국 고대 문화	고대 로마 문화

건축 양식	고대 신라 건축	일본식 전통 건축	라오스식 전통 건축	비잔틴 및 오스만 건축	중국 전통 건축	고전 로마 건축
대표적인 종교	불교	불교, 신토	불교	이슬람	중국 전통 종교	기독교
지리적 위치	동아시아	동아시아	동남아시아	유라시아	동아시아	유럽

각 지역은 자신만의 독특한 역사, 문화, 건축 양식, 종교적 배경, 그리고 지리적 위치를 가지고 있어, 방문객들에게 제각기 다른 경험을 제공합니다.

각 지역의 역사, 유적, 문화, 건축 양식 등등 다양한 분야가 제시되고 있습니다. 하지만 브랜드 네이밍을 하기 위해서는 여러 지역에 대한 자세한 소개보다 단 하나의 킬링 포인트(핵심)가 필요합니다. 그래서 다시 묻겠습니다.

Prompt

각각 6개 지역의 핵심 키워드를 뽑는다면?

Chat GPT

6개 지역의 핵심 키워드를 뽑아보면 다음과 같습니다:

1. **경주(한국)**: "신라의 유산" - 경주는 신라 왕국의 역사적 유산과 문화를 대표합니다.
2. **교토(일본)**: "전통적인 일본" - 교토는 일본의 전통적인 문화와 건축 양식을 잘 보존한 도시입니다.
3. **루앙프라방(라오스)**: "불교 문화" - 루앙프라방은 라오스의 불교 문화와

전통적인 라오스 건축을 대표합니다.

4. 이스탄불(터키): "동서양의 교차점" – 이스탄불은 동서양 문화가 융합된 독특한 문화적 배경을 가진 도시입니다.

5. 시안(중국): "고대 중국" – 시안은 중국의 고대 역사와 문화, 특히 테라코타 군대로 유명합니다.

6. 로마(이탈리아): "고대 로마 문명" – 로마는 고대 로마 제국의 역사와 건축, 문화를 대표하는 도시입니다.

각 지역은 이러한 핵심 키워드를 통해 자신들만의 독특한 역사적, 문화적 정체성을 드러냅니다.

여러 비슷한 지역과 비교를 해보니 결국 경주의 핵심적인 키워드는 "신라의 유산"임을 알 수 있습니다. 여기서 다시 질문해 보겠습니다.

Prompt

지금까지의 대화를 기반으로 경주에 대한 연상 키워드, 연관 형용사, 비슷한 다른 지역과의 차별성을 고려해서 경주를 드러낼 수 있는 3개의 브랜딩 사례를 보여줄래.

Chat GPT

경주에 대한 연상 키워드, 연관 형용사, 그리고 비슷한 다른 지역과의 차별성을 고려하여 경주를 드러낼 수 있는 브랜딩 사례 세 가지를 제시하겠습니다:

1. **브랜드명: Silla Essence**
   - **설명:** 'Silla Essence'는 신라의 본질적인 가치와 유산을 강조합니다. 이 브

랜드는 경주가 신라 왕국의 역사적, 문화적 중심지였음을 드러내며, 고대 신라의 문화와 전통을 현대적인 관점으로 재해석하는 컨셉트를 가지고 있습니다.
- **키워드**: 역사적인, 신비로운, 문화적인
- **대상**: 역사와 문화에 관심이 많은 관광객 및 교육적인 목적을 가진 방문객들

2. 브랜드명: Gyeongju Mystique
- **설명**: 'Gyeongju Mystique'는 경주의 신비롭고 마법 같은 매력을 강조합니다. 이 브랜드는 석굴암의 신비로움, 첨성대의 아름다움 등 경주만의 독특한 분위기와 이야기를 전달하려 합니다.
- **키워드**: 신비로운, 경외감을 주는, 평화로운
- **대상**: 모험을 즐기고 비밀스러운 역사의 매력에 빠지고 싶어하는 여행자들

3. 브랜드명: Royal Gyeongju
- **설명**: 'Royal Gyeongju'는 경주가 한때 신라 왕국의 수도였던 점에 초점을 맞추고, 왕실과 관련된 유적과 문화를 강조합니다. 이 브랜드는 대릉원의 왕릉들, 신라금관의 화려함 등을 통해 왕실의 삶과 역사를 탐험하는 여정을 제안합니다.
- **키워드**: 고대의, 영감을 주는, 전통적인
- **대상**: 역사적 배경과 왕실 문화에 특별한 관심을 가진 관광객들

각각의 브랜딩 사례는 경주의 독특한 역사적, 문화적 특성을 기반으로 하며, 다양한 관광객들의 관심을 끌고 이들에게 경주만의 독특한 매력을 전달하기 위해 고안되었습니다.

신라와 관련된 특색있는 브랜딩 사례가 등장했다고 생각합니다. 여기에 추가적으로 최신 관광 트렌드를 입혀보겠습니다.

Prompt

요즘 관광 분야에서 가장 사람들의 관심이 많은 트렌드 3가지가 뭘까?

Chat GPT

2024년 현재, 관광 분야에서 사람들의 관심을 끄는 주요 트렌드 세 가지는 다음과 같습니다:

1. 지속가능한 관광(Sustainable Tourism): 환경 보호와 지속가능성에 대한 전 세계적인 인식 증가로 인해, 지속가능한 관광이 큰 주목을 받고 있습니다. 이는 현지 문화와 환경을 존중하고 보존하는 방식으로 여행을 하는 것을 의미합니다. 에코투어리즘, 책임감 있는 여행, 탄소 발자국 최소화 등이 이 트렌드에 포함됩니다.

2. 디지털 노마드와 워케이션(Workation): 팬데믹 이후 원격 근무가 보편화되면서, 많은 사람들이 일과 여행을 결합하는 새로운 방식의 여행을 탐험하고 있습니다. '디지털 노마드' 또는 '워케이션'이라 불리는 이 트렌드는 장기적인 숙박, 좋은 인터넷 연결, 작업에 적합한 환경을 제공하는 여행지의 인기를 높이고 있습니다.

3. 체험 중심 여행(Experiential Travel): 사람들은 단순히 관광 명소를 방문하는 것을 넘어서 현지 문화를 직접 체험하고자 하는 경향이 증가하고 있습니다. 이러한 체험 중심 여행은 로컬 푸드 탐방, 전통 예술과 공예 체험, 현지인과의 교류, 자연과의 밀접한 상호작용 등을 포함합니다. 이 트렌드는 여행자들에게 더 깊이 있는 여행 경험을 제공합니다.

이러한 트렌드들은 여행의 방식과 목적에 대한 현대인의 태도 변화를 반영하고 있으며, 앞으로도 여행 산업에 지속적인 영향을 미칠 것으로 예상됩니다.

관광 분야에서 가장 관심받고 있는 지속가능한 관광, 디지털 노마드, 워케이션, 체험중심 경험을 이야기해 주고 있습니다.

Prompt

요즘 트렌드를 기반으로 경주 브랜딩을 다시 해줘. 10개 사례를 보여줄래?

Chat GPT

현재의 관광 트렌드를 기반으로 경주의 브랜딩을 새롭게 제안하는 10가지 사례는 다음과 같습니다:

1. **에코 경주(Eco Gyeongju):** 지속가능한 관광에 초점을 맞추어, 경주의 자연보호 구역과 에코 투어 프로그램을 강조합니다.
2. **디지털 노마드 경주(Digital Nomad Gyeongju):** 원격 근무자를 위한 편의시설을 갖춘 숙박 시설 및 카페를 홍보하여, 디지털 노마드와 워케이션 여행객을 유치합니다.
3. **경주 체험 여행(Gyeongju Experiential Trip):** 현지 문화 체험, 전통 공예 워크숍, 지역 축제 참여 등을 통해 관광객들에게 심층적인 체험을 제공합니다.
4. **그린 경주(Green Gyeongju):** 경주의 자연 트래킹 코스, 자전거 여행 경로 등을 통해 친환경적인 여행 옵션을 제공합니다.
5. **경주 로컬 테이스트(Gyeongju Local Taste):** 지역 농가와 연계한 농촌 체험 및 전통 음식 체험 프로그램을 개발합니다.
6. **경주 역사 탐험(Gyeongju History Exploration):** 신라 역사와 문화를 체험할 수 있는 가이드 투어 및 역사 탐험 프로그램을 제공합니다.
7. **경주 아트 앤 크래프트(Gyeongju Art & Craft):** 현지 예술가와 공예가들과의 만남을 통해 경주만의 예술과 공예품을 체험하는 프로그램을 운영합니다.

8. **경주의 밤(Gyeongju Nights)**: 경주의 역사적인 장소에서의 야간 투어 및 문화 공연을 통해 낭만적인 야간 관광을 제공합니다.

9. **경주 웰니스 여행(Gyeongju Wellness Trip)**: 경주의 전통 사찰에서의 명상, 요가 클래스 및 웰니스 프로그램을 통해 건강과 힐링을 추구하는 여행객을 유치합니다.

10. **경주 타임 트래블(Gyeongju Time Travel)**: 가상현실(VR)과 증강현실(AR)을 활용하여 신라시대로의 시간 여행 체험을 제공하는 미래지향적인 관광 프로그램을 개발합니다.

이러한 브랜딩 사례들은 최신 관광 트렌드를 반영하면서도 경주의 고유한 매력을 살리는 방식으로 구성되어, 다양한 관광객의 관심과 요구를 충족시킬 수 있을 것입니다.

앞서 나왔던 'Silla Essence', 'Gyeongju Mystique', 'Royal Gyeongju' 보다 끌리지 않습니다. 너무 일반적인 답변이 나온 것 같군요. 이번엔 가짓수를 줄여서 다시 요청하겠습니다.

Prompt

너무 일반적인 브랜딩 같아. 5개만 다시 만들어 줄래. 사람들의 관심을 끌 수 있게 만들어봐.

Chat GPT

경주의 특성을 살리면서도 사람들의 관심을 끌 수 있는 창의적이고 독특한 브랜딩 아이디어 다섯 가지를 제안해 보겠습니다:

1. **시간여행자의 경주(Gyeongju Time Capsule)**: 가상현실(VR) 기술을 활용

하여 신라시대로 시간여행을 하는 체험을 제공합니다. 이는 고대 신라의 생활, 문화, 건축을 체험할 수 있는 기회를 제공하며, 교육적이면서도 재미있는 체험이 될 수 있습니다.

2. 경주 신비의 밤(Mystic Nights in Gyeongju): 경주의 역사적인 장소에서 진행되는 야간 라이트업 이벤트와 전통 공연을 결합합니다. 예를 들어, 첨성대나 불국사를 환상적인 조명과 함께 밤에 탐험하는 프로그램은 방문객에게 색다른 경험을 제공합니다.

3. 경주 고스트 투어(Gyeongju Ghost Tour): 신라의 전설과 괴담을 바탕으로 한 테마 투어 프로그램을 개발합니다. 이는 역사적 사실과 전설을 결합한 스토리텔링으로, 특히 젊은 관광객들에게 인기를 끌 수 있습니다.

4. 경주 로컬 셰프(Gyeongju Local Chef): 현지인 셰프와 함께하는 전통 요리 체험 프로그램입니다. 참가자들은 경주의 전통 시장을 방문하고, 현지 재료를 사용하여 전통 음식을 만들어 볼 수 있습니다. 이는 지역 문화에 대한 깊은 이해와 함께 미각의 즐거움을 제공합니다.

5. 경주 신라 사진 스튜디오(Silla Photo Studio in Gyeongju): 전통 신라 복장을 입고 고대 신라시대의 배경에서 사진을 찍을 수 있는 체험을 제공합니다. 방문객들은 고대 왕이나 귀족으로 변신하여 독특한 추억을 만들 수 있습니다.

이러한 브랜딩 아이디어들은 경주의 역사적, 문화적 매력을 현대적이고 창의적인 방식으로 풀어내어, 다양한 관광객들에게 흥미로운 경험을 제공할 것입니다.

위에 제시된 10개 답변보다는 훨씬 좋은 것 같습니다. 이번엔 5개 브랜드명을 비교해 보도록 하겠습니다. 비교 대상은 네이밍의 매력성, 발음 용이성, 기억성, 차별성으로 구분하겠습니다.

Prompt

위 브랜딩 네이밍의 순위를 매겨 줘. 네이밍의 매력성, 발음 용이성, 기억성, 차별성으로 점수를 매길거야. 순위를 매기면서 궁금한 것이 있다면 나에게 다시 질문해 줘. 결과는 표로 보여줘.

Chat GPT

아래는 경주 브랜드 네이밍에 대한 평가 결과를 표로 나타낸 것입니다:

순위	브랜드 네이밍	매력성	발음 용이성	기억성	차별성	총점
1	경주 신비의 밤	5	4	5	4	18
2	시간여행자의 경주	4	3	4	5	16
3	경주 로컬 셰프	4	4	4	3	15
4	경주 고스트 투어	3	4	3	4	14
5	경주 신라 사진 스튜디오	4	3	4	3	14

이 표는 각 브랜드 네이밍의 매력성, 발음 용이성, 기억성, 차별성에 따른 점수를 기반으로 총점과 순위를 나타냅니다. '경주 신비의 밤'이 종합적으로 가장 높은 점수를 받아 1위를 차지했습니다.

'경주 신비의 밤'이라는 브랜드 네이밍을 1등으로 뽑아 주었습니다. 이번엔 브랜드 네이밍에 어울리는 로고를 만들어 보겠습니다.

바로 "로고를 만들어 줘"라고 해도 괜찮습니다. 하지만 먼저 "로고에는 어떤 의미가 들어가야 할까?"라고 물어본다면, Chat GPT는 해당 내용을 스스로 학습하면서 로고에 들어가야 할 내용들을 빠짐없이 정리해 줍니다.

Prompt

경주 신비의 밤이 제일 좋아. 이번에는 우리 브랜드와 어울리는 로고를 만들고 싶어. 로고에는 어떤 의미가 들어가야 할까?

Chat GPT

'경주 신비의 밤'이라는 브랜드에 어울리는 로고를 만들기 위해 다음과 같은 의미와 요소들을 포함할 수 있습니다:

1. **별과 달**: 경주의 밤하늘 아래 역사적인 유적지를 탐험한다는 의미를 나타내며, 신비롭고 낭만적인 분위기를 조성합니다.

2. **전통 한국 문양**: 경주의 역사적 배경을 상징하는 전통적인 한국 문양 또는 신라시대의 상징적인 문양을 사용하여 문화적 유산을 강조할 수 있습니다.

3. **역사적 유적의 실루엣**: 첨성대나 불국사 등 경주의 대표적인 유적지의 실루엣을 사용하여, 방문객들이 경험할 수 있는 역사적인 장소들을 상징적으로 표현할 수 있습니다.

4. **은은한 빛의 효과**: 신비롭고 마법 같은 느낌을 주기 위해 은은하게 빛나는 효과를 로고 디자인에 추가할 수 있습니다.

5. **고색창연한 색상**: 고대의 느낌을 전달하기 위해 고색창연한 색상 조합을 사용하여 전통과 현대가 어우러진 느낌을 줄 수 있습니다.

이러한 요소들은 '경주 신비의 밤' 브랜드의 정체성과 매력을 잘 드러내면서, 관광객들에게 기억에 남는 이미지를 제공할 수 있을 것입니다.

로고에 포함되는 요인들을 확인했습니다. 이제 그 요소들을 포함해서 로고를 만들면 되겠죠.

Prompt

 위 5개 요소들을 꼭 포함해 줘. 특히 역사적 유적의 실루엣을 강조한 로고를 만들고 싶어. 로고 샘플을 3개만 보여줄래.

Chat GPT

[그림 12] Dall-e를 활용해 그린 그림

여기 '경주 신비의 밤'을 상징하는 세 가지 브랜드 로고 샘플이 있습니다. 각각의 로고는 별과 달, 전통 한국 문양, 경주의 역사적 유적 실루엣, 은은한 빛의 효과, 그리고 고색창연한 색상 조합을 포함하여 디자인되었습니다. 이 로고들은 경주의 신비로운 밤과 문화적 유산을 효과적으로 나타내고 있습니다.

그림 내에 글자가 틀리게 나오는 현상이 확인되지만, 현 시점에서는 어쩔 수 없어 보입니다. 이런 세세한 부분은 여러분이 다른 프로그램을 활용하여 추가적으로 보정작업을 해야 할 것 같습니다.

Q4 주의할 점

브랜드 네이밍 과정에서 Chat GPT를 사용할 때는 특히 저작권 및 상표권 문제와 문화적 민감성 및 적합성을 고려해야 합니다. 먼저, Chat GPT가 제안하는 브랜드 이름이 이미 다른 회사나 제품에 의해 사용되고 있거나 상표 등록이 되어 있는 경우가 있을 수 있습니다. 이는 법적 문제를 야기할 수 있으므로, 제안된 이름을 최종적으로 결정하기 전에 반드시 상표 데이터베이스를 검색하고, 필요한 경우 법률 전문가의 조언을 구하는 것이 중요합니다.

또한, 다른 문화나 지역에서의 민감성을 고려하는 것도 중요합니다. Chat GPT는 광범위한 데이터를 기반으로 하지만, 모든 문화적 뉘앙스나 최신의 사회적 트렌드를 완벽하게 파악하기 어려울 수 있습니다. 따라서 제안된 이름이 특정 문화나 지역에서 부정적인 의미를 가지거나 불쾌감을 줄 수 있는지를 주의 깊게 검토하고, 다양한 배경을 가진 사람들의 의견을 듣는 것이 바람직합니다. 이러한 검토 과정을 통해 브랜드 네이밍 시 발생할 수 있는 잠재적인 문제를 예방하고, 보다 성공적이고 문화적으로 적합한 브랜드 이름을 개발할 수 있습니다.

PART **05**

동아리 활동

CHAT GPT

chapter 1 Chat GPT와 함께하는 효과적인 설문지 작성법

Q1 왜 Chat GPT를 써야할까?

Chat GPT를 활용하면 설문 문항을 만드는 과정이 훨씬 수월해집니다. Chat GPT는 연구 목적과 관련된 깊이 있는 질문을 생성하는 데 도움을 줄 수 있습니다. 이는 연구자가 중요한 변수를 놓치지 않고 포괄적으로 조사할 수 있도록 합니다. 또한, Chat GPT는 설문의 명확성과 이해도를 높이기 위해 질문을 검토하고 수정하는 데 유용합니다. 예를 들어 복잡한 개념을 쉽게 이해할 수 있는 언어로 바꾸거나, 응답자가 일관된 답변을 할 수 있도록 돕습니다.

Chat GPT는 설문 문항이 연구 질문에 직접적으로 기여하는지 확인함으로써, 불필요한 문항을 제거하는 데 도움을 줍니다. 이는 설문의 효율성을 높이고, 응답자의 시간을 절약하며, 데이터의 질을 향상시킵니다. 마지막으로 Chat GPT는 다양한 유형의 설문 문항(예: 단답형, 선택형, 척도형)을 제안하여, 연구자가 다양한 정보를 수집할 수 있도록 지원합니다. 이 모든 기능은 연구자가 더 신속하고 효과적으로 설문지를 개발할 수 있게 하여, 연구 과정을 간소화하고 연구의 질을 높이는 데 기여합니다. 이번 장에서는 동아리 활동과 관련해서 동아리 회원들의 참여도를 측정하는 설문지 만드는 방법을 알아보겠습니다.

Q2 대학생이 활용가능한 프롬프트 리스트

- 동아리 활동에 대한 일반적인 참여도를 측정하는 설문지를 만들고 싶어. 어떤 종류의 질문을 포함시키면 좋을까?
- 동아리 회원들의 내재적 및 외재적 동기를 평가하기 위한 설문 문항을 어떻게 구성할 수 있을까?
- 동아리 활동의 만족도와 개선점을 알아보기 위해 어떤 피드백 질문을 추가해야 할까?
- 동아리 활동에 대한 학생들의 감정적 반응을 평가하기 위한 설문 문항을 제안해 줘.
- 동아리의 사회적, 기술적, 개인적 성장 기회에 대한 회원들의 인식을 조사하기 위한 설문지를 만들려고 해. 어떤 질문이 필요할까?
- 동아리 멤버들의 관심사를 파악하기 위한 설문조사를 만들어 줘.
- 동아리 회원들의 행복도를 조사할 수 있는 설문지를 작성해 줘.
- 다음 주 동아리 모임의 장소와 시간에 대한 의견을 수집하는 설문조사를 만들어 줘.
- 동아리 프로젝트에 대한 아이디어를 수집하기 위한 설문조사를 생성해 줘.
- 동아리 활동에 참여하게끔 동기부여를 얻을 수 있는 설문지를 작성해 줘.
- 동아리 멤버들이 원하는 워크샵 주제를 파악하기 위한 설문조사를 만들어 줘.
- 동아리 회비 사용 방향에 대한 의견을 조사할 수 있는 설문지를 작성해 줘.
- 동아리 행사를 개최할 때 가장 선호하는 날짜와 시간을 알아보기 위한 설문조사를 만들어줘.

- 동아리 내부 소통을 개선하기 위한 의견을 수집할 수 있는 설문지를 작성해 줘.
- 동아리 회원들의 기술 능력과 전문성을 파악할 수 있는 설문조사를 만들어 줘.
- 동아리 멤버들이 함께 수행할 프로젝트 주제를 선정하기 위한 설문지를 작성해 줘.
- 동아리 회원들의 특별한 기술 또는 관심사를 발견하기 위한 설문조사를 만들어 줘.
- 동아리 회원들이 함께 봉사활동을 선택할 때 선호하는 유형을 조사하기 위한 설문지를 작성해 줘.
- 동아리 회원들이 원하는 학습 리소스 또는 워크샵 주제를 알아보기 위한 설문조사를 만들어 줘.
- 동아리 활동에 대한 피드백을 수집하기 위한 설문지를 작성해 줘.

이러한 질문들은 Chat GPT를 활용하여 설문지의 다양한 측면을 탐색하고, 효과적인 데이터 수집을 위한 설문지를 설계하는 데 도움이 됩니다.

Q3 실제 활용 사례

요즘 대학에서 동아리 참여도가 예전같지 않다는 말이 많습니다. 그래서 동아리 참여와 관련된 설문을 해보도록 하겠습니다.

> **Prompt**
>
> 너는 설문지 디자인 전문가야. 우리 대학에서 최근 동아리 참여도가 예전만큼 활발하지 않다는 이야기가 많아. 특히 테니스 동아리 참여율이 감소하고 있다는 소식을 들었어. 이 문제를 파악하고 해결하기 위해 학생들의 의견을 듣고 싶어. 따라서 테니스 동아리 참여율에 관한 학생들의 의견과 참여 이유를 알아보는 설문지를 만들고 싶어. 이 설문지를 통해 왜 학생들이 테니스 동아리에 참여하거나 참여하지 않는지 이해하고 싶어. 설문지를 작성해 줘.

> **Chat GPT**
>
> 테니스 동아리의 참여율을 진단하기 위한 설문지를 아래와 같이 제안합니다:
>
> ### 테니스 동아리 참여율 진단 설문지
>
> 안녕하세요, 동아리 회원 여러분! 동아리 활동의 질을 향상시키고, 여러분의 참여를 더욱 활발하게 만들기 위한 방안을 모색하고자 이 설문지를 마련하였습니다. 여러분의 솔직한 의견이 동아리 발전에 큰 도움이 됩니다.
>
> #### 기본 정보
> **1. 성별:**
> - ☐ 남성
> - ☐ 여성
> - ☐ 기타/선택하지 않음
>
> **2. 연령대:**
> - ☐ 18-22세
> - ☐ 23-27세
> - ☐ 28-32세
> - ☐ 33세 이상

3. 참여도 관련 질문

1) 동아리 활동에 주당 평균 몇 시간 참여하시나요?
   - ☐ 1시간 미만
   - ☐ 1-2시간
   - ☐ 3-4시간
   - ☐ 5시간 이상

2) 동아리 활동에 참여하지 않는 주된 이유는 무엇인가요?
   - ☐ 시간 부족
   - ☐ 테니스에 대한 관심 감소
   - ☐ 활동의 효과성에 대한 의문
   - ☐ 개인적인 건강 문제
   - ☐ 기타: _____ (자유롭게 작성)

3) 동아리 활동 중 가장 만족스러운 부분은 무엇인가요?
   - ☐ 기술 향상
   - ☐ 친목 도모 및 사회적 교류
   - ☐ 경쟁 및 토너먼트 참여
   - ☐ 체력 증진
   - ☐ 기타: _____ (자유롭게 작성)

4) 동아리 활동을 통해 얻고 싶은 것은 무엇인가요?
   - ☐ 테니스 기술의 개선
   - ☐ 건강 및 체력 관리
   - ☐ 새로운 사람들과의 만남
   - ☐ 테니스에 대한 이해 증진
   - ☐ 기타: _____ (자유롭게 작성)

5) 동아리 활동에 더 자주 참여하게 만들기 위해 필요한 것은 무엇이라고 생각하십니까?
   - ☐ 더 유연한 스케줄링
   - ☐ 다양한 수준의 플레이어를 위한 맞춤형 코칭
   - ☐ 사회적 이벤트나 모임
   - ☐ 테니스 장비나 시설의 개선

- ☐ 기타: _____ (자유롭게 작성)

4. **추가 의견:** 동아리 활동에 관한 기타 의견이나 제안사항이 있으시면 자유롭게 기재해 주세요.

여기에 작성: _____

이 설문을 통해 우리 테니스 동아리에 대한 구체적인 의견을 확인할 수 있어 보입니다. 이런 설문조사를 통해 다양한 의견을 확인할 수 있습니다. 이번에는 양적 분석을 위해서는 리커트 5점 척도로 하는 설문을 해보도록 하겠습니다. 일반적으로 회사나 조직에서 리커트 5점 척도를 기반으로 한 설문지를 많이 활용하고 있습니다

Prompt

리커트 5점 척도를 추가해서 설문을 만들어 줘.

Chat GPT

테니스 동아리의 참여율을 진단하기 위한 리커트 5점 척도를 사용한 설문지 예시는 다음과 같습니다:

테니스 동아리 참여율 진단 설문지

이 설문지는 동아리 활동에 대한 여러분의 참여도와 관련된 의견을 수집하기 위해 마련되었습니다. 각 문항에 대해 여러분이 얼마나 동의하는지를 나타내 주세요.

1. 동아리 활동에 참여하는 것이 주간 일정에 잘 맞습니다.
- ☐ (전혀 맞지 않음)
- ☐ (별로 맞지 않음)
- ☐ (보통임)
- ☐ (대체로 맞음)
- ☐ (매우 잘 맞음)

2. 동아리 활동은 내 테니스 기술 향상에 도움이 됩니다.
- ☐ (전혀 도움이 되지 않음)
- ☐ (별로 도움이 되지 않음)
- ☐ (보통임)
- ☐ (도움이 됨)
- ☐ (매우 도움이 됨)

3. 나는 동아리 활동을 통해 충분한 사회적 교류를 경험합니다.
- ☐ (전혀 경험하지 않음)
- ☐ (별로 경험하지 않음)
- ☐ (보통임)
- ☐ (경험함)
- ☐ (매우 많이 경험함)

4. 동아리 활동은 나의 건강과 체력 유지에 중요합니다.
- ☐ (전혀 아님)
- ☐ (별로 중요하지 않음)
- ☐ (보통임)
- ☐ (중요함)
- ☐ (매우 중요함)

5. 나는 동아리 활동에 참여하기 위해 다른 중요한 활동을 포기할 의향이 있습니다.
- ☐ (전혀 없음)
- ☐ (별로 없음)
- ☐ (보통임)
- ☐ (있음)

- ☐ (매우 강함)

6. 동아리 활동에 참여하는 것이 나에게 즐거움을 줍니다.
- ☐ (전혀 즐겁지 않음)
- ☐ (별로 즐겁지 않음)
- ☐ (보통임)
- ☐ (즐거움)
- ☐ (매우 즐거움)

7. 나는 동아리 활동에 더 많이 참여하고 싶습니다.
- ☐ (전혀 그렇지 않음)
- ☐ (그렇지 않음)
- ☐ (보통임)
- ☐ (그렇다)
- ☐ (매우 그렇다)

8. 동아리 활동이 나의 개인적인 목표 달성에 기여한다고 느낍니다.
- ☐ (전혀 기여하지 않음)
- ☐ (별로 기여하지 않음)
- ☐ (보통임)
- ☐ (기여함)
- ☐ (매우 기여함)

9. 동아리의 사회적 이벤트나 모임이 더 자주 있으면 좋겠습니다.
- ☐ (전혀 필요하지 않음)
- ☐ (별로 필요하지 않음)
- ☐ (보통임)
- ☐ (필요함)
- ☐ (매우 필요함)

10. 동아리의 테니스 장비와 시설이 만족스럽습니다.
- ☐ (전혀 만족스럽지 않음)
- ☐ (별로 만족스럽지 않음)
- ☐ (보통임)
- ☐ (만족스러움)

- ☐ (매우 만족스러움)

추가 의견 : 여기에 동아리 활동에 관한 기타 의견이나 제안사항을 자유롭게 기재해 주세요.

여기에 작성 : _____

　다시 나온 설문 결과는 동아리 활동에 대한 개인적 경험과 만족도, 그리고 개선점과 관련한 의견을 수집할 수 있도록 설계되어 있습니다. 또한 리커트 척도를 활용함으로써 회원들의 의견을 정량적으로 측정하고 동아리 활동에 대한 세부적인 피드백을 얻을 수 있게 작성되어 있습니다. 그런데 인구통계학적 특성이 빠져있다는 아쉬움이 있습니다.

Prompt

인구통계학적 특성을 묻는 질문을 추가해 줘.

Chat GPT

테니스 동아리의 참여율을 진단하기 위한 리커트 5점 척도 설문지에 인구통계학적 특성을 묻는 질문을 추가한 버전은 다음과 같습니다:

테니스 동아리 참여율 진단 설문지

인구통계학적 정보
1. **성별:**
- ☐ 남성

- ☐ 여성
2. 연령:
  - ☐ 18-25세
  - ☐ 26-35세
  - ☐ 36-45세
  - ☐ 46-55세
  - ☐ 56세 이상
3. 직업:
  - ☐ 학생
  - ☐ 교육
  - ☐ 의료
  - ☐ 기술/공학
  - ☐ 비즈니스/경영
  - ☐ 기타: _____ (자유롭게 작성)
4. 테니스 경험:
  - ☐ 초보자 (경험이 거의 없음)
  - ☐ 중급 (일정한 경험 있음)
  - ☐ 고급 (상당한 경험 및 기술 보유)
  - ☐ 전문가 (전문적인 훈련이나 대회 참가 경험 있음)

참여도 관련 질문(이하 동일한 리커트 척도 질문들을 포함합니다.)

인구통계학적 특성과 관련한 질문이 나오긴 했지만 연령이 56세 이상도 있고, 직업도 너무 다양하게 나왔습니다. 대학교 테니스 동아리와 맞지 않다는 생각이 들어서 다시 질문하였습니다.

Prompt

대학생 테니스 동아리에 맞는 인구통계학적 특성 설문 문항으로 다시 작성해 줄래.

Chat GPT

대학생 테니스 동아리 회원을 대상으로 한 인구통계학적 특성 설문 문항은 다음과 같이 작성할 수 있습니다:

테니스 동아리 참여율 진단 설문지

인구통계학적 정보
1. 성별을 알려주세요.
- ☐ 남성
- ☐ 여성

2. 현재 재학 중인 학년을 알려주세요.
- ☐ 1학년
- ☐ 2학년
- ☐ 3학년
- ☐ 4학년
- ☐ 대학원생
- ☐ 기타 (휴학 등)

3. 전공 분야를 알려주세요.
- ☐ 인문학
- ☐ 사회과학
- ☐ 자연과학
- ☐ 공학
- ☐ 예체능
- ☐ 기타 : _____ (자유롭게 작성)

4. 테니스 동아리 활동 외에 참여하고 있는 다른 동아리나 조직이 있습니까?
- ☐ 없음
- ☐ 있음: _____ (동아리/조직명 작성)

5. 테니스 경험 수준을 알려주세요.
- ☐ 초보자 (경험이 거의 없음)
- ☐ 중급 (일정한 경험 있음)
- ☐ 고급 (상당한 경험 및 기술 보유)
- ☐ 전문가 (전문적인 훈련이나 대회 참가 경험 있음)

참여도 관련 질문(이하 동일한 리커트 척도 질문들을 포함합니다.)
추가 의견 : 여기에 동아리 활동에 관한 기타 의견이나 제안사항을 자유롭게 기재해 주세요.

여기에 작성: _____

이번에는 대학생 동아리의 연령대에 맞게 제대로 나왔습니다.

이 설문지를 그대로 활용해도 괜찮겠지만 경영학과 학생인 동아리 회장은 얼마 전 강의 시간에 배웠던 자기결정이론(Self-Determination Theory)을 적용해서 설문지를 만들어 보고 싶습니다.

Prompt

 자기결정이론을 적용한 테니스 동아리 참여도 진단 설문지를 만들어줘.

Chat GPT

자기결정이론(Self-Determination Theory, SDT)에 기반한 테니스 동아리 참여도 진단 설문지를 만들 때 내재적 동기(즐거움, 흥미, 만족감), 외재적 동기(보상, 인정, 승인), 그리고 참여에 대한 자율성(선택의 자유, 개인의 의사결정)를 측정하는 문항을 포함시킬 수 있습니다. 다음은 그 예시입니다:

테니스 동아리 참여도 진단 설문지

내재적 동기 부문

1. 테니스를 칠 때 얼마나 즐거움을 느끼십니까?
   - ☐ 전혀 즐겁지 않다
   - ☐ 즐겁지 않은 편이다
   - ☐ 보통이다
   - ☐ 즐거운 편이다
   - ☐ 매우 즐겁다

2. 테니스 동아리 활동이 개인적인 흥미나 호기심을 충족시키는가?
   - ☐ 전혀 아니다
   - ☐ 아니다
   - ☐ 보통이다
   - ☐ 그렇다
   - ☐ 매우 그렇다

외재적 동기 부문

3. 동아리 활동을 통해 얻는 인정이나 보상이 참여에 영향을 미칩니까?
   - ☐ 전혀 아니다
   - ☐ 아니다
   - ☐ 보통이다
   - ☐ 그렇다
   - ☐ 매우 그렇다

4. 테니스 동아리 활동이 이력서나 학업/직업적 성취에 도움이 된다고 생각하십니까?
- ☐ 전혀 아니다
- ☐ 아니다
- ☐ 보통이다
- ☐ 그렇다
- ☐ 매우 그렇다

자율성 부문
5. 테니스 동아리 활동에 참여하는 것이 자신의 자유로운 선택으로 느껴집니까?
- ☐ 전혀 아니다
- ☐ 아니다
- ☐ 보통이다
- ☐ 그렇다
- ☐ 매우 그렇다

6. 동아리 활동 중에 자신의 의견이나 제안이 존중받는다고 느끼십니까?
- ☐ 전혀 아니다
- ☐ 아니다
- ☐ 보통이다
- ☐ 그렇다
- ☐ 매우 그렇다

7. 동아리의 어떤 활동에 참여할지 선택할 수 있는 기회가 충분합니까?
- ☐ 전혀 아니다
- ☐ 아니다
- ☐ 보통이다
- ☐ 그렇다
- ☐ 매우 그렇다

참여도 및 통합 부문
8. 동아리 활동이 나의 테니스 기술 향상에 얼마나 기여한다고 생각하십니까?
- ☐ 전혀 아니다
- ☐ 아니다

- ☐ 보통이다
- ☐ 그렇다
- ☐ 매우 그렇다

9. 동아리 활동을 통해 새로운 친구를 만들거나 사회적 관계를 넓히는 데 얼마나 도움이 됩니까?
- ☐ 전혀 아니다
- ☐ 아니다
- ☐ 보통이다
- ☐ 그렇다
- ☐ 매우 그렇다

추가 의견 : 여기에 동아리 활동에 관한 기타 의견이나 제안사항을 자유롭게 기재해 주세요.

여기에 작성: _____

자기결정성이론을 적용한 설문지로 회장은 동아리 회원들의 동기부여 수준을 다각도로 평가하고, 그 결과를 바탕으로 동아리 활동을 개선하는 데 도움을 줄 수 있습니다. 내재적 동기와 외재적 동기를 모두 측정함으로써, 동아리가 회원들의 다양한 필요와 동기를 어떻게 충족시키고 있는지에 대한 통찰력을 얻을 수 있습니다.

이번에는 위에서 만들었던 설문 문항을 종합한 가운데, 질문을 30문항 이상 넣어달라고 요청했습니다.

Prompt

질문들을 모두 모아서 30개 이상의 질문이 들어간 설문지를 다시 만들어줘. 그리고 설문 문항을 구분해서 보여주면 좋겠어.

Chat GPT

 아래는 테니스 동아리 참여도 진단을 위한 30개 이상의 질문을 포함한 설문지 예시입니다. 각 항목별로 질문을 구분하여 나열했습니다.

테니스 동아리 참여도 진단 설문지

항목 1 : 인구통계학적 정보
1. 성별을 알려주세요.
2. 현재 재학 중인 학년을 알려주세요.
3. 전공 분야를 알려주세요.
4. 테니스 동아리 활동 외에 참여하고 있는 다른 동아리나 조직이 있습니까?
5. 테니스 경험 수준을 알려주세요.

항목 2 : 내재적 동기
1. 테니스를 칠 때 얼마나 즐거움을 느끼십니까?
2. 테니스 동아리 활동이 개인적인 흥미나 호기심을 충족시키는가?
3. 테니스 동아리 활동에 참여함으로써 얻는 개인적 만족도는 어떠한가요?
4. 테니스 경기나 연습을 통해 얻는 성취감은 어느 정도입니까?
5. 테니스 동아리 활동이 자신의 건강과 체력 증진에 기여한다고 느끼십니까?

항목 3 : 외재적 동기
1. 동아리 활동을 통해 얻는 인정이나 보상이 참여에 영향을 미칩니까?
2. 테니스 동아리 활동이 이력서나 학업/직업적 성취에 도움이 된다고 생각하십니까?
3. 동아리 활동을 통해 얻을 수 있는 네트워킹 기회의 중요성을 어떻게 생각하십니까?
4. 동아리에서의 성공적인 활동이나 성과가 사회적 인정이나 지위 향상에 기여한다고 느끼십니까?
5. 동아리 활동에 참여함으로써 얻는 장학금, 상금, 또는 기타 혜택의 중요성은 어떻게 생각하십니까?

항목 4 : 자율성
1. 테니스 동아리 활동에 참여하는 것이 자신의 자유로운 선택으로 느껴집니까?
2. 동아리 활동 중에 자신의 의견이나 제안이 존중받는다고 느끼십니까?
3. 동아리의 어떤 활동에 참여할지 선택할 수 있는 기회가 충분합니까?
4. 동아리 결정 과정에서 자신의 목소리를 낼 수 있는 기회가 충분합니까?
5. 동아리 활동을 통해 자신의 리더십 능력을 개발할 수 있는 기회가 충분합니까?

항목 5 : 참여도 및 통합
1. 동아리 활동이 나의 테니스 기술 향상에 얼마나 기여한다고 생각하십니까?
2. 동아리 활동을 통해 새로운 친구를 만들거나 사회적 관계를 넓히는데 얼마나 도움이 됩니까?
3. 동아리 활동이 학업 성적이나 집중력 향상에 도움이 된다고 느끼십니까?
4. 동아리 활동에 참여함으로써 스트레스를 해소할 수 있다고 느끼십니까?
5. 동아리 활동이 자신의 사회적 기술 개발에 얼마나 기여하고 있다고 생각하십니까?

항목 6 : 동아리 활동의 질과 만족도
1. 동아리 운영진의 지원과 관리가 만족스러운가요?
2. 동아리 행사 및 대회의 조직과 진행에 만족하십니까?
3. 동아리에서 제공하는 코칭 및 훈련 프로그램의 질에 만족하십니까?
4. 동아리의 시설과 장비 상태에 만족하십니까?
5. 동아리의 사회적 분위기와 친목에 만족하십니까?

항목 7 : 개방형 질문
1. 동아리 활동에 대한 개선사항이나 제안하고 싶은 점이 있으면 자유롭게 기술해 주세요.
2. 동아리 활동 중 가장 기억에 남는 경험이나 사건이 있었다면 공유해 주세요.
3. 동아리 활동을 통해 얻은 가장 큰 교훈이나 인사이트가 있다면 기술해 주세요.

문항을 30개 이상 만들어 달라고 제시했더니 리커트 척도의 보기가 전부 사라졌습니다. 실제로 논문을 작성하기 위해 설문지를 만들 때는 보통 설문 문항을 30개 이상 만드는데, 많은 분량의 작업을 요청하기 위해선 한꺼번에 30개를 요청하기 보다는 각 항목별로 나누어서 만들어 놓고, 최종적으로 합치는 것이 좋습니다. 이런 방식으로 해야 우리가 요청한 것을 Chat GPT가 잘 만들어주고, 여러분의 Chat GPT 사용 용량을 절약할 수 있습니다.

책을 집필하고 있는 현재 Chat GPT 3.5는 사용량에 제한이 없지만, Chat GPT 4는 3시간 동안 40개 메시지의 제한을 두고 있습니다.

Q4 주의할 점

Chat GPT로 설문조사를 진행할 때 각 조직별로 서로 다른 문화를 갖고 있기에 어떤 설문 문항이 들어있는지를 확인하는 용도로만 Chat GPT를 활용하는 것이 좋습니다. 또한 문항이 많아지면 설문 결과가 정교하게 나타나지 못하기 때문에 설문 항목을 구분해서 다시 물어봐주는 것이 좋습니다.

chapter 2 | Chat GPT로 설문 결과 분석의 달인 되기

 이번에는 동아리 설문조사 결과를 분석하며, 우리는 동아리가 갖고 있는 문제점을 확인해 보도록 하겠습니다. 그 과정을 통해서 동아리는 지속적으로 성장할 수 있는 기반을 다질 수 있게 됩니다. 특히 설문 결과를 보더라도 확인하는 것이 실제적으로 연구자들에게 가장 어려운 부분인데 Chat GPT는 이러한 것을 도와줄 수 있습니다.

 지금부터 Chat GPT를 활용해 동아리 회원을 분석하는 과정을 알아보도록 하겠습니다.

Q1. 왜 Chat GPT를 써야할까?

 Chat GPT를 활용하여 가상의 설문 데이터를 생성하고 분석하는 것은 특히 교육적 맥락에서 매우 유용할 수 있습니다. 예를 들어, 마케팅 연구 수업에서 학생들이 새로운 제품에 대한 소비자의 반응을 예측하는 과제를 수행한다고 가정해 봅시다. 이 과정에서 Chat GPT는 다음과 같은 역할을 할 수 있습니다:

- **가상의 소비자 프로필 생성:** Chat GPT는 다양한 연령대, 성별, 직

업, 관심사 등을 가진 가상의 소비자 프로필을 생성할 수 있습니다. 이를 통해 학생들은 실제 시장조사에서 다양한 소비자 그룹을 어떻게 고려해야 하는지 이해할 수 있습니다.
- **가상의 설문 응답 제공**: 각 가상의 소비자 프로필에 대해 Chat GPT는 제품에 대한 반응, 선호도, 구매 의사 등을 나타내는 가상의 설문 응답을 생성할 수 있습니다. 이를 통해 학생들은 실제 시장조사 데이터가 어떻게 보일 수 있는지 감을 잡을 수 있습니다.
- **데이터 분석 기술 연습**: 생성된 가상의 데이터를 바탕으로 학생들은 데이터 분석 기술을 연습할 수 있습니다. 이는 데이터를 정리, 분류, 해석하는 방법을 배우는 데 도움이 됩니다. 예를 들어, 학생들은 가상의 데이터를 사용하여 소비자 세그먼트별 제품 선호도의 차이를 분석할 수 있습니다.
- **비판적 사고 촉진**: 가상의 데이터를 분석함으로써 학생들은 데이터 해석에 있어서의 주관성과 가정의 중요성을 이해하게 됩니다. 이는 실제 시장조사 데이터를 해석할 때 필요한 비판적 사고 능력을 키우는 데 도움이 됩니다.

Q2 대학생이 활용가능한 프롬프트 리스트

- 설문 결과에서 가장 높은 만족도를 보인 항목은 무엇이며, 이는 동아리의 어떤 측면을 반영하나요?
- 가장 낮은 만족도를 보인 항목은 무엇이며, 이로 인해 어떤 문제가 발생할 수 있나요?
- 각 항목 간의 상관관계를 분석해 주세요. 어떤 항목들이 서로 긍정적 혹은 부정적으로 연관되어 있나요?

- 이 설문조사 결과를 바탕으로 동아리 활동을 개선하기 위한 구체적인 조언을 제공해 주세요.
- 이 설문조사 결과가 특정 인구통계학적 그룹(예: 성별, 연령대)에 어떤 시사점을 줄 수 있나요?
- 설문조사 결과를 바탕으로 동아리의 향후 방향성에 대한 제안을 해 주세요.
- 설문 결과에서 나타난 동아리 회원들의 다양한 배경(예: 성별, 지역, 군 복무 경험)이 그들의 만족도에 어떤 영향을 미치고 있는지 분석해 주세요.
- 설문조사 결과를 통해 회원들의 욕구 계층이 어떻게 나타나고 있는지 분석해 주세요.
- 최근 설문 결과를 요약해 보세요.
- 설문조사 데이터를 분석해서 주요 트렌드를 보여줄 수 있을까요?
- 설문 결과 중에서 가장 뚜렷한 패턴이나 경향성을 찾아주세요.
- 설문조사에서 가장 빈도가 높은 응답 항목은 무엇인가요?
- 설문 결과를 토대로 특정 그룹의 의견을 확인할 수 있을까요?
- 설문 데이터를 기반으로 어떤 인사이트를 얻을 수 있을까요?
- 설문 결과에서 유의미한 상관관계가 나타나는 항목이 있나요?
- 설문조사 결과를 시각화하여 보여줄 수 있을까요?
- 설문 결과를 바탕으로 추천 사항이나 개선점을 제안해 주세요.
- 다양한 질문 항목 중에서 가장 관심을 끄는 결과를 보여주세요.
- 설문 결과에 따르면 어떤 행동을 취해야 할 것으로 보이나요?
- 설문조사 응답에서 높은 만족도를 보인 항목은 무엇인가요?
- 설문 결과를 통해 예상치 못한 인사이트를 발견한 적이 있나요?
- 설문조사에서 가장 큰 과제나 문제점은 무엇인가요?
- 설문 결과를 토대로 추후 조치 계획을 수립할 수 있을까요?

Q3 실제 활용 사례

실제로는 설문 결과를 바탕으로 분석을 진행하겠지만 이번 장에서는 아직 설문 결과를 받지 않았다는 가정하에 가상의 인물(페르소나 설정)을 만들어서 설문조사 결과를 받고, 이를 분석하는 과정을 보여드리겠습니다.

가상의 인물을 통한 설문조사 결과 예측은 설문 디자인과 테스트, 잠재적 결과의 이해, 그리고 교육 및 훈련 목적에 유용합니다. 이 방법은 설문지가 잘 구성되었는지 확인하고, 다양한 응답 시나리오를 통해 예상 결과의 범위를 파악하는데 도움이 됩니다. 또한, 학생들이 설문 디자인과 데이터 분석을 배우는 과정에서 실제적인 이해를 돕고, 다양한 응답이 분석과 결론에 미치는 영향을 보여줄 수 있습니다. 이러한 접근은 설문 준비와 이해를 위한 도구로서의 가치가 있습니다. 먼저 설문 문항을 만듭니다.

Prompt

너는 설문조사 및 데이터 분석 전문가야. 대학 동아리 활동 참여에 대해 이해하고 싶어서, Maslow의 욕구 계층 이론을 포함한 15개의 설문 질문을 만들 필요가 있어. 이 설문은 대학생들의 동아리 활동 참여 동기를 탐구하고 이를 분석하기 위한 것이야. 이 설문 질문들을 잘 만들어서 학생들의 동기와 욕구를 이해하는데 도움을 받고 싶어. 이 설문 질문들을 1분 분량으로 작성해 줘.

Chat GPT

Chat GPT를 활용해서 Maslow의 욕구 계층 이론이 들어간 15개 설문 문항을 만들었습니다. 설문 주제는 '동아리 활동 참여'이고, 설문 문항은 다음에 보시는 바와 같습니다.

생리적 욕구 (Physiological Needs)
1. 동아리 활동이 규칙적인 신체 활동을 제공하여 건강 유지에 도움이 되나요?
2. 동아리 활동 중에 충분한 휴식과 식수, 식사 시간이 제공되나요?
3. 동아리 활동이 일상 생활에서의 기본적인 신체적 욕구(예: 활동량, 휴식)를 충족시키는 데 어떤 영향을 미치나요?

안전의 욕구 (Safety Needs)
1. 동아리 활동 중 안전한 환경이 제공되고 있다고 느끼시나요?
2. 동아리 활동과 관련하여 신체적, 정서적 안전을 느끼시나요?
3. 동아리 운영과 활동이 일관되고 예측 가능하다고 생각하시나요?

소속감과 사랑의 욕구 (Love and Belonging Needs)
1. 동아리 내에서 친밀감과 소속감을 느끼시나요?
2. 동아리 활동을 통해 새로운 친구를 만들거나 관계를 강화하는 데 도움이 되었나요?
3. 동아리 내에서 개인적인 감정과 경험을 자유롭게 공유할 수 있다고 느끼시나요?

존경의 욕구 (Esteem Needs)
1. 동아리 활동을 통해 성취감을 느끼시나요?
2. 동아리 내에서 개인의 노력과 성과가 인정받고 존중받는다고 느끼시나요?
3. 동아리 활동이 자신감과 자존감을 향상시키는 데 기여하고 있다고 생각하시나요?

자아실현의 욕구 (Self-Actualization Needs)
1. 동아리 활동이 개인적인 잠재력을 발휘하고 자기 개발에 도움이 되나요?
2. 동아리 활동을 통해 새로운 기술을 배우거나 개인적인 관심사를 탐구할 수 있나요?
3. 동아리 활동이 자신의 목표와 꿈을 실현하는 데 어떤 역할을 하고 있다고

느끼시나요?

각 질문에 대한 응답은 5점 척도로 평가될 수 있습니다:
- 1점: 매우 불만족
- 2점: 불만족
- 3점: 보통
- 4점: 만족
- 5점: 매우 만족

설문 문항이 만들어진 상태에서 이번에는 가상의 인물을 등장시켜 봅니다.

Prompt

가상의 동아리 회원 10명을 만들고 위 15개 질문에 적합한 답을 만들어서, 그 답을 표로 보여줘. 5명은 남학생, 5명은 여학생이야. 3명은 고향이 서울이고, 3명은 고향이 부산, 3명은 고향이 대전이야. 또 2명은 내년에 군대를 가야하고, 3명은 군대를 이미 다녀왔어. 2명은 커플이야. 위 10명의 프로필을 만들어줘.

Chat GPT

아래는 가상의 동아리 회원 10명에 대한 프로필과 각각의 15개 질문에 대한 적합한 답변을 표로 정리한 내용입니다. 회원들의 다양한 배경을 고려하여 답변을 구성했습니다.

동아리 회원 프로필
1. 김민준 (남, 서울, 군대 다녀옴)

2. 박서연 (여, 부산)

3. 이준호 (남, 대전, 내년 군대)

4. 최유나 (여, 서울)

5. 정태현 (남, 부산, 군대 다녀옴)

6. 송지아 (여, 대전)

7. 한지훈 (남, 서울, 내년 군대)

8. 윤소희 (여, 부산, 군대 다녀옴)

9. 김도윤 (남, 대전)

10. 이하은 (여, 서울, 커플 - 이준호와)

회원명	생리적욕구1	생리적욕구2	생리적욕구3	안전의욕구1	안전의욕구2	안전의욕구3	소속감1	소속감2	소속감3	존경의욕구1	존경의욕구2	존경의욕구3	자아실현1	자아실현2	자아실현3
김민준	4	4	3	4	4	3	3	4	4	4	3	4	3	4	3
박서연	3	3	4	3	3	4	4	3	4	3	4	3	4	3	4
이준호	4	4	3	4	4	3	4	3	4	4	3	4	3	4	4
최유나	3	3	4	3	4	4	3	4	3	4	3	4	3	4	4
정태현	4	4	3	4	4	3	4	3	4	4	3	4	3	4	4
송지아	3	3	4	3	3	4	3	4	3	4	3	4	3	4	4
한지훈	4	4	3	4	4	3	4	3	4	4	3	4	3	4	4
윤소희	3	3	4	3	4	4	3	4	3	4	3	4	3	4	4
김도윤	4	4	3	4	4	3	4	3	4	4	3	4	3	4	4
이하은	3	3	4	3	3	4	3	4	3	4	3	4	3	4	4

각 점수는 1점(매우 불만족)부터 5점(매우 만족)까지의 척도를 사용합니다. 이 표는 각 회원의 다양한 배경과 경험을 반영하여 동아리 활동에 대한 만족도와 욕구 충족 정도를 나타냅니다.

성별, 고향, 군대 다녀온 유무 정도를 달리하여 가상의 10명을 만들었습니다. 만약 여러분의 동아리의 인구통계학적 특성을 알고 있다면, 이를 알려줄 경우 Chat GPT가 거기에 맞춰서 가상의 인물을 만들어 줍니다.

Prompt

위 결과를 분석해 줘.

Chat GPT

동아리 회원 10명의 설문조사 결과를 분석하기 위해 개인별 응답과 전반적인 동향이라는 두 가지 관점에서 데이터를 살펴보겠습니다. 설문조사는 생리적 욕구, 안전 욕구, 소속감, 존중 욕구, 자기실현 욕구를 대상으로 하는 질문으로 Maslow의 욕구 계층 구조를 중심으로 구성된 것으로 보입니다.

개별 분석
1. 김민준: 생리적 욕구와 안전 욕구에서는 높은 점수를 받았지만, 소속감과 자아실현에서는 보통 수준입니다. 이는 그가 기본적인 욕구에 대해 충분한 지원을 받고 있다고 느끼지만 개인적 성장과 사회적 연결 측면에서 더 많은 것을 추구할 수 있음을 시사합니다.
2. 박서연: 모든 항목에 걸쳐 균형 잡힌 점수를 받았으며, 소속감과 자아실현이 약간 더 높습니다. 클럽 활동과 개인 발전에 대한 전반적인 만족도를 나타냅니다.
3. 이준호: 민준과 유사하며, 기본적 욕구 충족은 높지만 소속감과 자아실현에서는 평균 점수를 받았습니다. 클럽 내에서 더 많은 참여나 인정을 받고자 할 수도 있습니다.
4. 최연아: 모든 영역에서 일관된 점수로 균형 잡힌 경험을 나타내지만 특히 그녀를 만족시키는 클럽 참여의 눈에 띄는 측면이 부족할 수 있습니다.
5. 정태현: 민준, 준호와 비슷하게 기초 욕구가 높아 군 복무한 남성 멤버들 사이에서 나타나는 패턴입니다.
6. 송지아: 그녀의 반응은 박서연의 반응과 유사하며, 클럽 내에서 비슷한 수준의 만족도와 비슷한 기대 또는 경험을 시사합니다.
7. 한지훈: 기본 욕구는 높지만 소속감과 자아실현은 평균 수준으로 군 복무를 앞둔 다른 남성 회원들과 비슷합니다.

8. 윤소희: 다른 여성 멤버들과 패턴이 유사하여 균형잡힌 만족도를 보이지만, 특별히 높은 성취도를 보이는 부분은 없습니다.
9. 김도윤: 기본 욕구와 안전 욕구 만족도는 높지만 상위 욕구 만족도는 평균인 대전 남성 회원들의 패턴과 일치합니다.
10. 이하은: 파트너 이준호와 비슷합니다. 점수가 균형을 이루었지만 최고점은 높지 않아 더 매력적인 활동이나 인정이 필요함을 시사합니다.

전반적인 동향

1. 성별 및 군 복무 영향: 남성 회원, 특히 군 복무를 하였거나 복무할 예정인 남성 회원은 기본적인 욕구에서 더 높은 점수를 받는 경향이 있지만 소속감과 자아실현에서는 평균 수준입니다. 이는 성별과 군복무 배경에 따라 기대치나 경험이 다를 수 있음을 의미할 수 있습니다.

2. 여성 회원의 균형 잡힌 만족도: 여성 회원은 모든 요구 사항에 걸쳐 보다 균형 잡힌 만족도를 보여 클럽이 균형 잡힌 방식으로 여성 회원의 기대에 부응하고 있음을 시사합니다.

3. 소속감 및 자아실현 개선의 여지: 대부분의 구성원은 소속감 및 자아실현에서 중간 정도의 점수를 받았습니다. 이는 클럽 회원들이 개인 성장에 있어 더욱 유대감을 느끼고 지원을 받을 수 있도록 개선할 여지가 있는 영역을 나타냅니다.

권장 사항

1. 사회 활동 강화: 소속감을 향상시키려면 더 많은 사교 행사나 팀 빌딩 활동을 조직하는 것을 고려해 보십시오.

2. 개인 개발에 집중: 리더십 훈련, 기술 개발 등과 같은 자기 실현 요구 사항을 충족하는 워크숍이나 세션을 제공합니다.

3. 배경에 따른 맞춤형 활동: 다양한 배경(군 복무 등)을 인식하고 일부 활동을 맞춤화하여 포용성을 보장하고 특정 요구 사항이나 관심 사항을 해결합니다.

4. 정기 피드백 메커니즘: 정기적인 피드백 시스템을 구현하여 변화하는 요구 사항을 지속적으로 모니터링하고 이에 적응합니다.

10명의 학생이 응답한 결과를 바탕으로 개인적 혹은 전반적인 동향에 대해 분석해 주고 권장사항에 대해 알려주었습니다. 분석 수준이 상당히 우수한 것을 볼 수 있습니다.

   위 결과를 보면서 군대를 다녀왔거나, 아직 가지 않았을 때의 차이점이 궁금해집니다.

Prompt

군대를 다녀왔거나, 가지 않은 상태가 주는 차이점이 있을까? 동아리 활동과 관련해서 자세하게 분석해 줘.

Chat GPT

군대 경험은 개인의 성향, 태도, 사회적 상호작용에 영향을 미칠 수 있으며, 이러한 요소들은 동아리 활동에도 영향을 미칠 수 있습니다. 군대를 다녀온 회원과 다녀오지 않은 회원 사이에서 나타날 수 있는 차이점을 살펴보겠습니다.

1. 기본 욕구와 안전 욕구의 만족도:
- **군대 경험이 있는 회원**: 군대를 경험한 회원들은 일반적으로 생리적 욕구와 안전 욕구에 대한 높은 만족도를 보였습니다. 이는 군대 생활에서 얻은 체계적인 생활습관과 자기관리 능력, 그리고 힘든 환경에서도 생존하고 적응하는 능력으로 인해 일상 생활에서 기본적인 필요를 잘 관리하고 있다는 것을 반영할 수 있습니다.
- **군대 경험이 없는 회원**: 반면, 군대 경험이 없는 회원들은 기본 욕구와 안전 욕구에 대한 만족도가 상대적으로 낮거나 평균적일 수 있습니다. 이는 일상 환경에서 독립적인 자기관리 경험이 상대적으로 부족할 수 있기 때문입니다.

2. 소속감과 사회적 상호작용:

- **군대 경험이 있는 회원**: 군대는 강한 동료애와 팀워크를 요구하는 환경입니다. 이러한 경험은 동아리 활동에서 팀 기반 활동에 적극적으로 참여하고, 동료들과 긴밀하게 협력하는 데 도움이 될 수 있습니다. 그러나 동시에 상대적으로 엄격한 규율과 위계 질서에 익숙해져 있어 더 자유롭고 수평적인 동아리 환경에 적응하는 데 어려움을 겪을 수도 있습니다.
- **군대 경험이 없는 회원**: 이들은 군대 경험이 없기 때문에 동아리 내에서의 사회적 상호작용이 더 자유롭고 개방적일 수 있습니다. 그러나 팀워크와 동료애 구축에 있어 군대 경험이 있는 회원들만큼의 집중적인 경험이 부족할 수 있습니다.

3. 존중의 욕구와 리더십:

- **군대 경험이 있는 회원**: 군대에서의 경험은 리더십 기술과 책임감을 개발하는 데 도움이 될 수 있습니다. 이러한 회원들은 동아리 활동에서 리더십 역할을 수행하는 데 자신감을 가질 수 있으며, 책임감 있고 결단력 있는 태도를 보일 수 있습니다.
- **군대 경험이 없는 회원**: 이들은 군대 경험으로부터 오는 엄격한 리더십 스타일과는 다른, 더 유연하고 협력적인 리더십 스타일을 선호할 수 있습니다. 이는 동아리 활동에서 창의적이고 혁신적인 접근을 장려할 수 있습니다.

4. 자아실현과 개인 발전:

- **군대 경험이 있는 회원**: 군대 경험은 극한 상황에서의 생존 능력과 문제 해결 능력을 향상시킬 수 있습니다. 이러한 경험은 동아리 활동에서의 다양한 도전과 목표 달성에 긍정적인 영향을 미칠 수 있습니다.
- **군대 경험이 없는 회원**: 이들은 군대 경험에서 오는 엄격한 규율과 체계에서 벗어나 더 자유롭고 창의적인 방식으로 개인적 성장을 추구할 수 있습니다. 이는 동아리 활동에서 새로운 아이디어와 혁신적인 접근을 장려하는 데 도움이 될 수 있습니다.

결론적으로, 군대 경험은 동아리 활동에서의 개인의 태도와 행동에 영향을 미칠 수 있으며, Chat GPT는 이러한 차이점을 이해하고 존중하는 것이 동아리 활동에서의 효과적인 상호작용과 성공적인 팀워크를 구축하는 데 중요하다고 이야기해 줍니다.

이번에는 각 설문 답변 결과를 기반으로 각 응답 항목이 갖고 있는 관계를 확인해 보겠습니다.

> **Prompt**
> 10명의 학생들의 응답결과에 대한 항목별 관계를 분석해 줘.

> **Chat GPT**
> 10명의 학생들의 설문 응답 결과를 분석하여 항목별 관계를 살펴보겠습니다. 이 분석은 Maslow의 욕구 계층 구조를 기반으로 하는 다음 5가지 항목에 초점을 맞춥니다: 생리적 욕구, 안전의 욕구, 소속감, 존경의 욕구, 자아실현.
>
> **1. 생리적 욕구와 안전의 욕구:**
> - 일반적으로 생리적 욕구와 안전의 욕구는 밀접하게 연관되어 있습니다. 이 두 욕구는 Maslow의 계층에서 가장 기본적인 욕구로 간주되며, 한 욕구의 높은 만족도는 일반적으로 다른 욕구의 높은 만족도와 연관됩니다.
> - 학생들의 응답에서 이 두 욕구가 서로 높은 점수를 받았는지, 또는 낮은 점수를 받았는지 확인하여 이들 간의 연관성을 파악할 수 있습니다.
>
> **2. 소속감과 존경의 욕구:**
> - 소속감은 사회적 욕구의 일부로, 타인과의 관계 및 소속된 집단 내에서의 위치에 대한 만족도를 나타냅니다. 존경의 욕구는 타인으로부터의 인정과 존경을 받고자 하는 욕구입니다.
> - 이 두 욕구 사이에는 강한 연관성이 있을 수 있습니다. 일반적으로 집단 내에서 높은 소속감을 느끼는 학생들은 높은 존경의 욕구 만족도를 보일 가

능성이 높습니다. 이는 동아리나 학교 커뮤니티에서의 활동적인 참여와 인정이 서로를 강화할 수 있기 때문입니다.

3. 자아실현과 다른 욕구들:
- 자아실현은 Maslow의 계층에서 가장 상위에 위치한 욕구로, 개인적 성장, 창의성 발현, 잠재력 실현 등을 포함합니다.
- 자아실현 욕구의 만족도는 다른 욕구들, 특히 소속감과 존경의 욕구와 긴밀하게 연관될 수 있습니다. 이는 개인이 사회적으로 활동적이고 인정받을 때 그들의 자아실현 욕구도 더욱 충족될 가능성이 높기 때문입니다.
- 반면, 생리적 욕구나 안전의 욕구와는 직접적인 연관성이 적을 수 있습니다. 이는 이러한 기본적인 욕구가 충족되어야 상위 욕구인 자아실현을 추구할 수 있기 때문입니다.

이처럼 항목별 관계 분석을 통해 동아리나 학교 커뮤니티에서 학생들의 욕구충족 정도와 이에 영향을 미치는 요소들을 더 잘 이해할 수 있습니다. 그리고 이러한 분석은 동아리나 학교 프로그램의 개선점을 찾는 데 도움이 될 수 있습니다. 예를 들어, 학생들이 높은 소속감과 존경의 욕구를 보이지만 자아실현에서 낮은 점수를 받는다면, 이는 프로그램에서 창의성과 개인적 성장을 더욱 촉진할 필요가 있다는 것을 의미합니다.

위 항목에 대한 상관분석을 해보도록 하겠습니다. 원래대로라면 SPSS와 같은 통계 프로그램을 활용해야 하지만 Chat GPT에서는 상관분석까지 가능합니다.

Prompt

응답 결과에 대한 상관관계 분석을 해줘.

Chat GPT

 응답 결과에 대한 상관관계 분석을 수행하려면, 먼저 각 항목별 점수 간의 상관관계를 계산해야 합니다. 상관관계는 두 변수 간의 관계의 강도와 방향을 나타내며, 일반적으로 피어슨 상관계수를 사용하여 측정합니다. 이 계수는 -1에서 +1 사이의 값을 가지며, +1은 완벽한 양의 상관관계, -1은 완벽한 음의 상관관계, 0은 상관관계가 없음을 나타냅니다.

학생들의 응답 데이터에 대한 상관관계 분석을 수행하기 위해, 각 항목의 점수를 기반으로 피어슨 상관계수를 계산하겠습니다. 분석에는 다음 5가지 항목이 포함됩니다: 생리적 욕구, 안전의 욕구, 소속감, 존경의 욕구, 자아실현. 제공된 데이터를 기반으로 상관관계 행렬을 생성하고, 이를 분석하여 각 항목 간의 관계를 파악하겠습니다. 이제 데이터를 가공하고 상관관계 분석을 진행하겠습니다.

상관관계 분석 결과는 다음과 같습니다:

1. 생리적 욕구와 안전의 욕구: 이 두 욕구 간에는 완벽한 양의 상관관계(상관계수 = 1.0)가 있습니다. 이는 생리적 욕구와 안전의 욕구가 서로 긴밀하게 연결되어 있으며, 한 항목에서의 높은 만족도가 다른 항목에서도 높은 만족도로 이어질 가능성이 매우 높음을 의미합니다.

2. 생리적 욕구, 안전의 욕구, 존경의 욕구: 이 세 욕구 간에도 완벽한 양의 상관관계가 관찰됩니다. 이는 생리적 욕구와 안전의 욕구가 만족되면 존경의 욕구 또한 높은 만족도를 보일 가능성이 높음을 나타냅니다.

3. 소속감과 다른 욕구들: 소속감은 생리적 욕구, 안전의 욕구, 존경의 욕구와 강한 음의 상관관계(상관계수 = -0.8165)를 보입니다. 이는 생리적 욕구, 안전의 욕구, 존경의 욕구가 높은 만족도를 보일 때 소속감의 만족도가 상대적으로 낮게 나타날 수 있음을 시사합니다.

4. 자아실현과 다른 욕구들: 자아실현은 다른 욕구들과 비교적 낮은 상관관계를 보입니다. 특히 생리적 욕구, 안전의 욕구, 존경의 욕구와는 음의 상관관계(상관계수 = -0.3333)가 있으며, 소속감과도 낮은 상관관계(상관계수 = -0.2722)를 보입니다. 이는 자아실현의 만족도가 다른 욕구들과는 상대적으로 독립적인 경향이 있음을 나타냅니다.

상관분석 결과를 확인한 결과 3번 "생리적 욕구, 안전의 욕구, 존경의 욕구가 높은 만족도를 보일 때 소속감의 만족도가 상대적으로 낮게 나타날 수 있음"이라는 결과가 상식적이지 못합니다. 왜 이런 결과가 나왔는지, 연구자 스스로 생각해봐야 하겠지만, Chat GPT는 이러한 우리 고민까지 덜어줄 수 있습니다.

Prompt

생리적 욕구, 안전의 욕구, 존경의 욕구가 높은 만족도를 보일 때 소속감의 만족도가 상대적으로 낮게 나타날 수 있다는 것은 일반적이지 않네?

Chat GPT

맞습니다, 일반적으로 생리적 욕구, 안전의 욕구, 존경의 욕구가 높은 만족도를 보일 때 소속감의 만족도가 낮게 나타난다는 것은 직관적이지 않습니다. 일반적인 상황에서는 이러한 기본적인 욕구들이 충족되면 개인이 더 높은 수준의 사회적 욕구(예: 소속감, 존경)와 자아실현에 집중할 수 있는 기반을 마련할 것으로 기대됩니다. 그러나 이 상관관계가 나타난 것은 몇 가지 이유로 설명될 수 있습니다:

1. **특정 샘플의 독특성**: 이 분석은 특정한 동아리나 학교 커뮤니티의 한정된 샘플에 근거합니다. 이 샘플의 독특한 사회적, 문화적, 환경적 요인들이 예상치 못한 상관관계를 생성할 수 있습니다.
2. **상관관계와 인과관계의 차이**: 상관관계는 두 변수 간의 관계를 나타내지만, 인과관계를 의미하지는 않습니다. 따라서 생리적 욕구, 안전의 욕구, 존경의 욕구와 소속감 간의 음의 상관관계는 다른 숨겨진 변수의 영향을 받을 수 있습니다.
3. **개인별 차이와 우선순위**: 개인에 따라 욕구의 우선순위나 중요도가 다를

수 있습니다. 일부 사람들은 기본적인 욕구 충족에 더 많은 중점을 두고, 다른 사회적 욕구에는 상대적으로 덜 집중할 수 있습니다.

4. 응답의 주관성: 설문 응답은 주관적이며, 개인의 인식과 경험에 기반합니다. 어떤 학생들은 기본 욕구에 높은 만족도를 보이면서도, 사회적 욕구나 소속감에 대해 더 엄격한 기준을 적용할 수 있습니다.

설문 집단의 독특한 상황으로 인해 이런 결과가 나올 수 있습니다. 결과적으로 우리는 이를 통해 해당 집단이나 커뮤니티에서의 특별한 요구나 문제점을 파악하는 데 도움을 받을 수 있습니다.

위 결과를 기반으로 동아리 회원들의 문제를 분석하는데 도움이 될 것 같습니다. 이번에는 우리 동아리의 특징을 토대로 다음 학기에 우리 동아리에 들어오기로 한 대학원 선배에게 생길 수 있는 발생 가능한 문제점을 예측해 보도록 하겠습니다.

Prompt

우리 동아리 회원들의 일반적인 특징은 위에서 본 것과 같아. 다음 학기에 대학원생 여자 선배가 우리 동아리에 들어오기로 되어있어. 이 선배에게 생길 수 있는 동아리 참여와 관련한 문제가 있을까?

Chat GPT

새로 들어오는 대학원생 여선배가 동아리에 참여하면서 겪을 수 있는 문제는 여러 요인에 따라 다를 수 있습니다. 동아리의 일반적인 특징과 선배의 개인적 배경 및 성향을 고려하여 몇 가지 가능한 문제를 예측해 볼 수 있습니다:

1. **소속감의 부족**: 현재 동아리 회원들의 소속감이 평균적인 수준인 것으로 나타났습니다. 대학원생으로서의 경험과 학부생들과의 연령 차이가 소속감 형성에 어려움을 줄 수 있습니다. 선배는 동아리 내에서 자신의 위치를 찾고 동료들과 깊은 관계를 맺는 데 시간이 필요할 수 있습니다.
2. **커뮤니케이션과 상호작용의 차이**: 대학원생은 학부생들과 다른 경험과 지식을 가지고 있을 수 있으며, 이로 인해 커뮤니케이션 스타일이나 관심사에서 차이가 발생할 수 있습니다. 이러한 차이는 동아리 활동에서 의견 충돌이나 오해를 야기할 수 있습니다.
3. **시간 관리 및 활동 참여도**: 대학원 생활은 학부 생활보다 연구와 학업에 더 많은 시간과 노력을 요구합니다. 이로 인해 선배가 동아리 활동에 적극적으로 참여하기 어려울 수 있으며, 이는 동아리 내에서의 참여도나 활동량에 영향을 미칠 수 있습니다.
4. **기대치와 실제 활동 간의 불일치**: 선배가 동아리 활동에 대해 특정한 기대를 가질 수 있습니다. 만약 이 기대가 동아리의 실제 활동과 맞지 않는다면, 만족도가 낮아질 수 있습니다.

대응 방안:
1. **환영 분위기 조성**: 선배가 동아리에 잘 적응할 수 있도록 따뜻한 환영과 지원을 제공합니다.
2. **소통과 피드백의 채널 확립**: 정기적인 미팅과 피드백 세션을 통해 선배의 의견을 듣고 필요한 조정을 합니다.
3. **다양성과 포용성 증진**: 다양한 배경과 경험을 가진 회원들이 서로 존중하고 이해할 수 있도록 분위기를 조성합니다.
4. **역할과 책임의 명확한 분배**: 선배의 전문성과 경험을 활용하여 적절한 역할과 책임을 부여합니다.

이러한 대응 방안들은 새로운 회원이 동아리에 잘 적응하고, 동아리 전체의 분위기와 효율성을 높이는데 도움이 될 수 있습니다 발생 가능한 문제를 Chat GPT가 알려주었습니다. 문제 상황을 조금 더 구체화시켜 보겠습니다.

Prompt

 그 선배는 논문을 쓰느라 시간이 많지 않다고 했었어. 아마 그게 큰 문제가 될 수 있을것 같아. 그런 문제를 최소화하려면 동아리 회원들인 우리는 어떤 노력을 해야 할까?

Chat GPT

 대학원생 선배가 논문 작성으로 인해 시간이 제한적이라면, 그녀가 동아리 활동에 참여하는 데 있어서 시간 관리가 중요한 이슈가 될 수 있습니다. 이런 상황에서 동아리 회원들이 할 수 있는 노력은 다음과 같습니다:

1. 유연한 참여 기회 제공: 선배가 가능한 시간에 맞춰 동아리 활동을 조정하거나, 온라인으로 참여할 수 있는 활동을 마련하는 것이 좋습니다. 이를 통해 선배가 논문 작업과 동아리 활동을 조화롭게 병행할 수 있도록 지원합니다.
사전 계획과 일정 공유: 동아리 활동의 일정을 미리 계획하고, 이를 선배와 공유하여 그녀가 자신의 시간을 효율적으로 관리할 수 있도록 합니다. 또한, 중요한 행사나 모임의 일정을 조정할 때는 선배의 일정을 우선적으로 고려합니다.
2. 중요한 활동에 초점 맞추기: 동아리의 모든 활동에 참여하는 것보다는 선배가 관심을 가질 만한 중요하고 의미 있는 활동에 초점을 맞추는 것이 좋습니다. 이를 통해 그녀가 제한된 시간을 가장 효과적으로 사용할 수 있도록 돕습니다.
3. 적절한 역할 부여: 선배의 전문성과 경험을 고려하여, 그녀가 효율적으로 기여할 수 있는 역할을 부여합니다. 예를 들어, 세미나나 워크숍에서 발표를 하거나, 특정 프로젝트의 조언자 역할을 맡는 것 등이 있을 수 있습니다.

4. 커뮤니케이션과 지원: 선배가 동아리 활동에 참여하는 동안 지속적으로 커뮤니케이션을 유지하고, 필요한 지원을 제공합니다. 또한, 그녀가 동아리 활동으로 인해 스트레스를 받지 않도록 주의합니다.

5. 피드백과 조정: 선배의 의견을 주기적으로 듣고, 그에 따라 동아리 활동을 조정하는 것도 중요합니다. 그녀의 피드백을 반영하여 동아리 활동을 개선하고, 그녀가 편안하게 참여할 수 있는 환경을 조성합니다.

더욱 구체적으로 발생 가능한 문제를 보여주고 있습니다. 하지만 너무 일반적인 내용들이 나왔습니다. 특히 테니스 동아리인데 온라인 활동, 세미나 같은 경우는 우리 동아리 특성과 어울리지 않는군요. 그래서 다시 질문했습니다.

Prompt

온라인 활동이나, 세미나 같은 경우는 우리 테니스 동아리에는 맞지 않는걸?

Chat GPT

테니스 동아리의 특성상, 전통적인 온라인 활동이나 세미나 형식이 직접적으로 적용되기 어려울 수 있습니다. 그러나 대학원생 선배가 바쁜 일정 중에도 동아리 활동에 참여할 수 있도록 지원하는 방법은 여전히 고려할 수 있습니다. 테니스 동아리의 특성에 맞춰 다음과 같은 방법을 고려해 볼 수 있습니다:

1. 유연한 연습 스케줄: 선배가 참여할 수 있는 시간대에 맞춰 연습 스케줄을 조정하거나, 소규모 그룹 연습을 마련하여 그녀가 참여할 수 있도록 합니다.

2. 테니스 관련 콘텐츠 공유: 테니스 기술, 경기 전략, 체력 관리 등에 대한 정보를 온라인으로 공유하며, 선배가 이러한 콘텐츠를 활용해 개별적으로 연습할 수 있도록 지원합니다.
3. 비공식적인 만남 및 소셜 이벤트: 경기와 연습 이외의 시간에 간단한 사회적 모임이나 친목 활동을 조직하여, 선배가 동아리 구성원들과 교류할 수 있는 기회를 마련합니다.
4. 조정 가능한 경기 및 대회 참여: 선배가 경기나 대회에 참여할 수 있는 기회를 제공하되, 그녀의 일정을 고려하여 참여를 강요하지 않습니다. 또한, 비공식적인 친선 경기를 통해 편안한 분위기에서 참여할 수 있도록 합니다.
5. 적극적인 의사소통 및 지원: 선배와의 지속적인 의사소통을 통해 그녀의 필요와 기대를 파악하고, 동아리 활동을 그에 맞게 조정합니다.
6. 개인적인 관심과 존중: 선배의 학업과 연구에 대한 존중을 표현하고, 그녀가 동아리 활동에 참여하며 겪을 수 있는 어려움에 대해 이해하고 지원합니다.

이러한 접근 방식은 선배가 동아리 활동에 참여하면서도 자신의 학업과 연구에 집중할 수 있도록 도와주며, 동아리 구성원들과의 관계 형성과 커뮤니티의 일원으로서의 소속감을 증진시킬 수 있습니다.

Q4 주의할 점

가상의 인물이나 상황에 대한 분석을 요청할 때, 실제 데이터나 사실에 기반한 정보를 대체하는 것으로 사용해서는 안 된다는 것입니다. Chat GPT는 제시된 시나리오나 데이터에 대해 분석하고 통찰을 제공할 수 있지만, 이러한 분석은 가상의 전제나 시뮬레이션에 근거하며, 실제 사례나 정확한 데이터 분석을 대체할 수 없습니다. 사용자는 Chat GPT의 분석이 추측이나 일반화된 가정에 기반하고 있음을 인식해야 하며, 복잡한 실제 상황이나 결정을 내리는데 있어서는 전문가의 조언이나 실제 데이터 분석을 참조해야 합니다. Chat GPT는 사고의 확장이나 창의적인 아이디어 생성에 유용할 수 있지만, 실제 결정이나 중요한 분석을 위해서는 보다 심층적이고 정확한 정보원을 활용하는 것이 중요합니다.

chapter 3   Chat GPT로 동아리 문제까지 해결하기

　동아리 활동을 하다 보면 다양한 문제가 발생할 수 있습니다. 그리고 그러한 문제를 확인해 내는데 많은 시간과 자원이 낭비되게 됩니다. 이럴 때 Chat GPT로 로직 트리를 만들어서 활용할 수 있습니다.

Q1   왜 Chat GPT를 써야할까?

　동아리에서 발생하는 문제를 해결하기 위해 로직 트리를 사용하는 것은 여러 가지 장점을 가지고 있습니다. 로직 트리는 복잡한 문제를 더 작고 관리하기 쉬운 여러 하위 문제로 나누는데 도움을 주어, 문제의 각 부분을 더 깊이 있고 구체적으로 이해할 수 있게 합니다. 이러한 분해 과정은 문제 해결을 위한 체계적이고 조직적인 접근 방법을 제공하며, 이는 동아리 구성원들이 일관되고 효율적인 방식으로 문제에 접근하도록 돕습니다.

　또한 로직 트리는 각 단계와 결정 사항을 명확하게 문서화함으로써, 모든 멤버가 의사결정 과정을 쉽게 이해하고 참여할 수 있는 환경을 조성합니다. 이는 투명한 의사결정을 가능하게 하며, 동아리 내에서 발생하는 문제에 대한 포괄적이고 현실적인 해결책을 찾는데 중요한 역할을 합니다. 더불어 로직 트리는 복잡한 문제를 시각적으로 표현하여 동아리 멤버 간의 소통을 촉진합니다. 이는 문제의 다양한 측면을 포괄적으로 이해하고, 효과적인 해결책을 도출하는 데 필수적입니다. 로직 트리를 활용함으로써 동아리 내에서 발생할 수 있는 다양한 문제들을 체계적으로 분석하고 해결하는 데 큰 도움이 됩니다.

예를 들어 한 동아리에서 활동 참여도가 낮아지는 문제가 발생했습니다. 로직 트리를 사용하여 문제를 '멤버 참여도', '활동 내용', '시간 및 장소', '소통 및 홍보' 등의 주요 카테고리로 나눕니다. 각 카테고리를 더 세분화하여 멤버들의 개인적인 일정, 활동의 매력도, 소통 채널의 효율성 등을 분석했습니다. 이를 통해 구체적인 개선 방안을 도출했고, 결과적으로 동아리 활동 참여도가 상승할 수 있었습니다. 이렇게 로직 트리를 활용하면 동아리 내 문제를 체계적이고 효과적으로 해결할 수 있습니다.

Q2 대학생이 활용가능한 프롬프트 리스트

- 로직 트리를 사용하여 동아리 내의 활동 참여 부진의 주요 원인들을 어떻게 세분화할 수 있을까요?
- 로직 트리를 통해 동아리 내부의 조직적 문제들을 어떻게 체계적으로 식별하고 해결할 수 있을까요?
- 동아리 내에서 회원들의 참여도가 감소하고 있는 원인은 무엇일까요?
- 동아리의 활동 및 이벤트에 대한 회원들의 만족도를 향상시키기 위해 어떤 조치를 취할 수 있을까요?
- 신규 회원들이 동아리에 잘 적응하지 못하는 이유는 무엇이며, 이를 개선하기 위한 전략은 무엇일까요?

- 동아리 운영에서의 재정적 어려움의 원인은 무엇이며, 재정 안정성을 확보하기 위한 방법은 무엇일까요?
- 동아리의 내부 커뮤니케이션 문제를 어떻게 해결할 수 있을까요?
- 동아리 활동 중 발생한 갈등을 해결하기 위한 전략을 만드는데 어떻게 시작해야 하나요?
- 동아리 회원 간의 소통을 개선하고 협력을 촉진하는 방법에 대한 조언을 얻고 싶어요.
- 동아리 예산 관리를 위한 효율적인 방법을 알려주세요.
- 동아리 홍보 전략을 개선하기 위한 아이디어가 필요해요.
- 동아리 회원들의 동기부여와 참여도를 높이는 방법을 고민 중인데, 도움을 주실 수 있나요?
- 동아리 프로젝트의 일정 관리와 업무 분배를 최적화하기 위한 조언을 얻고 싶습니다.
- 동아리 내에서 지도자나 리더십 역할을 수행하는 데 도움이 되는 가이드라인을 알려주세요.
- 동아리 회원들 간의 다양성과 포용성을 증진시키는 방법을 고려 중입니다. 조언 부탁드려요.
- 동아리의 장기적인 비전과 목표를 설정하고 실현하기 위한 전략을 개발하는 방법을 알고 싶습니다.
- 동아리 활동 중 발생하는 의사결정 프로세스를 향상시키는 방법에 대한 제안이 필요합니다.
- 동아리의 외부 활동 또는 협력을 확대하기 위한 아이디어를 공유해 주세요.
- 동아리 내에서 프로젝트 아이디어를 수집하고 선택하는 방법에 대한 가이드를 제공해 주세요.
- 동아리 회원들 간의 갈등 관리 및 해소 방법을 알려주세요.

- 동아리의 성과와 효과를 측정하고 평가하는 방법에 대한 조언을 얻고 싶어요.

Q3 실제 활용 사례

Prompt

너는 문제 해결 전문가야. 동아리에서 발생하는 문제를 효율적으로 해결하기 위해 로직 트리를 사용하는 방법에 대해 알려주고 싶어. 이 방법은 복잡한 문제를 여러 하위 문제로 나눠 각 부분을 구체적으로 이해하는데 도움을 줄 것이며, 동아리 구성원들이 일관되고 효율적으로 문제에 접근하게 할 것이야. 이를 통해 동아리 내에서 문제 해결에 대한 포괄적이고 현실적인 해결책을 찾는데 도움을 줄 거야. ○○대학교 테니스 동아리의 회원들이 자주 결석하는 문제에 대한 원인 파악을 위해 로직 트리를 만들어 줘

Chat GPT

○○대학교 테니스 동아리의 회원들이 자주 나오지 않는 문제를 파악하기 위한 로직 트리를 구성할 때, 문제의 원인을 다양한 관점에서 분석해야 합니다. 아래는 이 문제를 분석하기 위한 로직 트리의 예시입니다:

1. **문제 정의**: ○○대학교 테니스 동아리 회원들의 불참 문제
2. **주요 원인 분류**:

A. 개인적인 원인:
- 일정 충돌: 학업, 아르바이트, 개인 일정 등

- 건강 문제: 부상, 질병 등
- 동기 부족: 테니스에 대한 관심 감소, 동아리 활동에 대한 열정 부족 등

B. 동아리 내부적 원인:
- 활동 관련 문제: 연습 일정, 장소, 강도, 코칭 방식 등
- 사회적 환경: 동아리 내부 분위기, 선배와 후배 간의 관계, 동아리 문화 등
- 행정적 문제: 회비, 장비 관리, 행사 조직 등

C. 외부적 원인:
- 학교 정책 및 지원: 동아리 활동에 대한 학교의 지원, 규제 등
- 기타 외부 요인: 날씨, 대회 일정, 기타 사회적 이벤트 등

3. 하위 문제 분석:
- 각 주요 원인 카테고리를 더 세부적으로 분석하여 구체적인 원인 파악
- 예를 들어, '동기부족' 문제는 좀 더 세분화하여 "왜 동기가 부족한가?"라는 질문으로 탐색

4. 해결책 탐색 및 적용:
- 각 원인에 대한 해결책 탐색
- 예를 들어, 일정 충돌 문제는 유연한 연습 일정을 마련함으로써 해결 가능

위 로직 트리를 활용하여 동아리 회원들의 불참 문제에 대한 다양한 원인을 체계적으로 파악하고, 이에 대한 해결책을 모색할 수 있습니다.

여기에 추가적으로 서비스 수준을 확인할 수 있는 SERVQUAL 이론을 적용해서 테니스 동아리의 문제점에 대해 알아보도록 하겠습니다.

Prompt

위 로직 트리를 SERVQUAL 이론을 적용해서 다양한 관점에서 나누어서 만들어 줘.

Chat GPT

SERVQUAL 이론은 서비스 품질을 측정하는 데 사용되는 모델로, 서비스의 다양한 측면을 다섯 가지 주요 차원으로 나눕니다: 신뢰성(Reliability), 반응성(Responsiveness), 확산성(Assurance), 공감(Empathy), 그리고 유형성(Tangibles).

이 이론을 ○○대학교 테니스 동아리의 회원들이 자주 나오지 않는 문제를 분석하는 로직 트리에 적용해 보겠습니다:

문제 정의
- **문제:** ○○대학교 테니스 동아리 회원들의 불참 문제
- **신뢰성 (Reliability)**
  1. 일정의 불규칙성: 훈련 및 모임 시간의 불규칙적 변동
  2. 코칭의 일관성 부족: 지도 방식이나 훈련 내용의 일관성 결여
  3. 정보 전달의 지연: 동아리 활동과 관련된 중요 정보의 지연 전달
  4. 회원 관리의 미흡: 출석 및 참여도 관리의 부족
  5. 안전 및 장비 관리 소홀: 훈련 장비 및 시설의 부적절한 유지 관리
- **반응성 (Responsiveness)**
  1. 회원 의견에 대한 무반응: 회원들의 피드백이나 건의사항에 대한 부적절한 대응
  2. 행사 조정의 부족: 회원들의 일정과 충돌하는 행사 계획
  3. 문제 해결의 지연: 문제 발생 시 신속한 해결 미흡
  4. 신규 회원 지원 부족: 신규 회원에 대한 적절한 지원 및 적응 도움 미제공
  5. 소통 채널의 비효율성: 정보 교환 및 소통을 위한 채널의 비효율
- **확신성 (Assurance)**
  1. 코칭 및 지도의 질 문제: 지도자의 전문성 또는 경험 부족
  2. 안전 우려: 훈련 중 안전 문제나 부상에 대한 우려
  3. 신뢰 부족: 동아리 운영진에 대한 신뢰 부족
  4. 투명성 결여: 동아리 운영의 투명성 문제
  5. 정책 및 규칙의 일관성 결여: 규칙과 정책의 불분명함 또는 불공정함

- 공감 (Empathy)
    1. 개별적 관심 부족: 개별 회원에 대한 관심과 배려 부족
    2. 소속감 및 커뮤니티 결여: 동아리 내 소속감 및 공동체 의식 부족
    3. 문화적 불일치: 동아리 문화와 개인의 가치관 간 불일치
    4. 인간관계 갈등: 동아리 내부의 인간관계 문제
    5. 회원들의 개인적 상황 무시: 개인적인 일정이나 상황에 대한 고려 부족
- 유형성 (Tangibles)
    1. 시설의 불편함: 연습 장소의 불편함 또는 접근성 문제
    2. 장비의 부족 또는 노후화: 필요한 장비의 부족이나 상태 불량
    3. 시각적 매력 부족: 동아리의 시각적 이미지나 매력도 부족
    4. 환경의 부적절함: 훈련 환경의 부적절함 또는 불쾌함
    5. 자원의 부족: 필요한 자원(예: 재정, 자료)의 부족

해결책 탐색 및 적용
- 각 SERVQUAL 차원에 따른 구체적 원인 분석 후, 해당하는 해결책을 모색
- 예: 반응성 개선을 위해 회원의 피드백을 적극 수렴하고, 이를 바탕으로 훈련 일정 조정

위 로직 트리를 통해 동아리 회원들이 자주 불참하는 문제의 다양한 원인을 체계적으로 파악하고, 각 차원에서의 해결책을 탐색할 수 있습니다. 각 SERVQUAL 유형별 원인을 파악했으니 이번엔 해결책을 알아보겠습니다.

Prompt

 각 문제 원인의 해결 방안을 제시해 줘.

Chat GPT

[각 SERVQUAL 요인에 따른 동아리 불참 문제의 원인과 해결 방안을 살펴보겠습니다.

1. 신뢰성(Reliability)
- 일정의 불규칙성: 정기적이고 예측 가능한 훈련 및 모임 일정 수립
- 코칭의 일관성 부족: 전문성 있는 코칭 및 일관된 훈련 방법 도입
- 정보 전달의 지연: 신속하고 효과적인 커뮤니케이션 채널 활용
- 회원 관리의 미흡: 정기적인 출석 체크 및 회원 참여도 모니터링 강화
- 안전 및 장비 관리 소홀: 정기적인 안전 점검 및 장비 유지 관리

2. 반응성(Responsiveness)
- 회원 의견에 대한 무반응: 정기적인 회의를 통한 회원 의견 수렴 및 반영
- 행사 조정의 부족: 회원들의 일정을 고려한 행사 및 활동 계획
- 문제 해결의 지연: 적극적인 문제 해결 접근 및 신속한 대응
- 신규 회원 지원 부족: 멘토링 프로그램을 통한 신규 회원 지원 강화
- 소통 채널의 비효율성: 효과적인 커뮤니케이션 플랫폼 사용

3. 확신성(Assurance)
- 코칭 및 지도의 질 문제: 전문성 있는 코치 및 강사 확보
- 안전 우려: 안전 교육 실시 및 안전 장비 확보
- 신뢰 부족: 투명한 운영 및 정기적인 피드백 제공
- 투명성 결여: 정기적인 회계 보고 및 운영 과정 공개
- 정책 및 규칙의 일관성 결여: 명확하고 공정한 규칙 및 정책 마련

4. 공감(Empathy)
- 개별적 관심 부족: 개별 회원에 대한 맞춤형 접근 및 지원
- 소속감 및 커뮤니티 결여: 팀 빌딩 활동 및 사회적 이벤트 조직
- 문화적 불일치: 포용적이고 다양성을 존중하는 문화 조성
- 인간관계 갈등: 갈등 해결 워크숍 및 조정자 역할 마련
- 회원들의 개인적 상황 무시: 융통성 있는 일정 조정 및 개인 상황 고려

5. 유형성(Tangibles)
- 시설의 불편함: 적절한 시설 확보 및 개선

- 장비의 부족 또는 노후화: 필요 장비의 적절한 보급 및 갱신
- 시각적 매력 부족: 동아리 브랜딩 및 시각적 이미지 개선
- 환경의 부적절함: 훈련 환경의 개선 및 쾌적한 분위기 조성
- 자원의 부족: 재정 확보를 위한 후원 및 펀딩 활동

Chat GPT가 제시한 해결 방안들은 동아리의 서비스의 문제점을 해결하고, 회원들의 만족도를 높이는데 도움이 될 것이라 생각합니다. 이번에는 문제점과 해결책을 한 눈에 볼 수 있게 만들어 보겠습니다. 또한 동시에 문제점 가운데 가장 많이 발생할 가능성이 있는 문제점에는 *표시를 넣어 보겠습니다.

Prompt

앞서 제시한 유형별 원인과 해결책을 하나의 표로 정리해 줘. 그리고 자주 발생하는 문제점 또는 대학생에게 중요하다고 생각되는 문제점에 * 표시를 넣고. 그 이유를 아래에 따로 설명해줘. 또 SERVQUAL의 5개 항목이 너무 많으니 신뢰성, 반응성, 확신성의 3가지 요인만 확인해 줘.

Chat GPT

아래는 SERVQUAL 요인에 따라 동아리 불참 문제의 원인과 해결책을 정리한 표입니다. 자주 발생하는 문제점 또는 대학생에게 특히 중요하다고 생각되는 문제점에는 * 표시를 하였습니다.

SERVQUAL 요인	문제 원인	해결책	중요성(*)
신뢰성 (Reliability)	일정의 불규칙성	정기적인 훈련 및 모임 일정 수립	*
	코칭의 일관성 부족	전문성 있는 코칭 및 일관된 훈련 방법 도입	

	문제점	해결방안	
신뢰성 (Reliability)	정보 전달의 지연	신속한 커뮤니케이션 채널 활용	*
	회원 관리의 미흡	출석 체크 및 참여도 모니터링 강화	
	안전 및 장비 관리 소홀	안전 점검 및 장비 유지 관리	
반응성 (Responsiveness)	회원 의견에 대한 무반응	회의를 통한 의견 수렴 및 반영	*
	행사 조정의 부족	회원들의 일정 고려한 행사 계획	
	문제 해결의 지연	적극적인 문제 해결 접근 및 신속 대응	
	신규 회원 지원 부족	멘토링 프로그램을 통한 신규 회원 지원	
	소통 채널의 비효율성	효과적인 커뮤니케이션 플랫폼 사용	
확신성 (Assurance)	코칭 및 지도의 질 문제	전문성 있는 코치 및 강사 확보	
	안전 우려	안전 교육 실시 및 안전 장비 확보	*
	신뢰 부족	투명한 운영 및 정기적인 피드백 제공	
	투명성 결여	정기적인 회계 보고 및 운영 과정 공개	
	정책 및 규칙의 일관성 결여	명확하고 공정한 규칙 및 정책 마련	

* 표시된 문제점들은 대학생 동아리 활동에서 특히 중요하다고 생각되는 요소들입니다. 이유는 다음과 같습니다:

1. **일정의 불규칙성**: 대학생들은 강의, 아르바이트, 개인적인 책임 등 다양한 일정을 조율해야 합니다. 정기적이고 예측 가능한 동아리 활동 일정은 이러한 복잡한 일정을 관리하는 데 도움이 되며, 회원들이 동아리 활동에 참여하는 것을 더 쉽게 만듭니다. 불규칙한 일정은 참여를 어렵게 하고, 결국 동아리에 대한 관심과 참여도를 감소시킬 수 있습니다.
2. **정보 전달의 지연**: 대학생들은 정보에 신속하게 접근하고, 변화에 빠르게

대응하는 것에 익숙합니다. 동아리 활동과 관련된 중요한 정보가 지연되어 전달될 경우, 이는 참여에 대한 동기 부족으로 이어질 수 있습니다. 신속하고 효과적인 정보 전달은 동아리 멤버들이 계획을 세우고 참여를 결정하는 데 중요한 역할을 합니다.

3. 회원 의견에 대한 무반응: 동아리는 회원들의 의견과 참여에 의해 유지됩니다. 회원의 의견이 무시되거나 적절히 반영되지 않으면, 이는 멤버들의 만족도와 참여도에 부정적인 영향을 미칩니다. 대학생들은 자신의 의견이 존중받고 있다고 느낄 때 더 적극적으로 참여하며, 이는 동아리의 활기와 지속 가능성에 중요합니다.

4. 안전 우려: 특히 체육 동아리의 경우, 안전은 매우 중요한 요소입니다. 안전에 대한 우려가 있을 경우, 회원들은 참여를 주저하게 됩니다. 안전한 환경을 보장하는 것은 회원들이 안심하고 참여할 수 있는 기반을 마련하며, 부상이나 사고로 인한 불참을 방지하는 데도 중요합니다.

한 눈에 보기 쉽게 원인과 해결책을 표로 정리했고, 그중에 중요하거나 많이 발생할 것으로 생각되는 문제에 *표시를 하였습니다. 그리고 *표시를 한 이유까지 확인해 보았습니다. 위 결과를 보면서 대학교에는 너무나 다양한 배경을 가진 학생들이 존재하기에, 생각하지도 못했던 문제로 동아리를 오지 않는 친구들이 발생할 수 있겠다는 생각을 하기도 했습니다.

Q4 주의할 점

이처럼 Chat GPT는 특정 조직이 갖고 있는 문제의 원인을 확인하고 그에 대한 해결책을 제시하는데 장점을 갖고 있습니다. 하지만 Chat GPT는 알고리즘에 기반한 응답을 생성하기에 인간의 주관적 판단이나 경험을 완전히 대체할 수 없습니다. 개인적인 의사결정이나 감정적 문제에 관해서는 인간 고유의 관점이 필요합니다. 또한 Chat GPT가 제공하는 조언과 정보는 일반적인 것으로 사용자의 특별한 상황이나 필요에 완전히 맞춤화된 해결책을 제시하는 것은 어렵습니다. 이런 점을 인지한 상태에서 Chat GPT를 활용해야 합니다

chapter 4 | Chat GPT로 매력적인 멤버 모집 공고문 작성하기

여러분이 동아리 회장이라면 매학기 마다 동아리 회원 모집 공고문을 만드느라 번거로우셨죠? Chat GPT가 대신 해드립니다.

Q1 왜 Chat GPT를 써야할까?

Chat GPT를 사용하여 동아리 회원 모집 공고문을 작성하는 것은 여러 면에서 매우 유용합니다. 첫째, Chat GPT는 광범위한 정보와 데이터를 기반으로 창의적이고 매력적인 아이디어를 제공할 수 있습니다. 이는 동아리의 특성, 목표, 활동 내용을 반영한 독창적인 공고문 작성에 큰 도움이 됩니다. 또한 다양한 언어 스타일과 톤을 구사할 수 있어, 학생들에게는 보다 친근하고 흥미로운 언어로, 일반 대중을 대상으로 하는 경우에는 보다 공식적이고 진지한 언어로 공고문을 작성할 수 있습니다.

둘째, Chat GPT는 사용자가 제공하는 기본 정보를 바탕으로 공고문을 신속하게 작성할 수 있어, 글쓰기에 소요되는 시간과 노력을 크게 줄일 수 있습니다. 이는 특히 글쓰기에 자신이 없거나, 시간이 부족한 경우에 특히 유용합니다. Chat GPT는 사용자의 지시에 따라 공고문의 내용을 조정하고, 필요에 따라 수정 및 보완할 수 있는 능력을 갖추고 있어 사용자의 요구사항을 정확하게 반영할 수 있습니다.

마지막으로, Chat GPT는 매우 다양한 주제와 상황에 대해 학습되어 있기 때문에 동아리의 특정 활동이나 이벤트에 관한 상세한 정보를 공고문에 포함시킬 수 있습니다. 이는 공고문의 품질을 높이고, 동아리에 대한 관심을 끌 수 있는 방법으로 작용합니다. 이러한 다양한 기능을 통해, Chat GPT는 동아리의 회원 모집 공고문 작성을 더욱 효과적이고 효율적으로 만들어줍니다.

Q2 대학생이 활용가능한 프롬프트 리스트

- 동아리 회원 공고문을 작성해 줘.
- 동아리 회원 모집 공고문을 온라인용으로 작성해 줘.
- 동아리 회원 모집 공고문을 오프라인용으로 작성해 줘.
- 동아리 회원 공고문에 포함할 필수 내용을 알려줘.
- 동아리 회원 공고문에 동아리 목표와 활동 내용을 추가해 봐.
- 대학생을 대상으로 한 동아리 모집 공고문을 작성해 줘.
- 학교 교내 동아리 모집 공고문을 만들어 줘.
- 동아리 회원 모집 공고문의 톤을 친근하게 유지하면서 작성해 줘.
- 동아리 회원 공고문을 진지한 언어로 작성해 줘.
- 동아리 회원 모집 공고문을 빠르게 작성할 수 있도록 도와줘.
- 공고문의 시작 부분을 작성해 줘.
- 동아리 회원 모집 공고문에 동아리의 역사를 추가해 줘.
- 동아리 회원 공고문에 동아리 활동의 장점을 강조해 줘.
- 동아리 회원 모집 공고문에 지원 방법과 기한을 포함해 줘.
- 작성한 공고문을 최종적으로 확인하고 수정 사항을 알려줘.

Q3 실제 활용 사례

Prompt

너는 마케팅과 광고 전문가야. ○○대학교 축구 동아리 회원 모집을 위해, 효과적이고 매력적인 공고문을 만들어야 해. 동아리의 활동 내용, 선호하는 회원의 기준과 같은 중요한 정보를 알리는 것이 목적이야. 이를 통해 적합한 학생들이 동아리에 관심을 가지고 지원할 수 있도록 하는 것이 중요해. 동아리의 특징과 활동, 원하는 회원상을 담은 공고문을 1분 분량으로 작성해 줘.

Chat GPT

○○대학교 축구 동아리 회원 모집 공고

"축구를 사랑하는 모든 이들을 모집합니다!"
안녕하세요, ○○대학교 축구 동아리에서 새로운 회원을 모집합니다! 우리는 축구를 사랑하는 학생들이 모여 기술을 연마하고, 친목을 다지며, 대학생활의 열정을 공유하는 커뮤니티입니다.

🏆 **동아리 활동 내용:**
- 주간 연습: 매주 2회, 기술 훈련 및 전략 논의
- 정기적인 친선 경기: 타 대학 축구팀과의 친선 경기
- 워크샵 및 팀빌딩: 축구 기술 향상을 위한 워크샵과 팀워크 강화 활동
- 대학리그 참가: 대학 간 축구리그에서 경쟁

⚽ **우리가 찾는 회원은?**
- 축구에 대한 열정: 기술 수준에 관계없이 축구를 사랑하는 마음
- 팀워크: 협력적이고, 팀의 일원으로서 기여할 수 있는 태도
- 규칙 준수: 연습 및 경기의 규칙과 예절을 지키는 분
- 정기적 참여: 연습 및 활동에 꾸준히 참여할 수 있는 의지

- 📅 모집 기간: [시작 날짜]부터 [마감 날짜]까지
- 📝 지원 방법:
1. 지원서 작성: [웹사이트 링크]에서 지원서 다운로드
2. 이메일 제출: 완성된 지원서를 [이메일 주소]로 보내주세요.

축구를 사랑하는 여러분의 많은 참여를 기다립니다. 함께 멋진 추억을 만들어가요!

- 📧 문의사항: [이메일 주소] / [연락처]

○○대학교 축구 동아리 일동 🏃 ♂⚽🏃 ♀

대학생들에게 맞는 축구 동아리 회원 모집 공고가 만들어졌습니다. 요즘 운동 동아리에 학생들의 지원율이 생각보다 높지 않기 때문에, 이번에는 동아리의 좋은 점을 강조하면서 다시 만들어 보겠습니다.

Prompt

축구 동아리에 들어오면 좋은 점을 강조하면서 다시 작성해 줘.

Chat GPT

○○대학교 축구 동아리 회원 모집 공고

"축구와 함께하는 뜻깊은 대학생활을 경험하세요!"

안녕하세요, ○○대학교 축구 동아리에서 열정적인 새로운 회원을 모집합니다! 우리와 함께라면 축구를 통해 더욱 풍부하고 활기찬 대학생활을 즐길 수 있습니다.

🏆 **동아리에서 경험할 수 있는 것들:**
- 기술 향상: 전문적인 코칭과 정기 연습을 통해 축구 실력을 개선하세요.

- 친목 다지기: 동아리원들과의 친선 경기와 모임을 통해 새로운 친구들을 만나고, 소중한 추억을 쌓을 수 있습니다.
- 대학리그 참여: 대학 간 경쟁에서 팀의 일원으로 활약하며 짜릿한 경험을 누리세요.
- 리더십 개발: 팀 활동을 통해 협력과 리더십 기술을 키울 수 있습니다.

🌈 **우리가 찾는 회원은?**
- 축구에 대한 열정: 모든 기술 수준을 환영합니다. 중요한 것은 열정입니다!
- 팀 플레이어: 협력적인 마음과 팀을 위해 노력하는 태도
- 정기 참석: 연습 및 경기에 꾸준히 참여할 의지를 갖춘 분

📅 **모집 기간:** [시작 날짜]부터 [마감 날짜]까지

📝 **지원 방법:**
1. 지원서 작성: [웹사이트 링크]에서 지원서 다운로드
2. 이메일 제출: 완성된 지원서를 [이메일 주소]로 보내주세요.

우리와 함께 축구를 통해 대학생활의 최고의 순간들을 만들어 가세요! 축구를 사랑하는 여러분의 지원을 기다리고 있습니다.

📧 **문의사항:** [이메일 주소] / [연락처]

○○대학교 축구 동아리 일동 🏃 ♂⚽🏃 ♀

Prompt

학교 대자보를 만들어서 홍보를 할 계획이야. 대자보를 어디에 설치해야 학생들이 많이 볼 수 있을까?

Chat GPT

학교 대자보를 설치할 때는 학생들의 이동 경로와 주요 활동 지역을 고려하는 것이 중요합니다. 학생들이 자주 찾는 장소 몇 곳을 추천해 드리겠습니다:

1. **학생회관 또는 중앙도서관 입구**: 학생들이 많이 찾는 중심 지역으로, 대자보를 볼 가능성이 높습니다.
2. **식당 및 카페 근처**: 식사 시간에 학생들이 많이 모이는 곳으로, 대자보를 설치하기 좋은 장소입니다.
3. **강의동 및 강의실 복도**: 수업을 듣기 위해 학생들이 자주 지나가는 곳으로, 대자보를 눈에 띄게 설치할 수 있습니다.
4. **체육관 또는 운동장 근처**: 축구 동아리를 홍보하기에 적합한 장소로, 체육 관련 활동에 관심 있는 학생들이 자주 이용합니다.
5. **주요 행사가 열리는 장소**: 학교 행사나 축제가 열리는 장소 주변에 대자보를 설치하면 행사 참가자들의 관심을 끌 수 있습니다.

이러한 장소들은 학생들의 통행량이 많고 시선이 집중되는 곳이므로 대자보를 통한 홍보 효과가 높을 것입니다. 또한, 대자보의 디자인과 메시지가 눈에 띄고 명확해야 학생들의 관심을 더 잘 끌 수 있습니다. 이번에는 위 공고문을 SNS 홍보용으로 만들어 보려고 합니다.

Prompt

위 내용을 기반으로 인스타그램 릴스로 홍보를 할거야. 홍보 계획을 만들어줘.

Chat GPT

인스타그램 릴스를 활용한 OO대학교 축구 동아리 홍보 계획을 다음과 같이 제안합니다:

1. 홍보 목표 설정
- 대상: ○○대학교 내 축구에 관심 있는 학생들
- 목표: 동아리의 활동과 분위기를 전달하고, 새로운 회원 모집

2. 콘텐츠 구성
릴스 #1: 동아리 소개 및 활동 하이라이트
- 동아리원들이 연습하는 모습, 친선경기, 워크샵 등의 클립 포함
- 배경음악으로 활기찬 축구 관련 노래 사용

릴스 #2: 회원 인터뷰 및 추천
- 현재 동아리원들의 인터뷰 클립, 동아리에서의 경험과 소감 공유
- 동아리의 분위기와 팀워크의 중요성 강조

릴스 #3: 이벤트 및 대학리그 하이라이트
- 대학리그에서의 멋진 장면, 동아리 이벤트 클립
- 성취감과 팀의 성공을 강조하는 내용 포함

3. 게시 일정
- 일주일에 한 번씩 새로운 릴스 게시
- 모집 마감 일주일 전에는 매일 하이라이트 릴스 게시

4. 인터랙티브 요소 활용
- 각 릴스에 질문 스티커, 투표, 퀴즈 등을 사용하여 관심을 끌고 참여를 유도
- 댓글과 DM을 통해 질문에 적극적으로 응답하여 소통 강화

5. 해시태그 및 태깅 전략
- 관련성 높은 해시태그 사용 (# ○○대학교축구동아리, #대학생활, #축구동아리 등)
- 동아리원들이 개인 계정에서도 홍보 콘텐츠를 공유하도록 장려

6. 파트너십 및 콜라보레이션
- 다른 동아리나 대학 관련 계정과의 콜라보레이션을 통해 도달 범위 확장

7. 모니터링 및 피드백
- 각 릴스의 조회수, 좋아요, 공유 횟수 등을 모니터링하여 효과 분석
- 피드백을 바탕으로 콘텐츠 개선

인스타그램에서 홍보를 할 수 있는 기본적인 계획을 보여주고 있습니다. 조금 더 구체적으로 방법을 알아보도록 하겠습니다

Prompt

릴스 #1을 구체화 시키고 싶어. 스크립트를 짜줄래.

Chat GPT

물론입니다! 인스타그램 릴스 #1의 스크립트를 다음과 같이 구성할 수 있습니다. 이 릴스는 OO대학교 축구 동아리의 활동을 강조하고, 동아리의 에너지와 열정을 보여주는 내용으로 구성하겠습니다.

릴스 #1: "동아리 활동 하이라이트"

1. 영상 길이: 15~30초
2. 배경 음악: 활기찬 축구 또는 스포츠 테마 음악
3. 스크립트 및 비주얼 구성

　오프닝 (0-3초):
- 텍스트: "OO대학교 축구 동아리에 오신 것을 환영합니다!"
- 배경: 동아리 로고 또는 팀 사진

　연습 장면 (4-10초):
- 클립: 동아리원들이 축구 연습하는 모습
- 텍스트 오버레이: "매주 열정적인 연습!"

　팀워크 및 워크샵 (11-17초):
- 클립: 팀워크 활동, 전략 논의, 워크샵 참가 장면
- 텍스트 오버레이: "팀워크를 통한 성장!"

　친선경기 및 대학리그 (18-25초):
- 클립: 친선경기 및 대학리그 경기 장면
- 텍스트 오버레이: "대학리그에서의 멋진 순간들!"

> 클로징 (26-30초):
> - 텍스트: "함께 축구의 열정을 나눠요! 지금 바로 가입하세요!"
> - 배경: 팀원들이 함께 있는 사진 또는 동아리 로고.
>
> 4. 편집 팁
> - 각 클립은 움직임이 많고 역동적인 장면을 포함시켜 에너지를 전달하도록 합니다.
> - 텍스트 오버레이는 간결하고 명확하게, 가독성 좋은 폰트로 작성합니다.
> - 전환은 매끄럽고 리듬감 있게 구성하여 시청자의 관심을 유지합니다.

이 스크립트와 비주얼 구성은 ○○대학교 축구 동아리의 활동과 분위기를 강조하고, 시청자들이 동아리에 대해 더 알고 싶어하는 호기심을 자극하는 데 중점을 두었습니다. 특히 연습, 팀워크, 경기 장면들은 동아리의 활동적인 면모와 열정을 잘 드러낼 수 있습니다.

스크립트가 작성된 상태에서 이미지를 요청해 보겠습니다.

Prompt

 각 스크립트에 어울리는 이미지를 찾아줘.

Chat GPT

[그림 13] Dall-e를 활용해 그린 그림

[그림 14] Dall-e를 활용해 그린 그림

[그림 15] Dall-e를 활용해 그린 그림

[그림 16] Dall-e를 활용해 그린 그림

스크립트에 맞춰서 Dall-e를 통한 이미지가 생성되었습니다. 그런데 동아리 로고에는 남학생 밖에 없군요.

Prompt

동아리 로고에는 남학생 밖에 없네? 여학생을 넣어서 로고를 다시 만들어줘.

Chat GPT

[그림 17] Dall-e를 활용해 그린 그림

새로 만들어진 동아리 로고는 남학생과 여학생 모두를 대표하는 디자인으로, 다양성과 포용성을 나타냅니다. 이 로고는 청년, 팀워크, 스포츠맨십의 정신을 담고 있습니다.

Prompt

귀여운 애니메이션 스타일로 바꿔 줘 우리 학교의 상징 동물은 코끼리인데, 귀여운 코끼리 이미지를 넣어서 그림을 그려 줘.

Chat GPT

[그림 18] Dall-e를 활용해 그린 그림

[그림 19] Dall-e를 활용해 그린 그림

[그림 20] Dall-e를 활용해 그린 그림

[그림 21] Dall-e를 활용해 그린 그림

    생각만큼 귀여운 코끼리가 나오진 않았지만, 수정을 거쳐서 본인이 원하는 이미지를 얻을 수 있을 겁니다. 그리고 각 장면에 어울리는 음악도 필요하겠죠.

> **Prompt**
> 저작권 문제가 없는 걸로 각 장면에 어울리는 음악을 추천해 줘.

Chat GPT

 인스타그램 릴스에서 사용할 수 있는 저작권 문제가 없는 음악을 추천해 드리겠습니다. 각 장면의 분위기와 맞춰서 선정했습니다:

1. **오프닝 (동아리 로고):**
   - 음악 제안: 밝고 활기찬 인스트루멘탈 트랙
   - 추천 곡: 'Happy Clappy' by John Bartmann (Public Domain)

2. **연습 장면:**
   - 음악 제안: 역동적이고 에너지 넘치는 비트
   - 추천 곡: 'Energy' by Bensound (Royalty Free)

3. **팀워크 및 워크샵:**
   - 음악 제안: 협력적이고 팀워크를 강조하는 가벼운 멜로디
   - 추천 곡: 'Little Idea' by Bensound (Royalty Free)

4. **친선경기 및 대학리그:**
   - 음악 제안: 긴장감과 드라마틱한 요소를 강조하는 트랙
   - 추천 곡: 'Epic' by Bensound (Royalty Free)

추천된 음악들은 대부분 로열티 프리(Royalty Free) 라이브러리에서 쉽게 찾을 수 있으며, 특히 Bensound와 같은 사이트는 다양한 저작권 문제가 없는 음악을 제공합니다. 하지만 사용 전에 해당 트랙의 라이선스 조건을 확인하는 것이 좋습니다.

이번엔 릴스 제목을 찾아보도록 하겠습니다.

> **Prompt**
>
> 릴스를 만들어서 홍보를 할게. 릴스 영상 제목 5개만 추천해 줘. 사람들의 관심을 많이 받을 수 있는 걸로.

> **Chat GPT**
>
> "대학생활 최고의 순간들: 축구 동아리에서 만나요!"
> - 이 제목은 대학생활의 역동적이고 즐거운 순간들을 축구 동아리와 연결지어 보여줍니다.
>
> "축구로 하나되는 우리: ○○대학교 동아리 스토리!"
> - 축구를 통한 친목과 팀워크의 가치를 강조하여 동아리의 커뮤니티 정신을 부각시킵니다.
>
> "○○대학교의 축구 스타들을 만나보세요!"
> - 동아리원들의 개성과 재능을 조명하여, 학교 내에서의 동아리의 인기를 높일 수 있습니다.
>
> "학교 최고의 경기: 우리 동아리의 활약상!"
> - 친선 경기나 대학리그에서의 활약을 중점적으로 보여주며, 경쟁적인 측면을 강조합니다.
>
> "축구와 함께하는 대학생활: 동아리에서 시작하세요!"
> - 대학생활에서의 새로운 시작과 취미, 친구 만들기의 기회를 축구 동아리와 연결시키는 제목입니다.

평범한 제목 같습니다. 그래서 다시 요청합니다.

Prompt

 더 자극적이고, MZ세대가 좋아하는 제목으로.

Chat GPT

 MZ세대의 관심을 끌 수 있는 더 자극적이고 트렌디한 인스타그램 릴스 영상 제목을 추천해 드리겠습니다:

"축구로 레벨업! 대학생활의 짜릿한 변신"
- 동아리가 가져다 주는 새로운 경험과 변화에 초점을 맞춘 제목입니다. MZ세대의 성장과 자기 개발에 대한 관심을 끌 수 있습니다.

"경기장의 룰 브레이커들: 우리만의 축구 스웨그"
- 축구를 통한 독창성과 개성을 강조하여, 스포츠에 대한 새로운 시각을 제시합니다.

"본 적 없는 드리블: ○○대학교 축구 동아리의 비밀"
- 축구 기술과 동아리의 독특한 점을 부각시키는 제목으로, 궁금증과 흥미를 유발합니다.

"이것이 바로 대학의 진짜 맛! 축구 동아리의 하루"
- 대학생활의 재미와 축구 동아리의 역동적인 일상을 보여주는 제목으로, 일상의 특별함을 강조합니다.

"축구로 쓰는 우리만의 스토리: ○○대학교 신화 창조"
- 동아리 활동을 하나의 '스토리'나 '신화'로 묘사하여, 참여와 경험의 가치를 강조합니다.

이번에 나온 제목들은 MZ세대의 트렌드와 감성에 맞춰 자신들의 삶과 경험에 특별함을 부여하고자 하는 욕구를 자극하고 있습니다. 그리고 축구 동아리가 제공하는 독특하고 역동적인 경험을 강조하며 시청자들의 호기심을 유발할 수 있는 것들입니다.

최초 제목보다 훨씬 괜찮다고 느껴집니다.

Q4 주의할 점

Chat GPT를 사용하여 생성된 이미지의 저작권은 OpenAI에 있습니다. OpenAI는 사용자가 Chat GPT를 통해 생성한 이미지를 개인적이거나 상업적인 목적으로 사용할 수 있도록 허용하고 있습니다. 그러나 몇 가지 제한 사항이 있으며, 이는 OpenAI의 사용 정책과 저작권 지침에 따라 달라질 수 있습니다.

일반적으로, 이러한 이미지를 사용할 때는 OpenAI의 지침을 따르고, 해당 이미지를 통해 타인의 권리를 침해하거나 부적절한 용도로 사용하지 않아야 합니다. OpenAI의 최신 정책과 지침을 확인하는 것이 좋으며, 필요한 경우 법적 조언을 구하는 것도 고려할 수 있습니다.

chapter 5 | **Chat GPT로 한눈에 들어오는 결산보고서 만들기**

Q1 왜 Chat GPT를 써야할까?

    Chat GPT에 다양한 인격을 부여하여 보고서를 평가받는 것은 여러 면에서 이점을 가집니다. 첫째, 다양한 인격을 활용하면 보고서에 다양한 관점과 창의적인 아이디어를 제공할 수 있습니다. 예를 들어, 비즈니스 전문가, 교육자, 혹은 예술가의 관점에서 평가를 받으면, 보고서의 내용을 다각도에서 검토하고 개선할 수 있는 기회가 생깁니다. 이는 문제 해결, 혁신적 아이디어 제시, 다양한 시나리오를 고려하는 데에 특히 유용합니다.

    둘째, 보고서의 대상 독자에 맞게 인격을 조정하면, 해당 독자층의 관점과 기대에 부합하는 맞춤형 피드백을 얻을 수 있습니다. 예를 들어, 학생들을 위한 보고서라면 학생의 관점을, 기업 임원을 위한 보고서라면 비즈니스 전문가의 관점을 적용함으로써, 보고서가 각 대상에게 어떻게 다가갈지를 더 잘 이해하고 준비할 수 있습니다. 이렇게 하면 보고서가 특정 독자층의 요구와 기대를 보다 정확하게 충족시키는 데 도움이 됩니다.

    마지막으로, 다양한 인격을 사용하면 보고서의 커뮤니케이션 방식과 설득력을 강화할 수 있습니다. 각 인격이 가진 독특한 스타일, 어휘 사용, 접근 방식을 통해 보고서의 주요 내용을 강조하고, 읽는 사람이 쉽게 이해하고 공감할 수 있도록 만들 수 있습니다. 예를 들어, 독자에게 친근하고 설득력 있는 스타일로 작성된 보고서는 독자와의 연결감을 증진시키고, 메시지 전달에 있어 보다 효과적입니다. 이런 방식은 보고서의 전반적인 품질과 영향력을 높이는데 큰 도움이 됩니다.

Q2 대학생이 활용가능한 프롬프트 리스트

- **비즈니스 전문가 관점:** 비즈니스 전문가의 관점에서 이 보고서의 시장 분석 부분에 대해 평가해 주세요.
- **학술 연구자 관점:** 학술 연구자로서 이 보고서의 연구 방법론과 결론을 평가해 주세요.
- **마케팅 전문가 관점:** 마케팅 전문가의 시각에서 이 보고서의 제품 홍보 전략을 평가해 주세요.
- **문학 비평가 관점:** 문학 비평가로서 이 보고서의 서술 스타일과 언어 사용을 평가해 주세요.
- **재무 분석가 관점:** 재무 분석가의 관점에서 이 보고서의 재무 데이터 해석을 평가해 주세요.
- **환경 과학자 관점:** 환경 과학자로서 이 보고서에서 다룬 환경적 영향에 대해 평가해 주세요.
- **IT 전문가 관점:** IT 전문가로서 이 보고서의 기술적 내용과 해결책을 평가해 주세요.
- **교육 전문가 관점:** 교육 전문가로서 이 보고서가 제시하는 교육 프로그램의 효과성을 평가해 주세요.
- **법률 전문가 관점:** 법률 전문가의 관점에서 이 보고서의 법적 준수 사항을 평가해 주세요.

- **사회학자 관점:** 사회학자로서 이 보고서의 사회적 영향과 문화적 맥락을 평가해 주세요.
- **심리학 전문가 관점:** 심리학 전문가로서 이 보고서의 인간 행동에 대한 분석을 평가해 주세요.
- **창업가 관점:** 창업가로서 이 보고서의 사업 계획 및 혁신적 접근을 평가해 주세요.
- **예술가 관점:** 예술가의 시각에서 이 보고서의 창의성과 예술적 가치를 평가해 주세요.
- **공학자 관점:** 공학자로서 이 보고서의 기술적 해결책과 설계를 평가해 주세요.
- **인문학자 관점:** 인문학자의 관점에서 이 보고서가 다루는 인문학적 주제와 사상을 평가해 주세요.

Q3 실제 활용 사례

학교로부터 지원금을 받는 테니스 동아리는 매년 결산보고서를 학교에 제출해야 합니다. 최초 보고서를 동아리 회장으로부터 받을 수 있었습니다. 아래 보고서를 기반으로 내용을 수정 및 추가해 보겠습니다.

Prompt

너는 대학 보고서 작성 전문가야. 학교로부터 지원금을 받는 테니스 동아리인 '에이스 테니스 클럽'이 연간 활동 보고서를 제출해야 해. 이 동아리는 테니스 기술 향상과 회원 간의 친목 도모에 목표를 두고 있어. 그들은 주 2회 정기적인 훈련과 월별 내부 대회를 개최해. 이 보고서는 감사 보고서로 제출될 예정인데, 현재 내용이 다소 미흡해. 이 보고서를 강화하고, 보다 전문적인 내용을 추가하여 그들이 학교에 제출할 수 있도록 돕고 싶어. 이를 위해 보고서의 내용을 검토하고, 피드백을 제공하는 것이 목적이야. 이 보고서를 강화하기 위한 제안사항과 개선점을 1분 분량으로 작성해 줘.

[2023년도 대학교 테니스 동아리 연간 활동 보고서]
1. 서론 및 동아리 소개
- 동아리 이름: 에이스 테니스 클럽 (Ace Tennis Club)
- 창립 연도: 2010년
- 목표: 테니스 기술 향상, 회원 간의 친목 도모, 건강한 체력 유지
- 특징: 모든 학과 학생들이 참여, 주 2회 정기 훈련 및 월별 내부 대회 개최

2. 연간 활동 개요
- 정기 훈련과 워크샵
- 지역 대학교 대회 및 친선 경기 참가
- 사회적 활동 및 봉사

3. 활동별 상세 내용
훈련 및 연습
- 매주 화요일 및 금요일 오후 훈련 세션
- 스트로크, 서브, 발리 기술 향상에 중점

대회 참가 및 성과
- 국립대학교 테니스 대회 단체전 준우승
- 지역 대학연합 테니스 대회 개인전 3위 달성

특별 활동
- 선배 초청 강연 및 클리닉 진행
- 여름 합숙 훈련 캠프 개최

4. 재정 보고
- 총 예산: 5,000,000원
- 주요 사용처: 대회 등록비, 장비 구입, 훈련 캠프 비용
- 재정 출처: 회비, 학교 지원금, 후원금

5. 회원 참여 및 개발
- 현재 회원 수: 30명
- 신입 회원 통합 프로그램 운영
- 정기적인 기술 평가 및 개인별 피드백 제공

6. 문제점 및 개선점
- 훈련 장비 부족 문제: 추가 장비 구매 계획
- 훈련 시간 부족: 추가 훈련 시간 확보 논의 중

7. 결론 및 감사의 말
- 올 한 해 동안의 성장과 성취에 감사
- 2024년에도 지속적인 발전과 성공을 기대하며

8. 부록
- 대회 결과, 행사 사진, 회원 명단

Chat GPT

15년의 전문적인 보고서 작성 경력을 바탕으로 한 피드백을 드리겠습니다. 제시된 보고서는 전반적으로 깔끔하고 잘 구성되어 있으나, 몇 가지 개선점을 제안드릴 수 있습니다:

1. 보다 구체적인 데이터 및 통계 제공: 훈련 세션의 효과, 대회 결과, 회원 참여도 등을 구체적인 숫자나 통계로 제시하면 보고서의 설득력을 높일 수 있습니다. 예를 들어, 회원의 기술 향상을 위한 전후 비교, 회원 만족도 조사 결과 등을 포함할 수 있습니다.

2. 재정 보고의 상세화: 재정 관련 섹션에서는 예산의 구체적인 사용 내역을 더 상세히 나누어서 보여주는 것이 좋습니다. 각 항목별로 사용된 금액과 그 목적을 명확히 하는 것이 중요합니다.

3. 문제점 및 개선점의 구체적인 해결책 제시: 문제점을 지적할 때는 가능한 해결책을 보다 구체적으로 제시하는 것이 좋습니다. 예를 들어, 장비 부족 문제에 대해 특정 예산 할당을 제안하거나, 추가 훈련 시간 확보를 위한 구체적

인 시간표 제안 등이 포함될 수 있습니다.

4. 회원의 목소리 포함: 회원들의 인터뷰나 소감을 포함하여 보고서에 인간적인 요소를 추가하는 것도 고려해 볼 수 있습니다. 이는 동아리의 활동이 회원들에게 어떤 영향을 미쳤는지를 직접적으로 보여줄 수 있습니다.

5. 시각적 요소 강화: 사진, 그래프, 표 등의 시각적 요소를 추가하여 보고서를 더욱 독자 친화적으로 만드는 것이 좋습니다. 이는 정보의 전달을 강화하고, 독자의 관심을 유지하는 데 도움이 됩니다.

6. 실행 가능한 향후 계획 제시: 다음 해의 계획을 구체적으로 제시하며 보고서를 마무리하면, 동아리의 미래에 대한 비전과 방향성을 보여줄 수 있습니다.

이러한 피드백은 보고서의 전문성과 효과성을 향상시키는 데 도움이 될 것입니다. 여러 가지 내용 중에 재정 보고 내용이 눈에 띕니다.

Prompt

이 보고서는 학교의 지원금을 받기 위해서 작성하는 보고서야. 재정 보고를 구체화 시켜주면 좋겠어.

Chat GPT

학교의 지원금을 받기 위해 작성하는 보고서의 경우, 재정 보고 부분을 더욱 상세하고 정확하게 구체화하는 것이 중요합니다. 이를 위해 다음과 같은 구체적인 내용을 포함할 수 있습니다:

재정 보고

총 예산 및 재정 출처
- 총 예산: 5,000,000원

- 학교 지원금: 2,000,000원
- 회비 수입: 2,000,000원
- 후원금 및 기부: 1,000,000원

주요 지출 항목

대회 등록비 및 여행 비용: 1,500,000원
- 국립대학교 테니스 대회 등록비: 500,000원
- 지역 대학연합 테니스 대회 등록비 및 이동비: 1,000,000원

장비 구입 및 유지비: 1,500,000원
- 라켓 및 볼 구입: 800,000원
- 네트, 코트 유지 및 기타 장비: 700,000원

훈련 캠프 및 워크샵: 1,000,000원
- 여름 합숙 훈련 캠프(장소 대여, 식비 등): 800,000원
- 선배 초청 강연 및 클리닉: 200,000원

기타 활동비: 1,000,000원
- 팀 유니폼 및 기념품 제작: 400,000원
- 사회적 활동 및 봉사활동 관련 비용: 600,000원

예산 사용에 대한 평가
- 각 지출 항목은 동아리의 목표와 활동에 필수적이며, 효율적으로 사용되었습니다.
- 대회 참가 및 장비 구입을 통해 회원들의 기술 향상과 경쟁력 강화에 기여했습니다.
- 훈련 캠프 및 워크샵은 회원들의 실력 향상과 동아리의 내적 결속을 강화하는 데 중요한 역할을 했습니다.

향후 재정 계획
- 다음 해 예산 계획은 현재 활동의 결과를 바탕으로 더욱 효과적인 재정 관리를 목표로 합니다.
- 추가적인 후원 및 자금 조달 방안을 모색하여 재정 안정성을 강화할 계획입니다.

이러한 상세한 재정 보고는 학교 측에 동아리의 재정 관리 능력과 투명성을 보여주며, 추가적인 지원금을 받는데 도움이 될 것입니다. 구체적으로 재정 관리 부분만 다시 보도록 하겠습니다. 이번 보고서를 평가하는 교수님이 OO대학 회계학과 교수님이라는 정보가 있었습니다. 이것을 활용해 보도록 하겠습니다.

Prompt

보고서를 평가하는 교수님이 OO대학교 회계학과 교수님이셔. 회계학과 교수님이 좋아할 만한 보고서 스타일로 작성해 줄래.

Chat GPT

회계학과 교수님의 평가를 받기 위한 보고서를 작성할 때는 특히 재정적 정확성, 투명성, 그리고 세부적인 분석이 중요합니다. 이를 위해 다음과 같은 스타일로 보고서를 작성하는 것이 좋습니다:

2023년 대학교 테니스 동아리 연간 활동 및 재정 보고서

재정 보고
총 예산 및 재원
- 총 예산: 5,000,000원
- 재원 세부 사항:
- 학교 지원금: 2,000,000원
- 회비 수입: 2,000,000원
- 후원금 및 기부: 1,000,000원

지출 세부 내역 (회계 기준에 따른 분류)
1. 운영 비용 (Operating Expenses)
- 대회 등록비: 500,000원

- 여행 및 숙박 비용: 1,000,000원

2. 자본 지출 (Capital Expenditures)
- 장비 구입 (라켓, 볼, 네트 등): 800,000원
- 코트 유지 및 기타 장비 유지: 700,000원

3. 교육 및 개발 비용 (Education and Development Expenses)
- 훈련 캠프 및 워크샵: 800,000원
- 선배 초청 강연 및 클리닉: 200,000원

4. 기타 비용 (Miscellaneous Expenses)
- 팀 유니폼 및 기념품 제작: 400,000원
- 사회적 활동 및 봉사활동 관련 비용: 600,000원

재정 분석 및 평가
- 예산 집행의 효율성: 각 지출 항목은 동아리 목표 달성에 중요한 역할을 했습니다. 예산은 철저한 계획에 따라 사용되었으며, 각 항목별 효과와 ROI(투자 대비 수익률)를 분석했습니다.
- 예산 조정 및 미래 계획: 회원 수 증가와 활동 범위 확대에 따른 예산 조정을 고려하고 있습니다. 추가적인 자금 조달 방안 및 장기 재정 계획을 수립 중입니다.

투명성 및 책임성
- 모든 재정적 거래는 회계 기준에 따라 기록되었으며, 정기적인 감사를 통해 투명성을 유지했습니다.
- 재정 관련 문서는 언제든지 검토가 가능하며, 구성원 및 학교 측의 질문에 대해 열린 태도로 임하고 있습니다.

결론 및 감사의 말
- 지난 한 해 동안의 성과와 성장에 감사드리며, 지속적인 지원과 관심에 감사드립니다.
- 앞으로도 투명하고 책임감 있는 재정 관리를 통해 동아리의 가치를 높여갈 것입니다.

부록
- 재정 관련 세부 문서 및 영수증
- 대회 결과 및 행사 사진

새로 작성된 보고서는 회계학적 원칙과 투명성을 강조하고 있으며, 회계학과 교수님의 기대에 부합하는 전문적인 수준을 보여주려고 노력하고 있습니다. 이번에는 동아리 후배들을 위한 보고서로 다시 작성하겠습니다.

> **Prompt**
>
> 위 내용을 1, 2학년 후배들에게도 보여줘야 해. 안에 담긴 중요한 내용은 동일하게, 하지만 표현 방식을 변경해 줘.

> **Chat GPT**
>
> "우리 동아리의 활동과 재정 사용에 대한 이야기"
>
> 안녕하세요, 후배들! 우리 테니스 동아리가 올해 어떻게 활동했고, 우리에게 주어진 예산을 어떻게 사용했는지 궁금하시죠? 여기에 쉽고 재미있게 정리해봤어요!
>
> **올해의 주요 활동들**
> - 정기적인 테니스 연습
> - 대학교 대회 참가
> - 여름 훈련 캠프
> - 팀 빌딩과 사회 봉사활동
>
> **예산은 어디에 썼을까요?**
> - 총 예산: 5,000,000원
> - 재원: 학교 지원금, 회비, 후원금
>
> **세부 지출 내역**
> - 대회 등록비 및 여행 비용: 1,500,000원
>   - 대회 참가비와, 우리 팀이 다른 학교로 경기하러 가는 데에 필요했어요.
> - 장비 구입 및 유지비: 1,500,000원

- 우리가 연습하고 경기할 때 필요한 라켓, 볼, 네트 구입 및 유지에 썼습니다.
- 훈련 캠프 및 워크샵: 1,000,000원
- 여름에는 특별하게 우리 실력을 키우기 위한 훈련 캠프를 열었어요.
- 기타 활동비: 1,000,000원
- 우리 팀 유니폼 제작 및 팀 빌딩, 사회 봉사 활동에 쓰였어요.

마무리하며
- 우리가 받은 돈은 우리 팀이 더 나아질 수 있도록 잘 사용했어요. 모든 회원들이 열심히 참여해준 덕분이에요!
- 다음 해에도 우리 팀이 더 멋진 활동을 할 수 있도록 여러분의 지속적인 관심과 참여 부탁해요!

부록
- 대회 사진, 훈련 캠프의 모습 등
- 재정 사용에 대한 세부 문서 (영수증 등)

회계학과 교수님께 드리는 보고서와 후배들에게 보여주는 보고서가 다른 것을 확인할 수 있습니다. 이렇게 보고서를 작성하면 후배들이 우리 동아리의 활동과 재정 상황을 보다 쉽게 이해하고, 동아리에 더 많은 관심을 가질 수 있을 것입니다.

Q4 주의할 점

Chat GPT를 사용하여 보고서를 작성할 때 개인정보와 기밀성 유지는 매우 중요합니다. 민감한 정보의 무단 공개나 유출은 심각한 법적 및 윤리적 문제를 야기할 수 있습니다. 사용자는 보고서 작성 과정에서 개인 데이터나 조직의 기밀 정보를 Chat GPT에 입력하지 않도록 주의해야 합니다. 특히 학생들의 개인정보, 재정 관련 세부 사항, 민감한 연구 데이터 등은 보호되어야 하며, 이러한 정보는 공개적인 플랫폼이나 외부에 노출되어서는 안 됩니다. 또한, 동아리 내부에서만 공유되어야 할 전략적 계획이나 미팅 노트와 같은 정보 역시 보안을 유지하는 것이 중요합니다. 이는 정보 보안을 유지하고, 관련 법률 및 규정을 준수하는데 필수적인 조치입니다.

PART 06

대학생활
완전 정복

CHAT GPT

chapter 1 | Chat GPT를 활용한 CROSS SWOT으로 학과 진단 내리기

이번에는 CROSS SWOT 분석에 대해 알아보겠습니다. 일반적인 SWOT 분석은 Strengths(강점), Weaknesses(약점), Opportunities(기회), Threats(위협)의 네 가지 요소를 평가하는 방식입니다. CROSS SWOT 분석은 기존의 SWOT 분석 방법에 'CROSS'라는 새로운 요소를 추가한 것입니다.

Challenges(도전 과제): 현재와 미래의 도전 과제를 식별하고, 이를 극복하기 위한 전략입니다. 이 요소는 기존의 SWOT 분석에서는 직접적으로 다루어지지 않던, 조직이나 프로젝트가 직면할 수 있는 주요 도전 과제들을 식별하고 해결 방안을 모색하는 데 중점을 둡니다.

Resources(자원): 조직이나 프로젝트에서 사용할 수 있는 자원과 능력을 평가합니다. 이는 조직이나 프로젝트가 보유한 강점과 기회를 최대한 활용할 수 있는 내부 자원과 능력에 초점을 맞춥니다. 이는 기존 SWOT의 강점(S)과 연관이 있습니다.

Options(옵션): 다양한 전략적 대안을 고려하고, 가능한 최선의 선택을 할 수 있도록 합니다. 다양한 전략적 대안을 고려하는 단계로, 기존 SWOT 분석의 기회(O) 요소와 연결되어 기회를 활용할 수 있는 여러 가능성을 탐색합니다.

Success Factors(성공 요인): 성공을 위해 필요한 핵심 요소들을 파악합니다. 이 요소는 조직이나 프로젝트의 성공을 위해 필요한 핵심 요소들을 파악하는 데 초점을 맞춥니다. 이는 SWOT 분석의 강점(S)과 기회(O) 요소와 밀접한 관련이 있습니다.

Synergies(시너지): 조직 내외부의 다양한 요소들이 어떻게 상호 작용하여 전체적인 성과를 향상시킬 수 있는지 분석합니다. 조직 내외부의 다양한 요소들이 어떻게 상호 작용하여 전체적인 성과를 향상시킬 수 있는 지가 핵심이 됩니다. 이는 SWOT 분석의 강점(S)과 기회(O) 요소, 그리고 약점(W)과 위협(T) 요소를 극복하기 위한 방안을 모색하는 데 도움이 됩니다.

Q1 왜 Chat GPT를 써야할까?

Chat GPT는 객관적이고 포괄적인 분석을 가능하게 합니다. Chat GPT는 사람의 주관적 판단이나 편향 없이 정보를 제공합니다. 이는 학과의 강점과 약점을 객관적으로 평가하는 데 도움이 되며, 다양한 관점과 측면을 포괄적으로 고려할 수 있게 합니다.

예를 들어, 한 대학의 컴퓨터 공학과에서 CROSS SWOT 분석을 진행하기로 결정했습니다. 이들은 Chat GPT의 도움을 받아 객관적이고 포괄적인 분석을 수행하려 합니다. 이 학과는 특히 학생들의 참여도가 낮고, 새로운 기술 트렌드에 뒤처지고 있다는 우려가 있었습니다. Chat GPT를 통해 그들은 전국에 있는 경쟁 학과의 커리큘럼과 참여 방식을 분석했습니다.

이 과정에서 Chat GPT는 여러 대학의 성공 사례와 실패 사례를 비교 제시하며, 학생 참여를 높이기 위한 창의적인 방법과 최신 기술 동향에 대한 정보를 제공했습니다. 이를 통해 학과는 자신들의 약점을 정확히 파악하고, 새로운 교육 전략과 기술 도입 방안을 마련할 수 있었습니다. Chat GPT의 객관적이고 다각적인 분석 덕분에 학과는 혁신적인 방향으로 변화를 시도할 수 있는 기반을 마련했습니다.

Q2 대학생이 활용가능한 프롬프트 리스트

- SWOT 분석을 통해 볼 때, 우리 학과의 가장 큰 강점은 무엇이고, 이 강점이 어떻게 학과의 경쟁력을 강화시키는 데 기여하나요?
- 학과의 주요 약점은 무엇이며, 이 약점들이 학과의 전반적인 성과에 어떤 영향을 미칠 수 있습니까? SWOT 분석을 통해 이를 어떻게 파악할 수 있나요?
- 현재 시장 상황과 관련하여 SWOT 분석을 바탕으로 학과가 활용할 수 있는 주요 기회는 무엇입니까?
- CROSS SWOT 분석을 사용하여 학과가 직면한 주요 도전 과제는 무엇이며, 이를 극복하기 위한 전략은 무엇인가요?
- 학과의 주요 자원과 능력을 CROSS SWOT 분석을 통해 어떻게 파악할 수 있으며, 이 자원들을 어떻게 활용하여 학과의 경쟁력을 높일 수 있나요?
- CROSS SWOT 분석을 통해 우리 학과가 탐색해야 할 새로운 전략적 옵션은 무엇이며, 이러한 옵션이 학과의 장기적 성공에 어떻게 기여할 수 있나요?
- 학과의 커리큘럼과 다른 대학과 비교 분석해 주세요.
- 새로운 기술 트렌드에 대한 우리 학과의 대응 능력을 평가해 주세요.
- 학과의 경쟁력을 높이기 위한 전략적 제안을 해주세요.

- 학과의 SWOT 분석 결과를 종합적으로 제시해 주세요.
- Chat GPT를 통해 얻은 정보를 기반으로 학과의 개선점을 어떻게 도출할 수 있을까요?
- 학과의 약점을 극복하기 위한 창의적인 방안을 제안해 주세요.
- 학생 참여율 향상을 위한 구체적인 제안을 해주세요.
- 학과가 미래의 기술 동향을 따라잡기 위한 계획을 설명해 주세요.
- Chat GPT를 통해 얻은 경쟁 대학의 사례를 공유해 주세요.
- 학과의 SWOT 분석 결과를 기반으로 한 혁신적인 교육 전략을 제안해 주세요.
- 학과가 변화를 시도하고 혁신적으로 발전하기 위한 기반을 어떻게 마련할 수 있을까요?
- Chat GPT의 도움을 받아 학과의 미래 방향성을 정하는 데 어떤 결정을 내릴 것인가요?

Q3 실제 활용 사례

SWOT 분석을 먼저 실시합니다.

Prompt

 너는 컨설팅 전문가야. OO 대학교 무역학과의 현재 상황과 가능성을 파악하기 위해, OO 대학교 무역학과에서 SWOT 분석을 요청해 왔어. 그들은 이 분석을 통해 학과의 강점, 약점, 기회, 위협 요소들을 정확히 이해하고자 해. 이러한 분석은 학과의 발전 전략을 수립하는 데 큰 도움이 될 거야. 이 무역학과 SWOT 분석을 1분 분량으로 요약해서 작성해 줘.

Chat GPT

○○대학교 무역학과의 SWOT 분석을 진행하기 전에, 해당 학과에 대한 몇 가지 기본 정보가 필요합니다. 이 정보는 학과의 특성, 교육 커리큘럼, 졸업 후 진로, 산학 협력의 정도, 교수진의 전문성, 그리고 학과가 위치한 지역적, 경제적 환경 등을 포함할 수 있습니다. 하지만, 구체적인 정보 없이 일반적인 관점에서 SWOT 분석을 시도할 수 있습니다. 이때는 다음과 같은 접근을 사용할 수 있습니다:

1. Strengths(강점):
- 전문성: 무역 분야에 특화된 교육 과정 제공
- 산학 협력: 무역 산업과의 연계를 통한 실질적인 경험과 네트워크 제공 가능성
- 위치적 이점: OO대학교의 위치가 무역산업과의 연계에 유리할 수 있음

2. Weaknesses(약점):
- 경쟁 심화: 무역 분야의 전문 인력에 대한 경쟁이 치열함
- 산업 변동성: 무역산업의 경기변동성이 학과의 안정성에 영향을 줄 수 있음
- 자원 제한: 실습 기회나 산업 기술 접근성에 제한이 있을 수 있음

3. Opportunities(기회):
- 시장 수요 증가: 글로벌화와 무역 증가로 인한 전문가에 대한 수요 증가
- 신기술 도입: 드론, AI 등 신기술의 도입으로 새로운 교육 및 연구 분야 개척 가능
- 국제적 협력: 해외 대학 및 기관과의 협력을 통한 국제적 교류 및 연구 기회 확대

4. Threats(위협):
- 경제적 변동: 세계 경제의 불확실성이 무역산업에 영향을 줄 수 있음
- 기술 변화: 급변하는 기술 환경이 기존 교육 방식의 적합성에 도전을 제기할 수 있음
- 정책 변화: 정부 정책의 변화가 학과 운영 및 학생의 진로 선택에 영향을 미칠 수 있음

Chat GPT의 첫 응답은 "해당 학과에 대한 몇 가지 기본 정보가 필요합니다. 이 정보는 학과의 특성, 교육 커리큘럼, 졸업 후 진로, 산학 협력의 정도, 교수진의 전문성, 그리고 학과가 위치한 지역적, 경제적 환경 등을 포함할 수 있습니다"입니다. 즉 해당 학과에 대한 필수 정보를 입력하면 그 정보에 맞춰서 Chat GPT는 더 고도화된 SWOT 분석 결과를 제공합니다.

Prompt

SWOT 분석을 위해서 해당 학과의 어떤 점들이 더 필요하니? 표로 제시해 줘.

Chat GPT

SWOT 분석을 위해 필요한 항목들을 표 형식으로 나타내면 다음과 같습니다:

구분	설명
강점 (Strengths)	학과의 주요 강점, 특징적인 교육 프로그램, 교수진의 전문성, 독특한 학습 자원, 산업 연계 등
약점 (Weaknesses)	학과의 주요 약점, 교육 프로그램의 한계, 자원 및 설비의 부족, 학생 만족도 문제, 취업률 등
기회 (Opportunities)	학과의 발전 가능성, 산업 수요 증가, 기술 변화, 정부 정책, 해외 교류 기회 등
위협 (Threats)	외부로부터의 도전, 경쟁 학과와의 비교, 경제적/정치적 변동, 기술 발전에 따른 위험 등

이 표를 바탕으로, 해당 학과의 상세한 정보를 제공해 주시면, 더 구체적이고 맞춤형 SWOT 분석을 진행할 수 있습니다.

우선 이번에는 우리 학과의 정보를 입력하지 않고, 최초 제시된 결과를 바탕으로 CROSS SWOT 분석을 진행하겠습니다.

Prompt

위 결과를 바탕으로 CROSS SWOT 분석을 해줘. 분석 결과를 통해서 우리가 뭘 해야 하는지도 알려줘.

Chat GPT

○○대학교 무역학과에 대한 CROSS SWOT 분석을 바탕으로, 각 요소별 구체적인 행동 방향을 제시해 보겠습니다. 이 분석은 앞서 언급한 SWOT 분석을 기반으로 합니다.

1. **Challenges(도전과제):**
   - 도전: 경쟁 심화 및 산업 변동성 대응
   - 행동 방향: 혁신적 교육 방법 도입, 신기술 적용 교육 강화, 업계 전문가와의 협력을 통한 실무 기반 교육 강화
2. **Resources(자원):**
   - 자원: 산학 협력, 위치적 이점, 전문 교수진
   - 행동 방향: 산업 현장과의 긴밀한 협력을 통해 학생들에게 실제 업무 경험 제공, 위치적 이점을 활용한 국제적 협력 및 교류 프로그램 개발
3. **Options(옵션):**
   - 옵션: 신기술 도입, 국제적 협력 확대, 다양한 교육 커리큘럼 개발
   - 행동 방향: 항공서비스 분야의 최신 기술 교육 강화, 해외 대학과의 교류 프로그램 개발, 다양한 학생의 요구를 반영한 교육 과정 개선
4. **Success Factors(성공 요인):**
   - 성공 요인: 혁신적인 교육 방법, 산업과의 밀접한 연계, 글로벌 경쟁력
   - 행동 방향: 차별화된 교육 커리큘럼 개발, 산업체와의 협력을 통한 실질적

인 경험 제공, 국제적 네트워크 확장을 통한 글로벌 인재 양성
5. Synergies(시너지):
- 시너지: 학문적 전문성과 실무 경험의 결합, 국내외 네트워크 활용
- 행동 방향: 학과의 학문적 강점과 산업 현장의 실무 경험을 결합하여 유니크한 교육 프로그램 개발, 국내외 네트워크를 활용한 학생들의 취업 기회 및 진로 탐색 지원 강화

　위 결과를 통해서 해당 학과는 자신의 강점을 최대한 활용하고, 약점을 보완하는 동시에 시장과 산업의 변화에 대응하는 전략을 수립할 수 있습니다. 이는 학과의 경쟁력 강화와 학생들의 취업률 향상에 기여할 것입니다. 하지만 SWOT 분석만 보다가 처음으로 CROSS SWOT 분석을 해 보니, 이 분석 결과를 어떻게 이해해야 하는 지가 고민입니다. 그래서 다음과 같이 물어보았습니다.

Prompt

 CROSS SWOT 분석에서 각 CROSS가 어떤 과정을 거쳐서 나왔는지 설명해 줘.

Chat GPT

　CROSS SWOT 분석은 전통적인 SWOT 분석에 'CROSS'라는 다섯 가지 추가적인 요소를 포함하여 더 깊이 있는 전략적 분석을 가능하게 합니다. 각 요소는 특정한 과정을 통해 도출됩니다. OO대학교 무역학과의 사례를 통해 이 과정을 살펴보겠습니다:

1. **Challenges(도전과제):** 이 단계에서는 학과가 직면한 주요 도전 과제들을

식별합니다. 무역학과의 경우, 경쟁 심화와 산업 변동성이 주요 도전으로 파악됩니다. 이러한 도전 과제는 시장 분석, 산업 동향 조사, 학과의 현 상황 평가 등을 통해 파악됩니다.

2. Resources(자원): 학과가 보유한 주요 자원과 강점을 분석합니다. 이 경우, 산학 협력, 위치적 이점, 전문 교수진 등이 해당되며, 이는 학과의 기존 자산, 인적 자원, 지리적 위치 등을 평가함으로써 파악됩니다.

3. Options(옵션): 가능한 전략적 선택지를 탐색합니다. 무역학과에는 신기술 도입, 국제적 협력 확대, 다양한 교육 커리큘럼 개발 등이 있습니다. 이 옵션들은 창의적 사고, 시장 및 기술 동향 분석, 경쟁 대학 및 학과 분석을 통해 도출됩니다.

4. Success Factors(성공요인): 학과의 성공을 위한 핵심 요소를 식별합니다. 이는 학과의 목표, 임무, 비전과 연관되어 있으며, 혁신적인 교육 방법, 산업과의 밀접한 연계, 글로벌 경쟁력 등이 포함됩니다. 이러한 요인은 내부 회의, 이해관계자 피드백, 업계 동향 분석을 통해 파악됩니다.

5. Synergies(시너지): 학과 내외부 요소들이 어떻게 상호작용하여 전체적인 성과를 향상시킬 수 있는지 분석합니다. 예를 들어, 학문적 전문성과 실무 경험의 결합, 국내외 네트워크 활용 등이 해당됩니다. 이는 다양한 부서와 이해관계자들 간의 협업, 네트워크 분석을 통해 파악됩니다.

이처럼 CROSS 요소들은 SWOT 분석의 기본 프레임워크를 확장하고, 조직이나 프로젝트의 전략적 계획을 더 깊이 있고 체계적으로 수행할 수 있도록 합니다. 이번에는 CROSS SWOT 분석 결과를 기반으로 학과에서 할 수 있는 방안을 생각해 보도록 하겠습니다.

Prompt

위 CROSS SWOT 결과를 기반으로 구체적으로 학과에서 할 수 있는 실천 방안을 2개씩 제시해 줘.

Chat GPT

 무역학과에서 CROSS 분석 결과를 바탕으로 할 수 있는 구체적인 실천 방안은 다음과 같습니다:

1. Challenges(도전 과제):
- 산업 변동성 대응: 최신 시장 동향 및 산업 변화에 대한 정기적인 세미나 개최하여 학생과 교수진의 인식 제고
- 경쟁 심화 대응: 독특한 전문 분야 개발을 통해 학과의 경쟁력 강화. 예를 들어, 무역실습 운용, 전자상거래 분석 등 신흥 분야에 대한 강좌 개설

2. Resources(자원):
- 산학 협력 활용: 무역 관련 기업과의 인턴십 프로그램을 확대하여 학생들에게 실무 경험 제공
- 전문 교수진 활용: 교수진의 전문성을 활용한 멘토링 프로그램 운영으로 학생들의 학문적 성장 지원

3. Options(옵션):
- 신기술 교육 도입: 가상 현실(VR)과 증강 현실(AR)을 활용한 무역실습 프로그램 개발
- 국제적 협력 강화: 해외 대학과의 교환 학생 프로그램 및 공동 연구 프로젝트 개설

4. Success Factors(성공 요인):
- 차별화된 교육 커리큘럼: 글로벌 무역 트렌드를 반영한 혁신적인 교육 과정 개발
- 산업 연계 강화: 산업체와의 긴밀한 협력을 통한 실질적인 프로젝트 기반 학습 실시

5. Synergies(시너지):
- 학문적 전문성과 실무 경험의 결합: 교과목 내 프로젝트 기반 학습을 통해 학문적 지식과 실무 경험을 결합
- 국내외 네트워크 활용: 졸업생 네트워크와의 연계를 통한 취업 정보 제공 및 산업체와의 협력 강화

이러한 실천 방안은 무역학과가 현재의 도전 과제를 극복하고, 강점을 활용하여 미래의 기회를 포착하는 데 도움을 줄 수 있습니다. 위 결과를 보고, 교육 커리큘럼과 관련해서 추가적인 정보를 얻고 싶습니다.

Prompt

차별화된 교육 커리큘럼이 마음에 들어. 무역학과에서 제시할 수 있는 최신 트렌드를 반영한 차별화된 교육 커리큘럼을 3개만 추천해 줄래.

Chat GPT

무역학과에서 차별화된 교육 커리큘럼을 개발하기 위해서는 최신 트렌드와 산업의 요구를 반영하는 것이 중요합니다. 다음은 그러한 방향으로 제안할 수 있는 세 가지 차별화된 교육 커리큘럼입니다:

1. 무역 산업에서의 지속가능성과 환경 관리:
- 이 커리큘럼은 무역 산업에서 점점 중요해지고 있는 지속가능성과 환경적 책임에 초점을 맞춥니다. 학생들은 탄소 배출 감소, 에코프렌들리 활동, 에너지 효율성 향상 등에 관한 최신 연구와 전략을 배웁니다. 이 과정은 학생들에게 환경적으로 지속가능한 무역 서비스 제공에 필요한 지식과 기술을 제공합니다.

2. 항공 무역과 디지털 혁신:
- 이 교육 과정은 무역에서의 디지털 혁신에 중점을 둡니다. 여기에는 블록체인 기술을 활용한 화물 추적, 인공지능(AI)과 머신러닝을 이용한 무역 수출 노선 최적화 등이 포함됩니다. 이 커리큘럼은 학생들에게 항공 무역에서의 디지털 기술 적용 방법과 이로 인한 변화를 이해하고 활용하는 능력을 부여합니다.

3. 고객 경험 관리 및 서비스 혁신:
- 고객 경험은 무역 서비스 산업에서 매우 중요한 부분입니다. 이 커리큘럼은 고객 경험을 향상시키기 위한 혁신적인 서비스 전략에 초점을 맞춥니다. 여기에는 가상현실(VR)과 증강현실(AR)을 활용한 고객 서비스 자동화 및 개선 전략 등이 포함됩니다. 이 과정을 통해 학생들은 최신 기술을 활용하여 고객 만족도를 높이는 방법을 배우게 됩니다.

Chat GPT가 제시한 커리큘럼은 현재 무역 분야에서 가장 관심을 받고 있는 분야입니다. 조금만 다듬으면 바로 새 커리큘럼을 적용시킬 수 있을 것 같습니다.

Q4 주의할 점

Chat GPT를 활용한 CROSS SWOT 분석에서 데이터의 한계를 인식하는 것은 매우 중요합니다. Chat GPT의 지식 베이스는 지속적으로 업데이트되지만, 학습된 데이터는 특정 시점까지의 정보에 국한됩니다. 따라서, 분석에 사용되는 데이터가 최신 시장 동향, 산업 변화, 기술 발전 등을 완벽하게 반영하지 못할 수 있습니다.

예를 들어, 최근 몇 달 사이에 발생한 항공산업의 중요 변화나 새로운 무역 정책 등은 Chat GPT의 데이터 베이스에 포함되지 않았을 가능성이 있습니다. 이러한 이유로, CROSS SWOT 분석 시에는 Chat GPT의 분석 결과를 기초로 사용하되, 최신 정보에 대한 추가적인 조사와 분석을 통해 보다 정확하고 시의적절한 전략을 수립하는 것이 필요합니다. 항상 최신의 외부 자료와 전문가 의견을 참조하는 것이 좋습니다.

PART **07**

취업

CHAT GPT

chapter 1 　취업 트렌드, Chat GPT에 있다

Q1 왜 Chat GPT를 써야할까?

Chat GPT는 다양한 시나리오 모델링을 통해 기업들이 미래의 가능성을 탐색하고 준비하는 데 큰 도움을 줄 수 있습니다. 새로운 기술 도입이 이커머스 사업에 미칠 영향을 예측하거나, 글로벌 경제 변화가 특정 제품 카테고리의 수요에 어떻게 영향을 미칠지 등의 시나리오를 분석하는 데 사용될 수 있습니다. 이런 분석은 기업이 미래 변화에 대응하는 전략을 수립하는 데 중요한 기초 자료를 제공하며, 불확실한 시장 환경에서 경쟁 우위를 확보하는데 기여할 수 있습니다.

Q2 대학생이 활용가능한 프롬프트 리스트

- 해당 분야에서 현재 주요한 기술적 변화는 무엇인가요?
- 앞으로 5~10년 내에 이 분야를 주도할 새로운 기술이나 혁신은 무엇인가요?
- 이 분야에서 떠오르는 새로운 직업군과 역할은 무엇인가요?
- 이 분야의 소비자/고객 행동에 어떤 변화가 예상되나요?

- 이 분야에서 중요해질 것으로 예상되는 기술이나 스킬셋은 무엇인가요?
- 글로벌 이슈(예: 기후 변화, 지속가능성)가 이 분야에 어떤 영향을 미칠 것으로 보나요?
- 현재 이 분야에서 직면하고 있는 주요 도전 과제는 무엇인가요?
- 미래 취업 전망을 분석하여 어떤 산업이 성장 중인지 알려주세요.
- 미래에 수요가 높을 것으로 예상되는 직업 분야는 무엇인가요?
- 인공지능과 자동화 기술이 어떻게 취업 시장을 변화시키고 있나요?
- 미래에 필요한 기술 스킬 중 어떤 것을 우선적으로 습득해야 할까요?
- 환경 및 지속가능성 관련 분야에서 취업 기회가 늘어날 것으로 예상되나요?
- 미래에 경제적으로 안정된 직업을 찾기 위한 조언을 주세요.
- 글로벌 경제 동향이 나의 취업 기회에 어떻게 영향을 미칠 수 있나요?
- 미래의 업계 트렌드를 예측하고, 그에 따른 취업 전략을 알려주세요.
- 자율주행 차량과 같은 신기술이 취업 시장에 어떤 영향을 미칠까요?
- 미래의 경쟁력을 높이기 위해 어떤 역량을 개발해야 할까요?
- 그린 에너지 및 친환경 분야에서 취업 기회를 놓치지 않으려면 어떤 노력이 필요한가요?
- 블록체인 기술이 미래의 취업 시장에 어떤 혁신을 가져올 것으로 예상되나요?
- 미래에 협업과 커뮤니케이션 스킬이 중요해질 이유는 무엇인가요?
- 전업이 아닌 부업 또는 플랫폼 경제에 참여하는 것이 미래에 유망한 취업 전략일까요?
- 미래에는 어떤 글로벌 시장에서 취업 기회를 찾을 수 있을까요?

Q3 실제 활용 사례

Prompt

너는 이커머스 분야에서 30년 경력을 가진 전문가야. 나는 현재 이커머스 분야로 취업을 준비 중인데, 이 분야에 대해 더 잘 이해하고 싶어. 너는 나에게 이커머스 분야 취업에 대한 2030년 전망을 이야기해 줘야 해. 이에 대한 정보를 1분 분량으로 요약해서 설명해 줘.

Chat GPT

2030년의 이커머스 분야 취업 전망에 대해 이야기하기 위해, 현재의 트렌드와 기술 발전의 방향성을 고려해야 합니다. 다음과 같은 요소들이 2030년까지 이커머스 분야의 취업 시장에 중요한 영향을 미칠 것으로 예상됩니다.

- **기술의 발전:** 인공지능(AI), 머신러닝, 빅데이터, 증강 현실(AR) 및 가상 현실(VR)과 같은 기술들이 이커머스 분야에 더욱 깊숙이 통합될 것입니다. 이로 인해 데이터 분석가, AI 개발자, 사용자 경험(UX) 디자이너와 같은 전문 직종의 수요가 증가할 것으로 보입니다.
- **사용자 경험의 중요성 증가:** 소비자들의 기대치가 높아지면서, 맞춤형 쇼핑 경험과 향상된 사용자 인터페이스(UI) 설계가 중요해질 것입니다. 이에 따라 UX/UI 디자이너, 고객 경험 관리자, 컨텐츠 크리에이터의 역할이 강조될 것으로 예상됩니다.
- **지속가능성과 윤리적 소비:** 환경적 지속가능성에 대한 인식이 높아지면서, 이커머스 기업들은 지속가능한 비즈니스 모델을 추구하게 될 것입니다. 이와 관련된 직종, 예를 들어 지속가능성 전문가, 윤리적 소싱 매니저 등의 수요가 증가할 것입니다.
- **글로벌화와 현지화의 균형:** 이커머스는 점점 더 글로벌해지고 있으며, 동시에 특정 지역 시장에 맞춘 현지화 전략도 중요해질 것입니다. 이로 인해 다양

한 언어와 문화에 능통한 마케팅 전문가, 현지화 전문가의 수요가 증가할 것입니다.
- **보안과 개인정보 보호**: 데이터 보안 및 개인정보 보호에 대한 관심이 계속해서 증가함에 따라, 이커머스 기업들은 이러한 부분에 더 많은 투자를 할 것입니다. 이에 따라 사이버 보안 전문가, 데이터 보호 전문가의 수요가 증가할 것입니다.

이커머스의 전문가들에게 들을 만한 의견을 Chat GPT가 알려주고 있습니다. 그에 따르면 2030년 이커머스 취업 시장은 기술적 역량, 창의성, 그리고 지속가능한 비즈니스 모델에 대한 이해를 갖춘 인재들에게 유리할 것으로 보입니다. 지속적인 학습과 기술 업그레이드가 중요한 열쇠가 될 것입니다.

Prompt

위 이커머스 분야 가운데서도 특히 이커머스 쇼호스트에 관심이 많아. 2030년 이커머스 쇼호스트에 대해 전망해 줘.

Chat GPT

2030년까지 이커머스 쇼호스트의 전망을 살펴보면, 기술 발전과 소비자 행동의 변화가 크게 영향을 미칠 것으로 예상됩니다. 여기에는 몇 가지 주요 추세가 포함됩니다:

1. 증강 현실(AR)과 가상 현실(VR)의 통합: 이커머스 쇼호스트는 AR과 VR 기술을 활용하여 소비자들에게 보다 몰입감 있는 쇼핑 경험을 제공할 수 있게 될 것입니다. 예를 들어, 가상 공간에서 제품을 시연하거나, 소비자가 가상

환경에서 제품을 직접 체험할 수 있게 하는 방식이 될 수 있습니다.
2. 개인화된 콘텐츠 제공: 머신러닝과 인공지능의 발전으로, 쇼호스트들은 개별 시청자의 취향과 행동에 맞춘 맞춤형 콘텐츠를 제공할 수 있게 될 것입니다. 이는 시청자 개개인에게 더욱 개인화된 쇼핑 경험을 제공하며, 전환율을 높이는 데 기여할 수 있습니다.
3. 라이브 스트리밍과 소셜 커머스의 성장: 라이브 스트리밍과 소셜 미디어 플랫폼을 통한 쇼핑은 계속해서 인기를 얻을 것입니다. 이커머스 쇼호스트들은 이러한 플랫폼을 통해 더욱 다양한 소비자층에 도달하고, 실시간 상호작용을 통해 소비자 참여를 증가시킬 것입니다.
4. 글로벌 시장 진출: 디지털 플랫폼의 발달로 이커머스 쇼호스트들은 지역적 제한 없이 전 세계적으로 관객을 확보할 수 있게 될 것입니다. 이는 다양한 언어와 문화적 맥락에 대한 이해를 필요로 하며, 글로벌 시장에 적합한 콘텐츠 제작 능력이 중요해질 것입니다.
5. 지속가능성과 윤리적 소비 촉진: 소비자들 사이에서 지속 가능한 제품에 대한 관심이 증가함에 따라, 쇼호스트들은 지속가능하고 윤리적인 제품을 소개하고 홍보하는 역할을 더 많이 맡게 될 것입니다.

이러한 추세들을 고려할 때 2030년의 이커머스 쇼호스트는 기술적 적응력, 창의성, 그리고 글로벌 시장에 대한 이해가 필요한 직업이 될 것으로 보입니다. 지속적인 학습과 기술 업그레이드가 이 직업의 중요한 부분이 될 것입니다.

이커머스 쇼호스트의 미래 전망에 대해 물어봤으니 이제는 쇼호스트가 되기 위해 뭘 해야 하는지 물어봐야겠죠.

Prompt

 미래 트렌드를 고려해서 쇼호스트가 되고 싶은 내가 뭘 해야 할까? 구체적으로 알려줘. 난 현재 대학교 3학년 여학생이야.

Chat GPT

 대학교 3학년 여학생으로서 미래의 이커머스 쇼호스트가 되기 위해 준비할 수 있는 구체적인 방법들은 다음과 같습니다:

1. 커뮤니케이션 기술 강화: 효과적인 커뮤니케이션은 쇼호스트의 핵심 기술입니다. 대중 앞에서 말하기, 설득력 있는 커뮤니케이션, 스토리텔링 능력 등을 향상시키기 위해 관련 수업이나 워크숍에 참여하세요.
2. 비디오 제작 및 편집 기술 습득: 기본적인 비디오 제작 및 편집 기술을 배워보세요. 이는 YouTube, Instagram, TikTok 등의 플랫폼에서 자신만의 콘텐츠를 제작하고 게시하는 데 유용합니다.
3. 개인 브랜딩 및 소셜 미디어 활용: 자신의 소셜 미디어 채널을 활성화시켜 개인 브랜딩을 강화하세요. 제품 리뷰, 라이브 스트리밍, 인터랙티브 콘텐츠 등을 통해 온라인에서의 인지도를 높이세요.
4. 이커머스 및 디지털 마케팅 지식 습득: 이커머스와 디지털 마케팅에 대한 기본적인 지식을 갖추는 것이 중요합니다. 온라인 코스, 세미나, 웨비나 등을 통해 관련 지식을 쌓으세요.
5. 인턴십 및 실무 경험: 이커머스 회사, 디지털 마케팅 에이전시, 미디어 회사 등에서 인턴십을 하거나 실무 경험을 쌓는 것이 도움이 됩니다.
6. 테크놀로지 트렌드 파악: 증강 현실(AR), 가상 현실(VR), 인공지능(AI) 등 최신 기술 트렌드에 대해 알아두세요. 이 기술들이 향후 쇼호스트 역할에 어떻게 통합될 수 있는지 이해하는 것이 중요합니다.
7. 언어 및 문화 다양성 이해: 다양한 언어 능력을 개발하고, 다른 문화에 대한 이해를 넓히는 것도 글로벌 시장에서의 경쟁력을 높일 수 있습니다.
8. 네트워킹 및 멘토링: 업계 전문가들과의 네트워킹을 통해 관련 분야의 지식과 인사이트를 얻으세요. 멘토를 찾아 그들의 경험과 조언을 듣는 것도 매우 유익합니다.

　쇼호스트가 되기 위해 자신만의 독특한 스타일과 전문성을 개발해야 하며, 어떤 것을 준비해야 하는지 잘 알려주고 있습니다. 그런데 너무 일반환된 답변을 이야기하는 것 같아서 추가적으로 질문하겠습니다.

Prompt

4번처럼 디지털 마케팅 지식을 습득하려고 해, 어떤 것을 구체적으로 배워야 할까?

Chat GPT

디지털 마케팅 지식을 습득하는 데 있어 중점을 둬야 할 구체적인 영역들은 다음과 같습니다:

1. **SEO(검색 엔진 최적화):** 웹사이트가 검색 엔진에서 높은 순위를 얻도록 하는 기술과 전략을 배우세요. 이는 키워드 연구, 컨텐츠 최적화, 백링크 전략 등을 포함합니다.
2. **콘텐츠 마케팅:** 고객을 끌어들이고 참여시키는 효과적인 콘텐츠를 만드는 방법을 배우세요. 이는 블로그 글, 비디오, 인포그래픽, 이메일 뉴스레터 등 다양한 형식의 콘텐츠 제작을 포함합니다.
3. **소셜 미디어 마케팅:** 다양한 소셜 미디어 플랫폼(Facebook, Instagram, Twitter, LinkedIn, TikTok 등)에서 효과적으로 브랜드를 홍보하는 전략을 배우세요.
4. **이메일 마케팅:** 타깃 오디언스에게 효과적으로 도달하고 전환율을 높이는 이메일 캠페인을 만드는 방법을 배우세요.
5. **Google Analytics와 같은 분석 도구 사용:** 웹사이트 트래픽, 사용자 행동, 전환율 등을 분석하여 마케팅 전략의 효과를 측정하는 방법을 배우세요.
6. **페이드 광고:** Google AdWords, Facebook 광고 등 다양한 플랫폼에서 유료 광고 캠페인을 만들고 최적화하는 방법을 배우세요.
7. **모바일 마케팅:** 모바일 사용자를 대상으로 하는 마케팅 전략을 배우세요. 이는 모바일 앱 광고, SMS 마케팅, 위치 기반 마케팅 등을 포함합니다.
8. **인플루언서 마케팅:** 인플루언서와의 협업을 통해 브랜드 인지도를 높이고 고객층을 확장하는 전략을 배우세요.

이러한 지식을 습득하기 위해서는 온라인 코스(예: Coursera, Udemy), 워크숍, 세미나, 관련 서적 등을 활용하는 것이 좋습니다. 또한, 실제 프로젝트나 인턴십을 통해 실무 경험을 쌓는 것도 매우 중요합니다. 디지털 마케팅은 끊임없이 변화하는 분야이므로, 최신 트렌드와 기술에 대해 지속적으로 학습하는 것이 필요합니다.

여러 가지 공부할 내용들 가운데 가장 중요한 것이 뭔지 순위를 매기고, 공부 스케줄을 만들어 보도록 하겠습니다.

Prompt

위 내용 가운데 중요한 순서대로 번호를 매겨주고, 왜 그 순서대로 공부해야 하는지 주석을 달아서 알려줘. 그리고 앞으로 2년간 공부 스케줄을 표로 만들어줘.

Chat GPT

디지털 마케팅을 공부하는 데 있어서 중요한 순서와 그 이유는 다음과 같습니다:

1. 콘텐츠 마케팅
- 이유: 콘텐츠는 디지털 마케팅의 핵심입니다. 효과적인 콘텐츠가 없으면 다른 마케팅 전략의 효과도 떨어집니다.

2. SEO(검색 엔진 최적화)
- 이유: 콘텐츠를 만든 후에는 해당 콘텐츠가 검색 엔진에서 잘 노출되도록 해야 합니다. SEO는 웹사이트 트래픽을 증가시키는 중요한 방법입니다.

3. 소셜 미디어 마케팅
- 이유: 소셜 미디어는 현대 마케팅에서 빼놓을 수 없는 요소로, 브랜드 인지

도를 높이고 고객과의 상호작용을 촉진합니다.
4. **Google Analytics와 같은 분석 도구 사용**
- 이유: 마케팅 활동의 성과를 측정하고 이해하는 것은 전략을 조정하고 개선하는 데 필수적입니다.
5. **이메일 마케팅**
- 이유: 이메일 마케팅은 고객과 직접적으로 소통하고 장기적인 관계를 구축하는 효과적인 방법입니다.
6. **페이드 광고**
- 이유: 유료 광고는 특정 대상에게 빠르게 도달할 수 있는 방법이며, 특히 새로운 제품이나 서비스를 홍보할 때 유용합니다.
7. **모바일 마케팅**
- 이유: 모바일 사용자가 계속 증가하고 있으므로, 모바일에 최적화된 마케팅 전략을 개발하는 것이 중요합니다.
8. **인플루언서 마케팅**
- 이유: 인플루언서와의 협업은 특정 시장 또는 고객층에 효과적으로 접근하는 방법이지만, 기본적인 마케팅 전략이 먼저 자리 잡은 후에 실행하는 것이 좋습니다.

이러한 순서로 공부하는 것은 디지털 마케팅의 기본적인 토대를 마련하고, 점차 복잡한 전략으로 나아가기 위한 체계적인 접근 방식입니다.

2년간의 공부 스케줄 표:

기간	학습 내용
1~3개월	콘텐츠 마케팅 기초 학습, 블로그 및 소셜 미디어 콘텐츠 제작 연습
4~6개월	SEO 기초 학습, 자체 콘텐츠의 SEO 적용 및 최적화
7~9개월	소셜 미디어 마케팅 기초 학습, 여러 소셜 미디어 플랫폼에서의 콘텐츠 배포 및 홍보
10~12개월	Google Analytics 학습, 콘텐츠 및 소셜 미디어 성과 분석
13~15개월	이메일 마케팅 전략 학습, 이메일 캠페인 설계 및 실행

기간	학습 내용
16~18개월	페이드 광고 학습, 소규모 광고 캠페인 실행 및 최적화
19~21개월	모바일 마케팅 전략 학습, 모바일 최적화 콘텐츠 및 광고 제작
22~24개월	인플루언서 마케팅 전략 학습, 인플루언서와의 협업 시도

이 스케줄은 유연하게 조정될 수 있으며, 각 학습 단계에서 실제 프로젝트나 인턴십을 통한 실습을 병행하는 것이 좋습니다. 또한, 시장의 변화와 최신 트렌드에 따라 계획을 조정하는 것이 중요합니다.

2년간 공부 스케줄을 조금 더 세분화시켜 보겠습니다.

Prompt

위 스케줄을 구체화 시켜줘. 예를 들면 1~3개월때 콘텐츠 마케팅 기초 학습 중에서 어떤 것을 공부해야 하고, 하루에 몇 시간을 투자해야 하는지?

Chat GPT

1~3개월 동안 콘텐츠 마케팅 기초 학습을 위한 구체화된 계획은 다음과 같습니다:

1. **주차별 학습 계획:**
1~4주: 콘텐츠 마케팅의 기본 이해
- 주제: 콘텐츠 마케팅의 정의, 중요성, 목적
- 학습 자료: 온라인 코스(예: Coursera, Udemy의 콘텐츠 마케팅 입문 과정), 콘텐츠 마케팅 관련 서적

- 시간 배분: 주당 3시간(총 12시간)

5~8주: 콘텐츠 기획 및 전략 수립
- 주제: 타깃 오디언스 분석, 콘텐츠 전략 수립, 콘텐츠 캘린더 작성
- 학습 자료: 관련 서적, 온라인 자료, 콘텐츠 마케팅 성공 사례 연구
- 시간 배분: 주 당 4시간(총 16시간)

9~12주: 콘텐츠 제작 및 배포
- 주제: 블로그 글쓰기, 비디오 제작, 인포그래픽 디자인, 소셜 미디어 콘텐츠 제작
- 학습 자료: 온라인 튜토리얼, 실제 콘텐츠 제작 연습
- 시간 배분: 주 당 5시간(총 20시간)

2. 실습 계획:
- 블로그 또는 소셜 미디어 채널 개설: 학습한 내용을 바탕으로 개인 블로그 또는 소셜 미디어 채널을 개설하고 주기적으로 콘텐츠를 게시합니다.
- 주 당 콘텐츠 제작 및 게시: 매주 최소 1개의 콘텐츠를 제작하고 블로그나 소셜 미디어에 게시합니다.

3. 추가 활동:
- 콘텐츠 마케팅 관련 커뮤니티 참여: LinkedIn, Reddit 등의 플랫폼에서 콘텐츠 마케팅 관련 그룹에 가입하고 토론에 참여합니다.
- 피드백 및 개선: 게시한 콘텐츠에 대한 독자의 피드백을 분석하고 콘텐츠를 지속적으로 개선합니다.

이러한 계획은 개인의 일정과 목표에 따라 조정할 수 있으며, 학습 과정에서 실제로 콘텐츠를 제작하고 배포하는 실습은 이론적 지식을 실질적인 기술로 전환하는 데 매우 중요합니다.

전체 2년의 계획을 알고 싶은 것이기 때문에, "나머지 기간 동안 구체적으로 공부해야 하는 것을 위 형식처럼 작성해 줘"라고 요청하면 나머지 기간의 구체화된 결과물이 나오는 것을 볼 수 있습니다.

Q4 주의할 점

Chat GPT는 다양한 직군과 관련된 유용한 정보를 제공할 수 있지만, 이 정보가 항상 최신이거나 완벽하게 정확한 것은 아닙니다. 예를 들어, 대학생이 취업하고 싶은 특정 직군에 대한 정보를 Chat GPT를 통해 얻었다면, 이 정보만을 전적으로 신뢰하기보다는 추가적인 확인이 필요합니다.

이때 해당 분야의 전문가인 교수님에게 추가로 조언을 구하는 것이 좋습니다. 예를 들어, 이커머스 쇼호스트가 되고자 하는 학생이 Chat GPT로부터 얻은 직업 관련 정보와 미래 전망에 대해 교수님과 상담을 통해 실제 시장 동향, 필요한 기술, 업계의 요구사항 등을 더 깊이 있고 정확하게 이해할 수 있습니다. 교수님은 학문적 지식과 실무 경험을 겸비하고 있으므로, Chat GPT가 제공하는 정보를 보완하고, 학생의 커리어 패스에 보다 구체적이고 실질적인 조언을 제공할 수 있습니다. 이러한 추가적인 검증 과정은 학생이 자신의 커리어 목표를 향해 보다 명확하고 현실적인 계획을 세우는 데 크게 도움이 됩니다.

chapter 2 | Chat GPT를 활용한 나만의 기업 분석 전략

    Chat GPT 사용 시 특정 관점을 명시하는 것은 중요합니다. 이는 첫째, 명확한 컨텍스트를 제공하여 인공지능이 사용자의 의도와 필요에 맞는 보다 정확하고 관련성 높은 정보를 제공할 수 있도록 합니다. 예를 들어, 사용자가 '기업 분석'이라는 광범위한 주제에 대해 "재무적 관점"이라는 구체적인 방향을 제시하면, Chat GPT는 이에 맞춰 재무 분석 도구나 전략에 관한 정보를 중점적으로 제공할 수 있습니다.

    둘째, 이러한 명확한 지시는 대화의 효율성을 높입니다. 사용자가 구체적인 관점을 제시함으로써, Chat GPT는 불필요한 정보를 걸러내고 사용자의 질문에 직접적으로 답변할 수 있게 됩니다. 이렇게 명확한 지침이 주어질 때, Chat GPT는 더욱 정확하고 효과적인 의사소통을 할 수 있으며, 이는 사용자가 원하는 정확한 정보를 더 빠르고 쉽게 얻을 수 있도록 돕습니다. 따라서 첫 질문에서 특정 관점을 명시하는 것이 좋습니다. 이번에는 취업준비생을 위해 비즈니스툴 활용 방안을 이야기해 보도록 하겠습니다.

Q1 왜 Chat GPT를 써야할까?

  기업 분석에 Chat GPT를 활용하는 이유는 먼저, 다양한 비즈니스 도구와 관련된 정보에 즉각적으로 접근할 수 있는 정보 접근성과 속도 때문입니다. 예를 들어 고객 여정 지도에 대한 질문을 한다면, Chat GPT는 이 도구의 개념, 작성 방법, 그리고 실제 적용 사례에 대해 신속하고 정확한 정보를 제공할 수 있습니다. 또한, 복잡한 비즈니스 개념을 쉽고 명확하게 설명하여 이해도를 향상시키는데 유용합니다.

Q2 대학생이 활용가능한 프롬프트 리스트

- 특정 기업에 대한 SWOT 분석을 어떻게 수행해야 하며, 각 요소(강점, 약점, 기회, 위협)를 어떻게 식별할 수 있을까?
- 포터의 다섯 가지 경쟁력 모델을 이용하여 특정 산업의 경쟁 구조를 어떻게 분석할 수 있을까?
- 특정 기업의 거시 환경을 분석하기 위해 PESTLE 분석을 어떻게 활용할 수 있을까?
- 특정 기업의 재무 건전성을 평가하기 위해 어떤 재무 비율을 사용해야 하며, 이를 어떻게 해석할 수 있을까?
- 밸류 체인 분석을 통해 기업의 내부 활동에서 가치 창출과 비용 발생을 어떻게 식별할 수 있을까?
- 특정 기업의 고객 여정 지도를 어떻게 작성하고, 이를 통해 고객 경험을 어떻게 개선할 수 있을까?
- 경쟁사 분석을 위해 어떤 정보를 수집해야 하며, 이를 통해 어떤 전략적 통찰을 얻을 수 있을까?

- 고객 여정 지도의 개념과 활용 방법을 설명해 줘.
- 경쟁사 분석을 위한 주요 단계를 알려줘.
- 시장 조사 방법과 데이터 수집에 대해 이야기해 봐.
- 비즈니스 모델 캔버스에 대한 설명을 부탁해.
- PESTEL 분석의 목적과 구성 요소에 대해 간단히 설명해 줘.
- 포터의 경쟁 전략에 대한 간략한 개념을 설명해 봐.
- SWOT 분석 결과를 해석하는 방법을 알려줘.
- 기업의 경쟁우위를 평가하는데 사용되는 요소에 대해 이야기해 줘.
- 기업의 재무 상태를 분석하는 주요 지표를 설명해 봐.
- 고객 세분화와 타깃 마케팅의 중요성을 간략히 설명해 줘.
- 기업 가치 연쇄 분석의 단계를 소개해 봐.
- 경쟁사의 주요 경쟁 전략에 대해 이야기해 줘.
- 기업의 SWOT 분석을 효과적으로 수행하기 위한 팁을 알려줘.
- 기업 분석 보고서를 작성할 때 주의해야 할 사항에 대해 설명해 줘.

Q3 실제 활용 사례

Prompt

너는 경영 전문 컨설턴트로서, 기업 경영을 공부하는 학생에게 고객 여정지도(Customer Journey Map)에 대해 설명하고 싶어. 이 지도는 기업 분석에 유용한 도구로, 고객의 경험과 상호작용을 시각화하여 기업이 고객의 관점에서 서비스나 제품을 이해하고 개선할 수 있게 돕는 목적이야. 너의 목적은 학생이 고객 여정지도의 개념, 중요성, 그리고 이를 통해 얻을 수 있는 인사이트를 분명히 이해하는 것이야. 이를 위해, 고객 여정지도의 개념과 사용 방법에 대해 약 1분 분량으로 상세하게 작성해 줘.

Chat GPT

네, 고객 여정지도(Customer Journey Map)는 고객이 제품이나 서비스와 상호 작용하는 전체 과정을 시각적으로 나타내는 분석 도구입니다. 이 도구는 고객의 경험을 깊이 이해하고, 그들이 겪는 여정의 각 단계에서 어떤 감정과 경험을 하는지 파악하는 데 사용됩니다. 고객 여정지도의 주요 목적과 사용 방법은 다음과 같습니다:

1. **고객의 관점 이해:** 고객 여정지도는 기업이 고객의 관점에서 생각하도록 도와줍니다. 고객이 제품이나 서비스를 인지하는 순간부터 구매, 사용, 그리고 이후의 행동에 이르기까지 전체 과정을 추적합니다.
2. **접점 식별:** 고객과 기업 간의 모든 접점을 식별합니다. 이는 고객이 제품이나 서비스와 상호작용하는 모든 지점을 포함합니다.
3. **고객 경험 개선:** 고객 여정지도를 통해 고객 경험의 문제점을 파악하고 개선할 수 있습니다. 예를 들어, 구매 과정에서의 장애물을 제거하거나 고객 서비스를 개선하는 것 등이 있습니다.
4. **전략적 통찰력 제공:** 여정지도는 고객의 요구와 기대를 더 잘 이해하는 데 도움을 주어, 마케팅 전략이나 제품 개발에 중요한 통찰력을 제공합니다.

고객 여정지도를 만들기 위해서는 먼저 고객 인터뷰, 설문조사, 데이터 분석 등을 통해 정보를 수집해야 합니다. 그 후, 이 정보를 바탕으로 고객의 여정을 단계별로 나누고, 각 단계에서 고객의 행동, 생각, 감정 등을 시각적으로 표현합니다. 이 과정을 통해 기업은 고객 경험을 전반적으로 이해하고, 서비스나 제품을 개선하는 데 필요한 전략을 수립할 수 있습니다.

이번에는 알아보고 싶은 항공사를 적용시켜 보겠습니다.

> **Prompt**

항공 여행 고객들이 겪는 모든 단계를 설명하는 고객 여정지도를 만들고 싶어. 이 지도는 고객들이 항공사 서비스를 이용하는 전체 경험을 단계별로 보여주는 것을 목표로 하지. 이 지도를 통해 항공사 직원들과 고객들에게 항공 여행의 각 단계가 어떻게 진행되는지 알리는 것이 중요해. 이 고객 여정지도를 자세하고 명확하게, 약 300단어 정도의 설명으로 작성해 줘.

> **Chat GPT**

항공사의 고객 여정지도(Customer Journey Map)를 제작하는 데 필요한 주요 단계와 요소는 다음과 같습니다:

1. **인식 단계(Awareness)**
   - 고객 활동: 항공 여행에 대한 정보 탐색, 여행지 선택, 항공편 검색
   - 접점: 온라인 광고, 소셜 미디어, 검색 엔진, 여행 관련 웹사이트
   - 고객 감정 및 생각: 흥미, 기대, 정보 부족으로 인한 혼란
2. **고려 단계(Consideration)**
   - 고객 활동: 항공편 옵션 비교, 가격 및 스케줄 확인
   - 접점: 항공사 웹사이트, 여행사, 모바일 앱
   - 고객 감정 및 생각: 비교, 평가, 가격 민감도
3. **예약 단계(Booking)**
   - 고객 활동: 항공편 선택 및 예약, 좌석 선택, 추가 서비스 선택(예: 수하물 추가, 기내식)
   - 접점: 항공사 웹사이트, 모바일 앱, 고객 서비스
   - 고객 감정 및 생각: 결정, 만족, 예약 과정의 용이성에 대한 기대
4. **준비 단계(Preparation)**
   - 고객 활동: 체크인, 수하물 준비, 출발 전 정보 확인
   - 접점: 온라인 체크인 시스템, 이메일 통지, 모바일 앱

- 고객 감정 및 생각: 기대, 불안(출발 준비에 대한)

5. **여행 단계(Travel)**
   - 고객 활동: 공항 도착, 보안 검사, 탑승, 비행, 도착
   - 접점: 공항 직원, 탑승 게이트, 항공기 내 서비스
   - 고객 감정 및 생각: 긴장, 흥분, 편안함(또는 불편함)

6. **후속 단계(Post-Travel)**
   - 고객 활동: 목적지 도착, 수하물 수령, 여행 후기 작성
   - 접점: 목적지 공항, 항공사 피드백 시스템
   - 고객 감정 및 생각: 만족(또는 불만족), 후기 작성에 대한 의지

이 여정지도는 항공사가 고객의 전체 여행 경험을 파악하고, 각 단계에서의 서비스를 개선할 수 있도록 도와줍니다. 예를 들어, 예약 과정의 사용자 경험을 간소화하거나, 탑승 및 비행 중 서비스 품질을 향상시키는 방법을 찾는 데 도움이 될 수 있습니다.

Prompt

 나는 대한항공이 고객 경험을 어떻게 관리하는지, 특히 고객 여정 지도를 어떻게 활용하는지에 대해 자세히 알고 싶어. 고객 여정지 도의 각 단계에 맞춰 대한항공이 어떻게 고객의 경험을 설계하고 개선하는지 구체적인 사례와 함께 설명해 줘. 이 정보는 항공사 서비스 개선에 대한 연구를 하는 데 도움이 될 거야. 이를 위해 고객 여정의 각 단계별로 대한항공의 사례를 1분 분량으로 자세히 작성해 줘.

> **Chat GPT**

 대한항공을 예로 들어 각 단계별 고객 여정지도를 구체화해 보겠습니다:

1. 인식 단계(Awareness)
- 대한항공의 활동: 온라인 마케팅, 소셜 미디어 광고, 이메일 마케팅을 통해 서비스 및 특별 운임 안내
- 고객 활동: 대한항공의 광고나 프로모션을 보고 여행에 대한 관심 생김
- 고객 감정 및 생각: 대한항공의 브랜드 인지도와 안정성에 대한 신뢰, 특별 운임에 대한 기대

2. 고려 단계(Consideration)
- 대한항공의 활동: 다양한 목적지, 항공편 옵션 제공
- 고객 활동: 대한항공 웹사이트 또는 앱을 통해 항공편 검색 및 비교
- 고객 감정 및 생각: 운임, 스케줄, 목적지에 대한 고려

3. 예약 단계(Booking)
- 대한항공의 활동: 사용자 친화적인 예약 시스템 제공
- 고객 활동: 웹사이트나 앱을 통해 항공편 예약, 좌석 선택
- 고객 감정 및 생각: 예약 과정의 간편함에 대한 만족, 선택한 항공편에 대한 기대

4. 준비 단계(Preparation)
- 대한항공의 활동: 이메일 또는 앱을 통해 체크인, 수하물 규정, 탑승 안내
- 고객 활동: 온라인 체크인, 여행 준비
- 고객 감정 및 생각: 여행에 대한 기대감 증가, 체크인 절차의 편리함

5. 여행 단계(Travel)
- 대한항공의 활동: 공항 직원의 친절한 서비스, 편안한 탑승 경험 제공
- 고객 활동: 공항에서의 대한항공 카운터 이용, 보안 검사, 탑승, 비행
- 고객 감정 및 생각: 탑승과 비행 과정에서의 안전하고 편안한 경험

6. 후속 단계(Post-Travel)
- 대한항공의 활동: 목적지 공항에서의 수하물 수령 및 고객 지원, 여행 후 피드백 요청

- 고객 활동: 목적지에서의 하차, 수하물 수령, 여행 후기 공유
- 고객 감정 및 생각: 서비스에 대한 만족, 추후 여행 시 대한항공 재이용 의사

이러한 각 단계에서 대한항공은 고객에게 일관된 서비스 품질과 브랜드 경험을 제공함으로써, 고객 충성도와 만족도를 높이는 데 중점을 두고 있습니다. 고객 여정의 각 단계에서의 세심한 관리와 개선은 대한항공이 고객의 기대를 충족시키고, 경쟁사 대비 우위를 확보하는데 기여합니다.

대한항공 취업을 희망하는 학생에게 고객 여정지도에 대한 이해는 항공업계의 서비스 표준, 고객 기대치, 운영 과정에 대한 깊은 인식을 제공하며, 고객 중심적 사고를 개발하는 데 필수적입니다. 이는 고객의 요구와 기대를 파악하고 충족시키는 방법을 배우는 데 도움이 될 뿐 아니라, 문제 해결 및 혁신 능력을 개발하는 데 중요한 역할을 합니다. 면접과 취업 준비 과정에서 이러한 지식은 구체적인 사례를 통해 자신의 이해도와 역량을 강조하는 수단이 되며, 경쟁력 있는 후보자로서의 위치를 확립하는 데 크게 기여합니다.

Prompt

 대한항공의 고객 여정지도를 바탕으로, 실제 항공 여행 중 고객들이 직면할 수 있는 다양한 이슈들에 대해 알려주고 싶어. 이를 통해 고객 서비스 개선과 여행 경험 최적화 방안을 모색하는 것이 목적이야. 대한항공의 고객 여정에 발생할 수 있는 주요 이슈들과 그들이 고객 경험에 미치는 영향에 대해 상세하게 분석해 줘.

Chat GPT

대한항공 고객 여정지도를 기반으로 실제 현장에서 발생할 수 있는 이슈들은 다음과 같습니다:

1. **인식 단계(Awareness)**
- 이슈: 잘못된 정보나 오해로 인한 예약 문제, 광고와 실제 서비스의 차이에 대한 실망
- 해결 방안: 정확하고 투명한 정보 제공, 고객 기대 관리

2. **고려 단계(Consideration)**
- 이슈: 비교 및 선택의 어려움, 가격 경쟁력 문제
- 해결 방안: 사용자 친화적인 예약 시스템, 경쟁력 있는 가격 설정

3. **예약 단계(Booking)**
- 이슈: 복잡한 예약 과정, 웹사이트/앱의 사용자 경험 문제
- 해결 방안: 간소화된 예약 절차, 사용자 인터페이스 개선

4. **준비 단계(Preparation)**
- 이슈: 출발 전 정보 부족, 체크인 절차의 혼란
- 해결 방안: 출발 전 이메일 또는 앱 통지, 명확한 체크인 지침 제공

5. **여행 단계(Travel)**
- 이슈: 공항 및 기내에서의 지연, 서비스 품질 불만족
- 해결 방안: 신속한 응대 및 문제 해결, 기내 서비스 질 향상

6. **후속 단계(Post-Travel)**
- 이슈: 수하물 지연 또는 손실, 여행 후 서비스에 대한 불만족
- 해결 방안: 효율적인 수하물 처리, 피드백 시스템 강화 및 적극적인 고객 관리

각 단계별로 발생할 수 있는 이슈들은 고객의 경험에 직접적인 영향을 미치며, 이를 효과적으로 관리하고 해결하는 것은 고객 만족도와 브랜드 충성도를 높이는 데 매우 중요합니다. 따라서 대한항공은 이러한 잠재적인 문제들을 사전에 인식하고 적절한 해결책을 마련하는 것이 필요합니다.

고객 여정지도를 통해서 각 단계에서 발생할 수 있는 이슈를 확인해 보았습니다. 이번에는 고객과 문제가 발생했을 때 기업에서 많이 활용하는 고객 관계 관리시스템(CRM)을 적용시켜 보겠습니다.

CRM은 고객 데이터를 중앙화하여 관리하고, 고객과의 모든 상호작용을 추적합니다. 이를 통해 문제가 발생했을 때 빠르게 파악하고, 고객의 이력과 선호도에 맞춰 개인화된 해결책을 제공할 수 있습니다. 또한, 이 시스템은 고객 피드백과 불만 사항을 체계적으로 관리하고 분석하는데도 유용합니다.

Prompt

대한항공이 고객 여정지도에서 발견한 문제를 해결하기 위해 CRM을 어떻게 적용할 수 있는지 설명해 줄 필요가 있어. 이 정보는 대한항공의 고객 서비스 팀이 문제를 인식하고, 그에 대처하는 방법을 이해하기 위해 필요해.
목표는 대한항공이 고객 여정 중 발생할 수 있는 문제를 효과적으로 관리하고 해결하는 방법을 구체적으로 설명하는 것이야. 이 내용을 1분 분량의 간결하고 명확한 설명으로 작성해 줘.

Chat GPT

대한항공에서 발생할 수 있는 고객 여정 중의 문제를 해결하기 위해 CRM(고객 관계 관리) 시스템을 적용하는 구체적인 과정은 다음과 같습니다:

1. **데이터 수집 및 중앙화**
   - 과정: 대한항공은 고객의 예약 정보, 과거 항공 이용 기록, 고객 서비스와의 상호작용, 피드백 및 불만사항을 CRM 시스템에 통합합니다.

- 목적: 이 정보를 사용하여 고객의 선호도와 행동을 이해하고, 개인화된 서비스를 제공합니다.

2. 문제 식별 및 대응
- 과정: 고객의 불만사항이나 문제가 보고되면, CRM 시스템은 이를 분류하고 해당 부서로 전달합니다. 예를 들어, 수하물 지연이나 손실과 같은 문제가 발생하면, 이 정보는 즉시 수하물 처리 부서에 알려집니다.
- 목적: 신속한 문제 해결 및 고객 불편 최소화를 목표로 합니다.

3. 개인화된 서비스 제공
- 과정: 고객의 과거 이용 기록과 선호도를 바탕으로, CRM 시스템은 맞춤형 서비스를 제공합니다. 예를 들어, 자주 이용하는 좌석 유형, 특별 식단 요구사항 등을 고려한 서비스를 제공할 수 있습니다.
- 목적: 고객 만족도를 향상시키고 충성도를 높이는 데 중점을 둡니다.

4. 피드백 및 지속적인 개선
- 과정: 여행이 끝난 후, CRM 시스템을 통해 고객에게 서비스에 대한 피드백을 요청합니다. 이 피드백은 서비스 개선과 향후 고객 경험 개선의 기초 자료로 사용됩니다.
- 목적: 지속적인 서비스 개선과 고객 경험의 질적 향상을 위함입니다.

5. 마케팅 및 프로모션 활동
- 과정: 고객의 이용 패턴과 선호도를 분석하여, 타깃 마케팅 및 개인화된 프로모션을 실시합니다. 예를 들어, 특정 목적지에 자주 여행하는 고객에게 해당 목적지의 특별 운임이나 패키지를 제안합니다.
- 목적: 맞춤형 마케팅으로 고객 만족도를 높이고, 추가 매출 기회를 창출합니다.

CRM 시스템을 통한 이러한 과정은 대한항공에서 고객 경험을 지속적으로 모니터링하고, 개선하기 위한 중요한 수단이 됩니다. 고객 데이터의 효율적인 관리와 활용은 고객 만족도를 높이고, 기업의 경쟁력을 강화하는 데 기여합니다.

결론적으로, 대한항공에서 CRM 시스템을 효과적으로 활용하는 것은 고객의 여정 전반에 걸친 문제를 식별하고 해결하는 데 매우 유용합니다. 이 시스템을 통해 수집된 데이터는 고객의 선호도와 행동 패턴을 이해하는 데 필수적이며, 이를 바탕으로 개인화된 서비스를 제공할 수 있습니다.

문제 발생 시 신속한 대응과 개인화된 해결책 제공은 고객 만족도를 높이고, 장기적인 고객 관계를 구축하는 데 중요한 역할을 합니다. 또한, 지속적인 피드백과 서비스 개선을 통해 고객 경험의 질적 향상을 추구할 수 있습니다. 이 과정은 고객 중심의 비즈니스 전략을 수립하고 실행하는 데 있어 중요한 기반이 됩니다. 이러한 관점에서 Chat GPT의 활용은 항공사와 같은 서비스 기반 산업에서 고객 관리 전략을 효과적으로 개발하고 실행하는 데 유용한 도구가 될 수 있습니다. Chat GPT는 관련 정보를 제공하고 실시간 피드백을 수집하며, 다양한 고객 상황에 대한 해결책을 모색하는 데 사용되고, 고객 서비스의 질을 개선하는 데 기여할 수 있습니다.

Q4 주의할 점

Chat GPT를 사용할 때, 특정 관점을 부여하여 질문하는 것이 중요합니다. 이는 AI가 보다 정확하고 유용한 답변을 제공하는 데 필수적입니다. 명확하지 않거나 너무 광범위한 질문은 종종 오해를 불러일으킬 수 있으며, 이는 정보의 정확성과 유용성을 저하시킵니다.

특정한 맥락이나 관점을 구체적으로 제시함으로써, Chat GPT는 사용자의 의도와 필요를 더 잘 이해하고, 이에 부합하는 답변을 제공할 수 있습니다.

chapter 3 | Chat GPT가 알려주는 "경쟁 업체, 이렇게 분석하자"

　본인이 가고자 하는 기업 A와 경쟁 기업인 B를 비교평가하는 것은 취업준비생에게 매우 중요합니다. 이 비교평가를 통해 적합한 기업을 선택하는 것은 장기적인 경력과 직무 만족도에 큰 영향을 미칠 수 있습니다.

　첫째, 비교평가는 자신의 역량과 가치관에 부합하는 기업을 찾을 수 있도록 도와줍니다. 기업 A와 B를 비교함으로써 어떤 기업이 자신의 직업 목표와 가치에 더 부합하는지 파악할 수 있습니다.

　둘째, 비교평가는 급여, 복리후생, 근무 환경, 승진 기회 등과 같은 요소들을 고려할 수 있게 해주어 경제적 안정성과 향후 성장 가능성을 고려할 수 있습니다. 또한, 기업의 문화와 조직 분위기를 이해함으로써 자신이 속한 조직에서 더 나은 업무 환경을 찾을 수 있습니다.

　마지막으로, 비교평가를 통해 기업 A와 B의 강점과 약점을 분석하고, 자신의 역량을 어떻게 더 발전시킬 수 있는지에 대한 인사이트를 얻을 수 있습니다. 이를 통해 취업 시장에서 더 경쟁력을 확보하고, 자신의 직업적 성장을 지원할 수 있습니다. 따라서 기업 A와 B를 비교평가함으로써 자신의 진로 결정과 취업 계획을 더 신중히 수립할 수 있게 됩니다.

Q1 왜 Chat GPT를 써야할까?

　Chat GPT는 광범위한 정보 접근과 데이터 분석 능력을 통해 기업의 핵심 역량을 파악하는 데 유용합니다. 다양한 출처에서 수집한 정보를 통합하여 제공함으로써, 기업의 역사, 산업 동향, 경쟁사 분석 등 다양한 관점에서의 평가가 가능합니다. 또한 제공된 데이터와 정보를 분석하고 요약하여 사용자가 핵심 역량에 대한 통찰력을 얻을 수 있도록 지원합니다. 이러한 기능은 사용자가 복잡하고 다양한 정보 속에서 중요한 요소를 신속하게 파악하고 이해하는 데 도움을 줍니다.

Q2 대학생이 활용가능한 프롬프트 리스트

- ○○○ 기업의 최근 재무 성과와 주요 경영 활동을 알려줘.
- ○○○ 산업의 현재 시장 동향과 미래 전망을 알려줘.
- ○○○ 기업의 경쟁사는 누구이며, 그들의 강점과 약점은 무엇인지 알려줘.
- ○○○ 기업의 고객 만족도와 브랜드 인지도는 어떻게 평가되고 있는지 알려줘.
- ○○○ 기업의 최근 기술 혁신 및 연구 개발 활동을 알려줘.
- ○○○ 기업의 연구개발과 관련해서 위에서 말한 핵심 역량을 기반으로 10점 만점으로 평가해줘.
- ○○○ 기업, xxx기업의 브랜드 인지도와 관련해서 앞서 이야기한 핵심 역량을 기반으로 10점 만점으로 나타내고, 그 차이 점수 역시 보여줘.
- ○○○ 기업, xxx기업의 재무 상태와 성과를 비교하여 어떤 기업이

더 안정적인지 알려줘.
- ○○○ 기업, xxx기업의 시장점유율과 성장 전망을 비교해서 더 유망한 기업은 무엇인지 알려줘.
- ○○○ 기업, xxx기업의 경영진의 경험과 역량을 비교하여 더 강력한 리더쉽을 가진 기업을 찾아줘.
- ○○○ 기업, xxx기업의 지속가능성 및 사회적 책임 활동을 비교하여 더 윤리적으로 운영되는 기업을 알려줘.
- ○○○ 기업, xxx기업의 연구 및 혁신 능력을 비교해서 혁신적인 기업을 찾아줘.
- ○○○ 기업, xxx기업의 비용 구조와 효율성을 비교하여 더 경제적으로 운영되는 기업을 알려줘.
- ○○○ 기업, xxx기업의 고객 서비스 및 만족도를 비교해서 더 우수한 고객 서비스를 제공하는 기업을 찾아줘.
- ○○○ 기업, xxx기업의 국제 시장 진출 전략을 비교하여 더 성공적으로 해외 시장에 진출한 기업을 알려줘.

Q3 실제 활용 사례

기업 평가를 하기 위해 일단 기업의 어떤 역량을 확인하는 것이 필요한지, 먼저 질문합니다.

기업 중에서도 항공사의 핵심 역량을 확인해 보겠습니다.

> **Prompt**
>
> 너는 항공사 평가 전문가야. 항공사의 성공과 운영 효율성을 결정하는 데 있어 중요한 요소들을 잘 알고 있어. 이 지식을 바탕으로, 항공사를 평가할 때 고려해야 할 핵심 역량에 대해 설명해 줘. 항공사의 운영, 서비스 품질, 고객 만족도, 안전 기준, 그리고 브랜드와 같은 다양한 측면에서 중요한 핵심 역량을 파악하는 것이 목적이야. 이를 통해 항공사를 평가하는 데 필요한 주요 역량을 구체적으로 알리는 것이 중요해. 이 내용을 핵심적인 요소를 간략하게 설명하는 1분 분량의 내용으로 작성해 줘.

> **Chat GPT**
>
> 항공사의 경쟁력을 결정하는 핵심 역량은 다음과 같은 다섯 가지 요소로 요약할 수 있습니다:
>
> **1. 안전 및 운항 신뢰성:** 항공사의 가장 중요한 역량은 승객과 직원의 안전을 보장하는 것입니다. 안전한 운항 기록, 철저한 유지 보수 프로그램, 그리고 직원 및 승객 안전에 대한 높은 표준은 항공사의 명성과 선호도에 직접적인 영향을 미칩니다.
> **2. 고객 서비스:** 승객 경험과 고객 서비스의 품질은 승객의 충성도와 만족도에 큰 영향을 미칩니다. 이는 예약 과정, 체크인, 기내 서비스, 수하물 처리, 고객 응대 등 모든 접점에서 나타나야 합니다.
> **3. 네트워크 및 노선 관리:** 항공사의 노선 네트워크와 운항 스케줄은 중요한 경쟁력 요소입니다. 효율적인 노선 관리는 더 많은 목적지 접근성과 편리한 연결을 제공하여 승객에게 매력적일 수 있습니다.
> **4. 운영 효율성 및 비용 관리:** 연료 효율성이 높은 항공기, 최적화된 운항 경로, 효율적인 승무원 스케줄링과 같은 요소는 운영 비용을 줄이고 경쟁력을 높이는 데 중요합니다. 이는 티켓 가격과 서비스 품질에 영향을 미칩니다.
> **5. 브랜드 및 마케팅 전략:** 강력한 브랜드 인지도와 효과적인 마케팅 전략은 항공사를 차별화하고 승객의 선택을 유도합니다. 광고, 스폰서십, 소셜 미디어 활용 등을 통해 항공사는 시장에서 눈에 띄는 존재가 될 수 있습니다.

항공사가 경쟁력을 유지하고 시장에서 성공하기 위한 필수적인 요소들을 보여주고 있습니다. 이번에는 대한항공에 대해 위 기준을 활용해서 물어 보겠습니다.

Prompt

대한항공이라는 글로벌 항공사의 경쟁력을 평가하고자 하는 상황에서, 한국의 대표적 항공사인 대한항공의 핵심 역량을 분석해 달라는 요청을 받았어. 이 분석은 항공산업에 관심이 많은 사람들에게 대한항공의 시장 위치와 역량을 알리는 것을 목적으로 하고 있어. 대한항공의 핵심 역량을 10점 만점으로 평가한 결과를 1분 분량의 간결한 설명으로 작성해 줘

Chat GPT

대한항공의 핵심 역량을 10점 만점으로 평가하는 것은 공식적인 자료나 기준에 근거하지 않은 주관적인 평가가 될 수 있습니다. 그러나 일반적인 측면에서 대한항공의 다양한 핵심 역량을 평가해 보겠습니다:

1. 안전 및 운항 신뢰성: 대한항공은 안전 기록과 운항 신뢰성 측면에서 높은 평가를 받고 있으며, 지속적으로 안전 관리 시스템을 강화하고 있습니다. 이에 따라 대략 8~9점 정도로 평가할 수 있을 것 같습니다.
2. 고객 서비스: 대한항공은 일반적으로 우수한 고객 서비스로 잘 알려져 있습니다. 특히 비즈니스 및 일등석 서비스는 높은 평가를 받습니다. 이를 감안하면 약 8점 정도로 평가할 수 있습니다.
3. 네트워크 및 노선 관리: 대한항공은 광범위한 국제 노선 네트워크를 갖추고 있으며, 특히 아시아 및 북미 지역에서 강점을 보입니다. 이 부분에서 약 8~9점 정도로 평가될 수 있습니다.
4. 운영 효율성 및 비용 관리: 연료 효율성 및 비용 관리 측면에서도 대한항공은 적절한 성과를 보이고 있습니다. 여기에 대한 평가는 약 7~8점 정도가 될 수 있습니다.

5. 브랜드 및 마케팅 전략: 대한항공은 강력한 브랜드 인지도를 가지고 있으며, 국제적으로 인정받는 항공사입니다. 이 부문에서는 약 8~9점 정도로 평가할 수 있습니다.

이러한 평가는 대한항공의 일반적인 시장 평판, 서비스 품질, 운영 효율성 등을 기반으로 한 주관적인 견해입니다. 각 항목의 정확한 평가는 시장 조사, 고객 만족도 조사, 업계 분석 등을 통해 더욱 상세하게 이루어질 수 있습니다.

Chat GPT는 핵심 역량 평가에 대해 공식적인 기준이 아니라 주관적일 수 있다고 미리 알려줍니다. 이를 감안하고 내용을 보더라도 대한항공에 대한 평가는 제가 평상시에 생각하던 것과 비슷하게 보여집니다.

Prompt

똑같은 방식으로 유나이티드 항공을 분석해 줄래.

Chat GPT

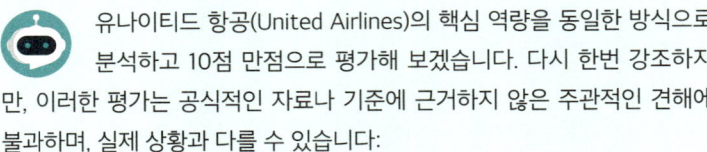

유나이티드 항공(United Airlines)의 핵심 역량을 동일한 방식으로 분석하고 10점 만점으로 평가해 보겠습니다. 다시 한번 강조하지만, 이러한 평가는 공식적인 자료나 기준에 근거하지 않은 주관적인 견해에 불과하며, 실제 상황과 다를 수 있습니다:

1. 안전 및 운항 신뢰성: 유나이티드 항공은 큰 항공사 중 하나로, 안전 기록과 운항 신뢰성에서 일반적으로 양호한 평가를 받습니다. 이 부분에 대해 약 8점 정도로 평가할 수 있습니다.

2. 고객 서비스: 유나이티드 항공의 고객 서비스는 때때로 혼합된 리뷰를 받

습니다. 특히 경제석 서비스에 대한 평가가 다양하며, 이 부문에서는 약 6~7점 정도로 평가할 수 있습니다.

3. 네트워크 및 노선 관리: 유나이티드 항공은 광범위한 국내 및 국제 노선을 운영하며, 특히 미국 내에서 강력한 네트워크를 갖고 있습니다. 이 부분에서는 약 8점 정도의 평가가 적합할 수 있습니다.

4. 운영 효율성 및 비용 관리: 유나이티드 항공은 대규모 운영을 관리하는 데 있어 상당한 효율성을 보여줍니다. 그러나 때때로 운영상의 문제가 발생하기도 합니다. 이 부문은 약 7점 정도로 평가할 수 있습니다.

5. 브랜드 및 마케팅 전략: 유나이티드 항공은 잘 알려진 글로벌 브랜드입니다. 그들의 마케팅 전략은 일반적으로 효과적이며, 이 부문에서는 약 8점 정도로 평가할 수 있습니다.

이러한 평가는 유나이티드 항공의 일반적인 시장 평판, 서비스 품질, 운영 효율성 등을 기반으로 한 주관적인 견해입니다. 각 항목의 정확한 평가는 시장 조사, 고객 만족도 조사, 업계 분석 등을 통해 더욱 상세하게 이루어질 수 있습니다.

마찬가지로 주관적인 견해일 수 있다고 알려줍니다.

Prompt

 최근에 여러 항공사의 서비스 평가를 수행했고, 이를 통해 각 항공사별 점수를 취합했어. 이 데이터는 항공사 간 서비스 품질 비교에 중요한 역할을 해. 이제 이 점수를 표로 정리하고 싶어서 도움을 요청했어. 목적은 이 점수들을 보기 쉬운 형태로 제시하고, 각 항공사별 점수 차이를 명확히 드러내는 것이야. 결과적으로, 이 정보를 표 형식으로 1분 안에 이해할 수 있도록 정리해 줘.

Chat GPT

아래는 대한항공과 유나이티드 항공의 핵심 역량을 비교한 표입니다. 각 역량은 10점 만점으로 평가되었으며, 두 항공사 간의 점수 차이도 표시되어 있습니다.

항공사	안전 및 운항 신뢰성	고객 서비스	네트워크 및 노선 관리	운영 효율성 및 비용 관리	브랜드 및 마케팅 전략	점수 차이
대한항공	8.5	8.0	8.5	7.5	8.5	
유나이티드 항공	8.0	6.5	8.0	7.0	8.0	
점수 차이	0.5	1.5	0.5	0.5	0.5	

이 표에 따르면 대한항공이 유나이티드 항공보다 모든 항목에서 높은 점수를 받았으며, 특히 '고객 서비스' 부문에서 가장 큰 차이를 보입니다. 이는 주관적인 분석에 기반한 평가이므로 실제 상황과 다를 수 있음을 유의해야 합니다.

결과값을 보니 고객서비스에서 점수 차이가 크게 나는 것을 확인할 수 있습니다.

Prompt

넌 고객 서비스 분야에서 발생하는 차이점들에 대해 깊이 이해하고 있으며, 이러한 차이가 나타나는 원인과 그 배경을 설명할 수 있어. 내가 이 질문에 관심을 갖게 된 이유는 다양한 기업과 조직에서 고객 서비스의 질이 크게 다를 수 있다는 것을 알게 되었기 때문이야. 나의 목적은 이러한 차이점들이 왜 발생하는지, 그리고 그 배경에 어떤 요소들이 영향을 미치는지를 구체적으로 파악하는 것이야. 이를 위해, 고객 서비스 분야의 차이점들과 그 원인을 분석한 내용을 1분 분량으로 작성해 줘.

Chat GPT

대한항공과 유나이티드 항공의 고객 서비스 부문에서 차이가 나타나는 주요 원인을 살펴보면 다음과 같습니다:

대한항공의 경우:
- 대한항공은 글로벌 고객 만족도에서 18년 연속 1위를 차지했으며, 이는 고객 서비스 제고를 위한 지속적인 노력을 인정받은 결과입니다. [출처]
- 코로나19 이후 대한항공은 방역과 안전에 주안점을 두고 다양한 조치를 취했으며, 현재는 기내 서비스를 정상화하여 다양한 새로운 서비스를 선보이고 있습니다. [출처]
- IT 투자와 혁신을 통한 고객 편의 향상에도 주력하고 있으며, e-DOC 시스템 도입, 라운지 자동화 시스템, 수하물 탑재 안내, 챗봇 서비스 등을 제공하고 있습니다. [출처]
- 대한항공은 ESG 경영에도 적극 나서고 있으며, 친환경 고효율 항공기 도입, 지속가능한 항공유 사용 등을 통해 탄소 감축 및 기후 변화 대응에 앞장서고 있습니다. [출처]

유나이티드 항공의 경우:
- 유나이티드 항공에 대한 고객 서비스 평가에 대한 구체적인 최신 정보를 찾지 못했습니다. 과거의 일부 보고서나 리뷰에서는 유나이티드 항공이 혼합된 리뷰를 받았다는 점을 감안할 수 있습니다.

이러한 비교를 통해, 대한항공이 고객 서비스 부문에서 지속적으로 높은 평가를 받고 있으며, 특히 안전, 서비스 다양성, IT 혁신, 환경 친화적 접근 등에서 강점을 보이고 있는 것으로 판단됩니다. 반면 유나이티드 항공의 경우, 최신의 구체적인 서비스 평가 정보가 부족하여 직접적인 비교가 어려운 상황입니다.

대한항공의 고객서비스에 대한 결과를 보여주며 해당 문헌의 근거가 된 링크를 보여주고 있습니다. 클릭해 보니 해당 항공사의 홈페이지로 들어갑니다.

하지만 유나이티드 항공에 대한 자료는 출처가 없습니다. 그래서 다시 요청합니다.

> **Prompt**
> 유나이티드 항공과 관련해 미국 신문을 찾아보면 기사가 있지 않을까?

> **Chat GPT**
> 대한항공의 고객 서비스 부문에서의 높은 평가는 여러 요인에 기인합니다. 대한항공은 18년 연속 글로벌 고객 만족도 1위에 선정되었으며, 이는 고객 서비스 향상을 위한 지속적인 노력의 결과로 보입니다. 이러한 노력에는 코로나19 이후 방역과 안전에 주안점을 둔 기내 소독, 비대면 수속 활성화, 기내식 위생 강화 등이 포함됩니다. 또한, IT 투자와 혁신을 통한 고객 편의 향상, e-DOC 시스템 도입, 라운지 자동화 시스템, 수하물 탑재 안내, 챗봇 서비스 등이 고객 경험을 개선했습니다. ESG 경영에도 적극 나서며 친환경 고효율 항공기 도입과 지속가능한 항공유 사용으로 탄소 감축 및 기후 변화 대응에 선제적으로 대응하고 있습니다.[출처]
> 반면 유나이티드 항공에 대해서는 최신 정보를 찾기 어려웠지만, Consumer Affairs 웹사이트에 따르면 유나이티드 항공의 고객 서비스에 대한 전반적인 평가는 5점 만점에 1.5점으로 상대적으로 낮습니다. 이 사이트는 2,915건의 리뷰와 3,967건의 평가를 바탕으로 이 평점을 제공했습니다.[출처]
> 이러한 데이터를 바탕으로, 대한항공이 고객 서비스 부문에서 유나이티드 항공보다 높은 평가를 받는 주된 원인은 대한항공의 지속적인 서비스 개선 노력과 고객 경험에 대한 집중, 그리고 유나이티드 항공의 상대적으로 낮은 고객 만족도가 주요 요인으로 보입니다.

Q4 주의할 점

　Chat GPT를 활용할 때, 가장 중요한 것은 제공되는 정보의 출처와 정확성에 대해 항상 의심하는 태도를 갖는 것입니다. Chat GPT는 다양한 출처에서 정보를 수집하고 분석하여 제공하지만, 이 정보가 항상 최신이거나 완벽히 정확하다는 보장은 없습니다.

　또한 Chat GPT의 대답은 때때로 주관적인 해석을 포함할 수 있으므로, 중요한 의사결정을 내릴 때는 반드시 추가적인 검증 과정을 거치는 것이 필요합니다. 정보의 신뢰성을 판단하고, 필요한 경우 다른 출처를 참고하는 것이 중요합니다. Chat GPT를 사용하여 얻은 정보를 인용할 때는 출처를 명확히 밝히는 것이 윤리적이며, 저작권을 존중하는 것도 중요합니다.

PART **08**

창업

CHAT GPT

chapter 1 | Chat GPT가 알려주는 요즘 핫한 창업 아이템

Q1 왜 Chat GPT를 써야할까?

Chat GPT를 활용하면 대학생들이 창업 아이디어를 구상할 때 다양한 방법으로 도움을 받을 수 있습니다. 먼저 Chat GPT는 광범위한 데이터와 정보를 바탕으로 다양한 창업 아이디어와 영감을 제공할 수 있어, 전통적인 아이디어부터 최신 트렌드에 이르기까지 폭넓은 옵션을 탐색할 수 있게 합니다. 또한 특정 산업이나 시장에 대한 분석, 최신 트렌드, 경쟁 상황에 대한 정보를 제공함으로써, 창업 아이디어의 시장 실행 가능성을 평가하는 데 큰 도움이 됩니다. 마지막으로 Chat GPT는 비즈니스 모델 구축, 마케팅 전략, 재정 계획 등과 관련한 실질적인 조언을 제공하여, 체계적이고 실용적인 비즈니스 계획 수립을 지원합니다. 이러한 지원은 대학생들이 창업 과정에서 보다 효율적이고 효과적인 결정을 내리는 데 큰 도움이 됩니다.

Q2 대학생이 활용가능한 프롬프트 리스트

- 대학생이 수익을 만들기 위한 창업 아이템 10개를 추천해 줘.

- 대학생이 시작하기 좋은 소규모 비즈니스 아이디어를 알려줘.
- 온라인 플랫폼을 활용한 수익 창출 방법은 무엇이 있을까?
- 학생들이 취미를 활용하여 수익을 창출하는 방법은 무엇인가?
- 대학생이 할 수 있는 프리랜스 작업은 어떤 것들이 있을까?
- 저비용으로 시작할 수 있는 창업 아이디어는 무엇이 있을까?
- 사회적 기업가정신을 바탕으로 한 수익 모델은 어떻게 구축할 수 있을까?
- 대학 캠퍼스 내에서 실현 가능한 비즈니스 아이디어는 무엇이 있을까?
- 창업 분야에서 현재 가장 인기 있는 아이디어를 알려줘.
- 창업 시장에서 가장 성장 가능성이 높은 업종을 알려줘.
- 대학생을 위한 창업 아이디어를 고려한 예산 계획을 제시해 줘.
- 창업 아이디어를 시장에서 검증하는데 도움이 되는 방법을 알려줘.
- 현재 경쟁력 있는 창업 비즈니스 모델을 설명해 줘.
- 창업자로서 성공하기 위한 효과적인 마케팅 전략을 추천해 줘.
- 창업 아이디어를 검증하고 시장에 출시하기 위한 첫 번째 단계를 제시해 줘.
- 유망한 창업 팀을 구성하는 방법에 대해 안내해 줘.
- 창업 아이디어를 발전시키고 향상시키는 방법을 알려줘.
- 창업자로서 성공하기 위한 필수적인 리더십 스킬을 알려줘.
- 지속적인 자금 조달을 위한 전략을 제안해 줘.
- 창업 아이디어를 시장에서 성공적으로 실행하는데 필요한 기술 습득 방법을 알려줘.
- 창업 아이디어를 위한 효과적인 비즈니스 계획 작성 방법을 설명해 줘.
- 창업자로서 실패를 극복하고 성공으로 나아가는 데 필요한 태도를 알려줘.

• 자금 조달을 위한 투자자를 찾는 방법에 대해 조언해 줘.

Q3 실제 활용 사례

Prompt

너는 창업 전문가야. 대학생인 나는 학업과 병행할 수 있는 소규모 창업 아이디어를 찾고 있어. 창업을 통해 수익을 창출하고 싶어서, 학업과 병행할 수 있는 비즈니스 모델을 알아보고 있어. 이 아이디어들은 학교생활에 부담을 주지 않으면서도 나에게 경제적인 독립을 가져다 줄 수 있어야 해. 대학생이 수익을 만들 수 있는 창업 아이템 10가지를 추천해 줘. 이 내용을 약 1분 분량으로 작성해 줘.

Chat GPT

대학생이 수익을 창출하기 위한 창업 아이템을 고려할 때, 낮은 시작 비용, 유연한 시간 관리, 그리고 학업과의 병행이 가능한 것들을 추천하는 것이 좋습니다. 다음은 그러한 조건을 만족시킬 수 있는 10가지 창업 아이템입니다:

1. **온라인 과외 또는 튜터링 서비스**: 자신이 전문적인 지식을 가진 분야에서 온라인으로 학생들을 가르치는 서비스
2. **소셜 미디어 관리**: 소셜 미디어 플랫폼을 통해 기업이나 개인 브랜드의 온라인 존재감을 관리하고 콘텐츠를 생성하는 일
3. **웹 디자인 및 개발**: 기업이나 개인을 위한 웹사이트 제작과 유지보수 서비스
4. **블로그 또는 콘텐츠 창작**: 특정 주제에 대한 블로그를 운영하거나, 다른 플랫폼을 위한 콘텐츠를 제작
5. **이벤트 기획 및 조직**: 대학 내외의 다양한 행사, 파티, 모임을 기획하고 조

직하는 서비스
6. 핸드메이드 제품 판매: 개인적인 취미나 기술을 활용하여 핸드메이드 제품을 제작하고 온라인 상에서 판매
7. 프리랜서 작업: 글쓰기, 그래픽 디자인, 사진 촬영 등 다양한 프리랜스 작업을 통해 수익 창출
8. 개인 피트니스 트레이너 또는 요가 강사: 개인적인 피트니스나 요가 지식을 활용하여 개인 또는 소규모 그룹에 서비스 제공
9. 전자책 또는 온라인 코스 제작: 특정 주제에 대한 전문 지식을 바탕으로 전자책이나 온라인 교육 코스를 제작하고 판매
10. 모바일 앱 개발: 특정 문제를 해결하거나 사용자의 필요를 충족시킬 수 있는 모바일 앱 개발

이러한 아이템들은 대학생의 시간적, 재정적 제약을 고려하여 유연하게 운영이 가능하며, 개인의 관심사와 기술에 따라 선택할 수 있습니다.

Chat GPT가 다양한 수익 창출 방안을 제시해줍니다. 이번에는 특정 학과를 지정해서 다시 질문을 해보겠습니다.

Prompt

위 답변을 간호학과 학생에 맞춰서 다시 작성해 줘.

Chat GPT

 간호학과 학생이 창업을 고려할 때 간호학 및 보건 분야의 지식을 활용할 수 있는 아이디어와 유연한 시간 관리가 가능한 옵션을 고려하는 것이 중요합니다. 다음은 간호학과 학생에게 적합한 10가지 창업 아이템입니다:

1. **건강 및 웰니스 블로그**: 건강, 영양, 웰니스에 대한 정보를 공유하는 블로그나 소셜 미디어 채널 운영
2. **개인 건강 상담 서비스**: 온라인이나 오프라인을 통한 개인 건강 상담 및 생활 습관 조언 제공
3. **온라인 건강 교육 코스**: 간호학 및 보건 지식을 바탕으로 한 온라인 교육 코스나 워크숍 개발
4. **학교 및 커뮤니티 건강 교육**: 학교나 지역사회를 대상으로 하는 건강 및 첫 응급조치 교육 프로그램 운영
5. **간호학 과외 또는 튜터링**: 간호학 관련 과목에 대한 개인 또는 그룹 과외 서비스 제공
6. **건강 관련 앱 개발**: 건강 모니터링, 생활 습관 개선, 의료 정보 제공 등을 위한 모바일 앱 개발
7. **자가 관리 의료용품 판매**: 온라인 상에서 간호 및 건강 관리에 필요한 의료용품 판매
8. **피트니스 및 영양 상담**: 개인의 건강 목표에 맞춘 피트니스 및 영양 계획 제공 서비스
9. **간호학 전문 콘텐츠 제작**: 간호학과 관련된 주제로 비디오, 팟캐스트, 웹세미나 등 콘텐츠 제작
10. **시니어 케어 서비스**: 노인을 대상으로 한 건강 관리 및 일상 생활 지원 서비스

이러한 아이디어들은 간호학과 학생의 전문 지식을 활용할 수 있으며, 학업과 병행하면서도 유연하게 시간을 관리할 수 있어서 효과적일 수 있습니다.

블로그와 과외 정도는 예상할 수 있었지만, 그 외에도 생각하지 못했던 다양한 아이디어가 나왔습니다. 평소에 고려했던 내용이 있었다면 가장 좋겠지만, 그렇지 못하다면 다음과 같이 질문해 보겠습니다.

Prompt

너는 새로운 사업 아이디어를 실행하기 위해 현재 시장 동향에 맞추어 가장 효과적인 전략을 선택하고 싶어해. 이를 위해 위 10가지 옵션 중에서 최적의 선택을 알려줘.

Chat GPT

요즘 트렌드에 맞추어 가장 적합한 창업 아이디어를 선택하려면, 현재의 건강 및 기술 트렌드, 대중의 관심사, 그리고 팬데믹 이후의 사회 변화를 고려해야 합니다. 이러한 요소를 고려할 때 "온라인 건강 교육 코스"가 가장 적합한 선택일 수 있습니다. 그 이유는 다음과 같습니다:

1. 디지털화 및 원격 학습의 증가: 팬데믹 이후 온라인 학습과 디지털 콘텐츠에 대한 수요가 크게 증가했습니다. 사람들은 집에서 편리하게 배울 수 있는 방법을 찾고 있으며, 이는 교육 콘텐츠에 대한 큰 시장을 의미합니다.
2. 건강과 웰빙에 대한 관심 증가: 건강, 웰빙, 멘탈 헬스에 대한 관심이 높아지면서, 이러한 주제에 대한 정보를 제공하는 온라인 코스에 대한 수요가 높아지고 있습니다.
3. 폭넓은 대상층 접근 가능성: 온라인 코스는 다양한 연령대와 배경을 가진 사람들에게 접근할 수 있는 기회를 제공합니다. 이는 더 넓은 시장에 도달할 수 있음을 의미합니다.
4. 유연성과 확장성: 온라인 코스는 간호학과 학생이 학업과 병행하기에 충분히 유연하며, 코스 자체를 시간이 지남에 따라 확장하거나 업데이트할 수 있는 잠재력이 있습니다.

5. 장기적 지속가능성: 건강 및 웰빙은 지속적으로 중요한 주제로 남을 것이며, 이는 온라인 교육 코스가 장기적으로도 수요가 있을 것임을 의미합니다.

이러한 이유로, 간호학과 학생이 현재 트렌드에 맞추어 창업을 고려한다면, 온라인 건강 교육 코스를 개발하고 제공하는 것이 매우 효과적일 수 있습니다.

코로나 펜데믹 이후 디지털 콘텐츠 수요가 증가한 것을 고려하여 온라인 교육 코스를 추천해 주었습니다. 그런데 아직 대학생인 여러분이 수익을 만들어 낼 수 있을까요?

Prompt

그런데 나는 아직 대학생인데 온라인 건강 교육 코스를 만들어서 팔 수 있을까?

Chat GPT

대학생이라도 온라인 건강 교육 코스를 만들고 판매하는 것은 분명 가능하지만, 몇 가지 고려해야 할 요소들이 있습니다:

1. 전문성 및 신뢰성 구축: 간호학과 학생으로서 당신은 건강 관련 지식의 기본을 갖추고 있을 것입니다. 그러나 강의 내용이 정확하고 신뢰할 수 있어야 하므로, 최신 연구와 지침을 반영하여 교육 콘텐츠를 준비하는 것이 중요합니다. 필요한 경우, 자격을 갖춘 전문가의 조언을 구하거나 멘토링을 받는 것도 좋은 방법입니다.

2. 적절한 내용 선정: 대학생으로서의 지식과 경험을 바탕으로, 초보자 또는

비전문가를 대상으로 하는 기본적인 건강 및 웰빙 주제에 초점을 맞추는 것이 좋습니다. 예를 들어, 일상 생활에서의 건강 관리, 스트레스 관리 기술, 기본적인 영양 지침 등과 같은 주제가 적합할 수 있습니다.

3. 법적 및 윤리적 고려 사항: 의료 및 건강 정보를 제공함에 있어서 법적 및 윤리적 측면을 고려해야 합니다. 진단이나 치료에 관한 조언을 피하고, 콘텐츠가 일반적인 정보 제공에 그치도록 하는 것이 중요합니다. 또한, 개인정보 보호 및 저작권과 같은 법적 요구사항을 준수해야 합니다.

4. 플랫폼과 마케팅 전략: 코스를 호스팅할 플랫폼을 선택하고, 잠재 고객에게 당신의 코스를 알릴 수 있는 효과적인 마케팅 전략을 개발해야 합니다. 소셜 미디어, 이메일 마케팅, 블로그 게시물 등을 활용할 수 있습니다.

5. 지속적인 학습과 개선: 교육 콘텐츠를 지속적으로 업데이트하고 개선하면서, 학습자의 피드백을 수용하고 새로운 트렌드와 정보에 대해 계속 배우는 것이 중요합니다.

간호학과 학생으로서 온라인 건강 교육 코스를 개발하고 판매하는 것은 교육적이고 전문적인 성장을 위한 좋은 기회가 될 수 있으며, 동시에 다른 사람들에게 유용한 정보를 제공하는 방법이 될 수 있습니다.

대학생이더라도 창업을 통해 수익을 만들어 낼 수 있다는 자신감을 심어 주는군요. 하지만 동시에 주의해야 할 점 역시 알려주고 있습니다. 위 내용을 보면서 추가로 질문해 보겠습니다.

Prompt

2번 내용이 좋은 것 같아. 2번 내용으로 적합한 주제를 10가지 선정해 줘.

Chat GPT

초보자 또는 비전문가를 대상으로 하는 온라인 건강 교육 코스를 위해, 다음과 같은 10가지 주제를 추천합니다. 이들은 간호학과 학생의 지식을 활용하면서도 대중에게 유용한 정보를 제공할 수 있는 내용들입니다:

1. **기본적인 건강 관리**: 일상에서 쉽게 실천할 수 있는 건강 관리 방법 및 일상 속에서의 건강 유지 방법
2. **스트레스 관리 기술**: 스트레스를 인식하고 효과적으로 관리하는 다양한 방법
3. **영양 기초 지식**: 건강한 식습관을 위한 기본적인 영양 정보 및 식단 구성 방법
4. **기본적인 응급처치**: 가정이나 일상 생활에서 발생할 수 있는 간단한 응급 상황에 대처하는 방법
5. **면역력 증진 방법**: 건강한 면역 체계를 유지하고 강화하기 위한 생활 습관 및 영양 조언
6. **수면의 중요성과 수면 개선 방법**: 좋은 수면 습관을 형성하고 수면의 질을 향상시키는 방법
7. **개인 위생 및 예방접종의 중요성**: 개인 위생 관리의 중요성과 예방접종을 통한 질병 예방
8. **활동적인 생활 습관 유지**: 규칙적인 운동의 중요성과 일상에서 쉽게 실천할 수 있는 운동 방법
9. **정신 건강의 중요성**: 정신 건강을 유지하고 관리하는 기본적인 방법 및 도움을 구하는 방법
10. **만성 질환 관리**: 고혈압, 당뇨병 등 일반적인 만성 질환의 기본 관리 방법 및 생활 습관 조절

이러한 주제들은 일반 대중에게 유익하고 실천 가능한 건강 관련 정보를 제공하며, 간호학과 학생으로서 당신이 가진 지식과 경험을 효과적으로 활용할 수 있는 분야입니다.

10가지 주제 가운데 하나를 선택하도록 하겠습니다.

> **Prompt**
>
> 비슷한 온라인 건강 교육 프로그램이 많이 있는데, 어떻게 차별화할 수 있을까?

> **Chat GPT**
>
> 온라인 건강 교육 프로그램 시장에서 차별화를 만들어 내는 것은 중요한 과제입니다. 이를 위해서는 다음과 같은 전략들을 고려할 수 있습니다:
>
> **1. 특정 대상층에 초점 맞추기:** 특정 연령대, 직업군, 취미나 관심사를 가진 사람들을 대상으로 하는 맞춤형 코스를 개발합니다. 예를 들어, 대학생을 위한 스트레스 관리, 임산부를 위한 건강 관리, 직장인을 위한 운동 및 영양 가이드 등 특정 그룹에 초점을 맞출 수 있습니다.
> **2. 실제 사례와 경험 공유:** 간호학과 학생으로서의 경험을 바탕으로 실제 사례를 공유하며, 이론적 지식과 실제 경험이 어떻게 연결되는지 보여줍니다. 이는 이론과 실제의 연결점을 제공하며 학습자에게 더 실용적인 가치를 제공합니다.
> **3. 인터랙티브하고 참여적인 학습 경험 제공:** 퀴즈, 실시간 질의응답 세션, 토론 포럼, 실습 과제 등을 포함하여 학습자들이 적극적으로 참여하고 상호작용할 수 있는 요소를 추가합니다.
> **4. 개인화된 학습 계획 제공:** 학습자의 개인적인 필요와 목표에 맞춘 개인화된 학습 계획이나 조언을 제공합니다. 이를 통해 개별 학습자에게 더 맞춤화된 경험을 제공할 수 있습니다.
> **5. 최신 연구 및 트렌드 반영:** 최신 의학 연구와 건강 트렌드를 지속적으로 반영하여 코스 내용을 업데이트함으로써 학습자들에게 최신 정보를 제공합니다.
> **6. 전문가 협력 및 네트워킹:** 다른 보건 전문가들과 협력하여 코스를 개발하

거나, 전문가 초청 강연 등을 통해 학습자들에게 다양한 관점과 전문 지식을 제공합니다.
7. 비디오 및 멀티미디어 콘텐츠 활용: 고품질의 비디오, 인포그래픽, 애니메이션 등을 사용하여 학습자의 관심을 끌고 정보 전달을 효과적으로 합니다.
8. 사회적 책임과 연계: 건강 교육 프로그램을 통해 사회적인 이슈에 기여하거나 공익 목적의 프로젝트와 연계하여, 학습자들이 더 큰 목적을 위해 배우고 있다는 느낌을 갖게 합니다.

이러한 전략들을 통해, 간호학과 학생으로서 개발하는 온라인 건강 교육 프로그램은 독특하고 매력적인 학습 경험을 제공할 수 있으며, 경쟁 시장에서 두각을 나타낼 수 있습니다.

마음에 드는 사례를 하나 선택한 이후, 콘텐츠의 컨셉에 대해 물었습니다.

Prompt

- 2번 사례가 나랑 비슷한 것 같아. 그럼 내 교육 프로그램의 컨셉은 어떻게 만들어야 할까? 컨셉의 사례를 4개만 제시해 줘.
- 한 간호학과 학생이 자신의 새로운 교육 프로그램을 기획하고 있어. 이 학생은 현재 사례 2번이 자신의 상황과 비슷하다고 생각해. 그래서 이 학생은 효과적인 교육 프로그램을 만들기 위해 네게 도움을 요청했어. 목적은 교육 프로그램의 컨셉을 잘 구상하고, 그 아이디어를 구체화하는 것이야. 학생이 참고할 수 있도록 다양하고 창의적인 교육 프로그램 컨셉 사례 4가지를 1분 분량으로 제안해 줘.

Chat GPT

온라인 건강 교육 프로그램의 컨셉을 개발할 때, 당신의 간호학과 학생으로서의 경험과 전문 지식을 바탕으로 창의적이고 매력적인 접근 방식을 고려할 수 있습니다. 다음은 네 가지 컨셉 사례입니다:

1. 간호학생의 시선: 일상 속 건강 관리: 이 컨셉은 간호학과 학생의 시각에서 일상적인 건강 관리와 예방 조치에 대한 실용적인 조언과 팁을 제공합니다. 컨텐츠는 실생활에서 쉽게 적용할 수 있는 건강 관리 기술, 스트레스 관리 전략, 기본적인 응급처치 방법 등을 포함할 수 있습니다. 각 모듈은 실제 사례 연구와 개인적인 경험을 바탕으로 구성되며, 학습자들이 쉽게 이해하고 실천할 수 있도록 설계됩니다.

2. 건강한 대학생활 가이드: 대학생을 대상으로 한 건강 관리 및 웰빙 프로그램입니다. 이 컨셉은 대학생의 생활 패턴과 고유한 스트레스 요인을 고려하여 영양, 운동, 수면, 정신 건강 관리 등을 다룹니다. 대학생활에서 겪는 특정 상황(시험 기간의 스트레스 관리, 예산 내에서의 건강한 식습관 유지 등)에 초점을 맞추며, 학업과 건강한 생활 사이의 균형을 찾는 데 도움을 줍니다.

3. 집에서 시작하는 건강한 삶: 이 컨셉은 가정에서 쉽게 실천할 수 있는 건강 및 웰빙 루틴에 중점을 둡니다. 주요 내용으로는 홈 피트니스 운동, 집에서 만들 수 있는 건강한 식사 레시피, 가정용 응급처치 키트 구성 방법 등이 포함됩니다. 각 세션은 사용자가 가정 환경에서 쉽게 따라 할 수 있는 실용적인 활동과 교육 자료로 구성됩니다.

4. 마음과 몸을 위한 셀프 케어: 이 컨셉은 신체적 건강뿐만 아니라 정신 건강에도 중점을 둡니다. 스트레스 해소 방법, 마음챙김과 명상, 정서적 웰빙을 위한 전략 등을 다루며, 학습자가 스스로의 정신 건강과 신체 건강을 돌볼 수 있도록 안내합니다. 이 컨셉은 개인의 전체적인 건강과 웰빙을 강조하며, 각 인디비주얼의 필요에 맞춘 셀프 케어 방법을 제시합니다.

이러한 컨셉들은 당신의 간호학 전문 지식과 학생으로서의 경험을 효과적으로 활용하면서, 대상 학습자에게 매력적이고 유익한 교육 경험을 제공할 수 있습니다.

구체적이면서도 다양한 컨셉을 제안해 주고 있습니다. 이번엔 온라인 강의 제작과 관련한 질문을 하겠습니다.

Prompt

온라인 교육 과정을 몇 분짜리로 만들어야 하지? 일단 1번 내용으로 교육 과정 시나리오를 만들어 줘.

Chat GPT

온라인 교육 과정의 길이는 대상 학습자의 관심과 참여를 유지할 수 있어야 하며, 교육 내용이 충분히 전달될 수 있을 정도로 설계되어야 합니다. 일반적으로 각 강의는 5분에서 15분 길이가 적당하며, 전체 코스는 몇 주에 걸쳐 진행되는 것이 좋습니다.

"간호학생의 시선: 일상 속 건강 관리"라는 주제로 교육 과정의 시나리오를 구성한다면 다음과 같을 수 있습니다:

코스 개요:
- **코스 제목:** 간호학생의 시선: 일상 속 건강 관리
- 대상: 일반 대중, 특히 건강 관리에 관심이 있는 초보자
- 코스 기간: 6주
- 코스 형식: 주 1~2회, 각 회차 당 10~15분 분량의 비디오 강의 및 보충 자료

주차별 시나리오:

1주차: 건강 관리의 기본
- 강의 1: 건강 관리의 중요성 소개
- 강의 2: 일상에서의 기본적인 건강 관리 팁
- 보충 자료: 건강 체크리스트

2주차: 스트레스 인식과 관리
- 강의 1: 스트레스의 영향 이해

- 강의 2: 효과적인 스트레스 관리 기법
- 보충 자료: 스트레스 관리 워크시트

3주차: 영양의 기초
- 강의 1: 건강한 식습관의 중요성
- 강의 2: 균형 잡힌 식단 구성하기
- 보충 자료: 샘플 식단 및 레시피

4주차: 기본 응급처치
- 강의 1: 가정에서의 응급 상황 대비
- 강의 2: 기본적인 응급처치 기술
- 보충 자료: 응급처치 키트 체크리스트

5주차: 면역력 강화
- 강의 1: 면역 체계와 건강
- 강의 2: 면역력 강화를 위한 생활 습관
- 보충 자료: 면역력 강화 체크리스트

6주차: 종합 및 실습
- 강의 1: 배운 내용의 종합 및 적용 방법
- 강의 2: 실생활에서 건강 관리 실천하기
- 보충 자료: 건강 관리 액션 플랜

각 강의 끝에는 짧은 퀴즈나 학습자들이 실생활에 적용할 수 있는 작은 과제를 제공하여 참여도를 높이고 학습 효과를 극대화할 수 있습니다. 이러한 구조는 학습자들에게 체계적이고 점진적인 학습 경험을 제공하며, 간호학과 학생의 실제 경험과 지식을 토대로 한 실질적인 조언을 포함합니다.

실제로 온라인 강의에 적절한 5~15분을 제시해 주고 있습니다. 다음 질문을 해보겠습니다.

Prompt

온라인 교육 프로그램을 만들 때 주의해야 할 점을 알려줄래.

Chat GPT

온라인 교육 프로그램을 만들 때 주의해야 할 점들은 다음과 같습니다:

1. 정확성 및 신뢰성: 건강과 관련된 정보는 매우 민감하며, 잘못된 정보는 심각한 결과를 초래할 수 있습니다. 따라서 제공되는 내용이 과학적으로 검증되고, 최신의 연구 결과와 일치하는지 확인하는 것이 중요합니다.

2. 법적 및 윤리적 준수: 의료 정보를 제공하는 것과 관련하여 특정 법적 규제가 적용될 수 있습니다. 의료 조언을 제공하지 않으며, 교육적 목적만을 갖는다는 점을 명확히 해야 합니다. 또한, 개인정보 보호와 저작권 법률을 준수해야 합니다.

3. 대상 학습자의 이해도 고려: 교육 프로그램의 내용은 대상 학습자의 지식 수준과 이해도에 맞춰야 합니다. 너무 기초적이거나, 반대로 전문적이고 복잡한 내용은 학습자의 참여를 저하시킬 수 있습니다.

4. 흥미롭고 참여적인 콘텐츠: 온라인 학습 환경에서 학습자의 관심과 참여를 유지하는 것은 도전적일 수 있습니다. 따라서 상호작용적 요소, 시각적 자료, 실생활 적용 과제 등을 통해 콘텐츠를 흥미롭게 만드는 것이 중요합니다.

5. 기술적 접근성: 모든 학습자가 쉽게 접근하고 사용할 수 있도록 플랫폼의 기술적 접근성을 고려해야 합니다. 이는 다양한 기기에서의 호환성, 직관적인 인터페이스 디자인, 적절한 속도와 품질의 비디오 및 오디오 등을 포함합니다.

6. 피드백 및 평가 메커니즘: 학습자로부터의 정기적인 피드백을 수집하고, 이를 바탕으로 교육 프로그램을 지속적으로 개선하는 것이 중요합니다. 또한, 학습자가 학습 목표를 달성하고 있는지 평가하는 메커니즘도 필요합니다.

7. 지속적인 업데이트 및 개선: 건강 및 의료 분야의 정보는 빠르게 변합니다. 따라서 교육 프로그램을 정기적으로 업데이트하고, 최신 정보와 추세를 반영해야 합니다.

이러한 요소들을 고려하여 교육 프로그램을 설계하고 운영한다면, 효과적이고 가치 있는 학습 경험을 제공할 수 있을 것입니다.

Prompt

 대학 캠퍼스에서 학업과 병행하며 실행 가능한 수익 창출 아이디어를 찾고 싶어하는 대학생들에게 유용하고 실질적인 아이디어를 제공하는 것이 목적이야. 대학생들이 시도할 수 있는 7가지 수익 창출 모델의 예시를 1분 분량으로 제공해 줘.

Chat GPT

 대학생이 수익 창출 모델을 개발하기 위해 Chat GPT에게 할 수 있는 질문의 사례는 다음과 같습니다:

1. **"대학생이 시작하기 좋은 소규모 비즈니스 아이디어는 무엇이 있나요?"**:
이 질문은 창업을 통한 수익 창출을 고려하고 있는 대학생에게 적합한 비즈니스 아이디어를 찾는 데 도움을 줄 수 있습니다.
2. **"온라인 플랫폼을 활용한 수익 창출 방법은 무엇이 있을까요?"**:
온라인 비즈니스와 디지털 마케팅에 초점을 맞춘 질문으로, 현재의 디지털 트렌드에 부합하는 아이디어를 얻을 수 있습니다.
3. **"학생들이 취미를 활용하여 수익을 창출하는 방법은 무엇인가요?"**:
이 질문은 개인의 취미나 관심사를 수익 창출과 연결짓는 방법에 대한 아이디어를 제공할 수 있습니다.

4. "대학생이 할 수 있는 프리랜스 작업은 어떤 것들이 있나요?":
프리랜싱은 유연한 시간 관리가 가능하며, 다양한 기술을 활용할 수 있는 수익 창출 방법을 찾는 데 도움이 됩니다.
5. "저비용으로 시작할 수 있는 창업 아이디어는 무엇이 있을까요?":
초기 투자 비용을 최소화하면서 창업을 고려하는 대학생에게 유용한 정보를 제공합니다.
6. "사회적 기업가정신을 바탕으로 한 수익 모델은 어떻게 구축할 수 있나요?":
사회적 책임을 중시하는 창업 아이디어와 이를 통한 수익 창출 방법에 대해 알아보는 질문입니다.
7. "대학 캠퍼스 내에서 실현 가능한 비즈니스 아이디어는 무엇이 있을까요?":
대학 캠퍼스 내의 특정한 요구사항과 환경을 고려한 창업 아이디어를 찾는 데 도움이 되는 질문입니다.

이러한 질문들은 대학생이 수익 창출 모델을 고려할 때 다양한 관점과 옵션을 탐색하는 데 유용합니다.

Q4 주의할 점

Chat GPT를 사용할 때 개인화된 조언의 한계를 인식하는 것은 매우 중요합니다. 이 인공지능 시스템은 일반적인 정보와 기본적인 조언을 제공할 수 있지만, 개인의 구체적인 상황이나 복잡한 필요에 완전히 맞춤화된 조언을 제공하는 데는 제한이 있습니다. 예를 들어 개인적인 건강 문제, 심리적 고민, 법적 상황, 또는 매우 구체적인 비즈니스 문제와 같은 경우, Chat GPT는 전문적인 경험, 지식, 그리고 문제 해결 능력을 갖춘 실제 전문가에 비해 부족할 수 있습니다. 따라서, 이러한 복잡하고 세밀한 문제에 대해서는 Chat GPT의 조언을 기본적인 참고용으로만 사용하고, 필요한 경우 실제 전문가의 상담을 받는 것이 바람직합니다. 법적 조언이 필요한 경우 변호사의 상담을, 건강 문제에 대해서는 의사의 진료를 받는 것이 중요합니다.

또한, Chat GPT는 사용자의 특정한 경험, 배경, 문화적 맥락 등을 완전히 이해하거나 반영하는 데 한계가 있을 수 있습니다. 따라서 사용자는 Chat GPT의 답변을 자신의 맥락과 상황에 적절히 적용하고, 필요에 따라 추가적인 정보를 찾아보거나 다른 출처를 참조하는 것이 중요합니다.

chapter 2 | Chat GPT가 만든 광고 시나리오는 모든 마케팅의 시작

Q1 왜 Chat GPT를 써야할까?

Chat GPT는 다양한 스타일과 톤으로 창의적인 광고 카피를 생성할 수 있어 학생들이 독창적인 아이디어를 얻을 수 있습니다. 또한, Chat GPT를 활용하는 것은 시간을 효율적으로 활용할 수 있게 도우며, 제한된 자원을 가진 창업 동아리 환경에서 빠르게 여러 가지 카피를 생성할 수 있으므로 학생들이 더 창의적이고 전략적인 측면에 집중할 수 있게 합니다.

Chat GPT는 다양한 언어를 지원하고 다양한 문화적 배경을 반영한 콘텐츠를 생성할 수 있어, 학생들이 글로벌 시장을 대상으로 한 광고 카피를 개발하는 데 필요한 국제적 시각을 갖출 수 있습니다.

Q2 대학생이 활용가능한 프롬프트 리스트

- 제품에 관한 명령: 제품명을 포함하는 창의적인 광고 카피를 만들어 주세요.
- 타깃 오디언스 명령: 20대 여성을 대상으로 하는 화장품 광고 시나리오를 작성해 주세요.

- 감정적 요소 명령: 행복과 가족의 따뜻함을 강조하는 자동차 광고 카피를 생성해 주세요.
- 문화적 요소 명령: 한국의 전통문화를 반영한 스마트폰 광고 카피를 제안해 주세요.
- 특정 시나리오 명령: 도시의 활기찬 아침을 배경으로 하는 커피 광고 시나리오를 만들어 주세요.
- 유머 요소 명령: 재미있고 유머러스한 스타일로 작성된 운동화 광고 카피를 작성해 주세요.
- 라이프 스타일 명령: 건강하고 활동적인 라이프 스타일을 강조하는 비타민 광고 시나리오를 만들어 주세요.
- 시즌 또는 이벤트 명령: 크리스마스 시즌을 위한 장난감 광고 카피를 만들어 주세요.
- 감각적 요소 명령: 상쾌함과 청량감을 강조하는 음료수 광고 카피를 제작해 주세요.
- 혁신적 특성 명령: 최신 기술을 강조하는 노트북 광고 시나리오를 만들어 주세요.
- 지속가능성 명령: 환경 친화적이고 지속가능한 패션 브랜드를 위한 광고 카피를 작성해 주세요.
- 기술 혁신 명령: 인공 지능 기술을 활용하는 스마트홈 제품에 대한 혁신적인 광고 시나리오를 만들어 주세요.
- 럭셔리 및 프리미엄 명령: 고급스러움과 우아함을 강조하는 럭셔리 시계 브랜드 광고 카피를 만들어 주세요.

Q3 실제 활용 사례

Prompt

너는 마케팅 전략 전문가야. 미국 아마존에서 스마트 워치를 성공적으로 판매하기 위해 효과적인 광고 컨셉을 제안하고 싶어. 이 광고는 특히 온라인 구매자들을 타깃으로 하며, 스마트 워치의 독특한 기능과 사용자의 일상생활에서의 활용 방법을 강조해야 해. 목적은 이 스마트 워치의 혁신성과 실용성을 부각시켜, 구매욕을 자극하는 것이야. 이를 바탕으로, 1분 분량의 광고 컨셉을 작성해 줘.

Chat GPT

미국 아마존에서 스마트 워치를 판매하기 위한 광고 컨셉은 다음과 같이 구상할 수 있습니다:

1. **라이프 스타일 통합 컨셉**: 이 광고는 일상 생활 속에서 스마트 워치의 다양한 기능을 보여주는 방식으로 진행됩니다. 예를 들어, 아침에 일어나는 장면에서는 스마트 워치의 알람 기능, 운동하는 장면에서는 건강 및 피트니스 추적 기능, 회의 중에는 중요한 알림을 받는 모습 등을 통해 스마트 워치가 사용자의 일상에 어떻게 편리하게 통합될 수 있는지 보여줍니다.
2. **테크놀로지 및 혁신 중심 컨셉**: 이 컨셉은 스마트 워치의 최신 기술과 혁신적인 기능에 초점을 맞춥니다. 예를 들어, 고해상도 디스플레이, 긴 배터리 수명, 빠른 프로세서, 고급 건강 모니터링 기능 등을 강조하며, 이러한 기능이 어떻게 사용자의 삶을 더 쉽고 편리하게 만드는지 보여줍니다.
3. **개인화 및 맞춤형 컨셉**: 이 광고는 사용자가 자신의 스타일과 취향에 맞게 스마트 워치를 개인화할 수 있는 다양한 방법을 보여줍니다. 다양한 스트랩 옵션, 사용자 정의 가능한 화면, 다양한 앱 선택 등을 통해 사용자가 자신만의 독특한 스마트 워치를 만들 수 있음을 강조합니다.

4. 소셜 커넥션 컨셉: 이 컨셉은 스마트 워치를 통해 친구, 가족, 동료들과 연결되는 모습을 강조합니다. 예를 들어, 메시지 보내기, 전화 걸기, 소셜 미디어 알림 받기 등을 통해 스마트 워치가 어떻게 사용자의 소셜 라이프에 중요한 역할을 하는지 보여줍니다.

각각의 컨셉은 스마트 워치의 다양한 기능과 장점을 부각시키면서도, 소비자가 실제 생활에서 어떻게 제품을 활용할 수 있는지에 초점을 맞추고 있습니다. 이러한 광고 컨셉은 미국 아마존에서 스마트 워치를 효과적으로 마케팅하는 데 도움이 될 것 같습니다. 이번에는 위 컨셉에 맞는 광고 카피를 요청해 보겠습니다.

Prompt

각각의 컨셉이 마음에 들어. 각 컨셉에 맞춰서 광고 카피를 3개씩 제시해 줘.

Chat GPT

물론입니다. 각 컨셉에 맞춰서 광고 카피를 제시하겠습니다:

1. 라이프 스타일 통합 컨셉
- "아침부터 밤까지, 당신의 모든 순간을 함께하는 스마트 워치. 당신의 하루를 더 스마트하게 만드세요."
- "건강부터 업무까지, 손목 위의 작은 혁명. 일상을 업그레이드하는 스마트 워치를 경험하세요."
- "일상의 모든 순간, 스마트 워치와 함께라면 더 특별합니다. 당신의 생활을 더욱 풍부하게 만들어줄 기술을 만나보세요."

2. 테크놀로지 및 혁신 중심 컨셉
- "최첨단 기술, 당신의 손목에서 시작됩니다. 혁신적인 기능으로 무장한 스마트 워치로 세상을 경험하세요."
- "빠른 속도, 놀라운 성능. 스마트 워치가 당신의 일상을 가속화합니다."
- "건강 관리의 미래를 당신의 손목에. 첨단 헬스 모니터링으로 건강한 삶을 설계하세요."

3. 개인화 및 맞춤형 컨셉
- "당신만의 스타일을 스마트 워치에 담아보세요. 개성 넘치는 커스터마이징으로 나만의 유니크한 디자인을 완성하다."
- "매일 당신의 손목에 새로운 스타일을. 다양한 스트랩과 디자인으로 매일을 새롭게 만드세요."
- "나만의 세상을 손목 위에. 커스텀 화면과 앱으로 개인화된 경험을 즐기세요."

4. 소셜 커넥션 컨셉
- "친구와의 대화, 소중한 순간을 놓치지 마세요. 스마트 워치로 언제 어디서나 연결되어 있습니다."
- "가족과 더 가까워지는 방법, 스마트 워치 하나로. 소중한 사람들과의 소통을 더 쉽게 만들어 드립니다."
- "세상과 연결되는 가장 스마트한 방법. 스마트 워치로 소셜 라이프를 더욱 풍부하게 만들어 보세요."

각 컨셉에 맞는 이러한 광고 카피들은 스마트 워치의 특징과 사용자가 경험할 수 있는 이점을 효과적으로 전달하며, 소비자의 관심을 끌기에 충분합니다

미국 아마존에서 판매를 하고 싶은데, 위에 나온 결과들은 너무 일반적인 결과들만 있는 것 같습니다. 그래서 미국 아마존으로 범위를 좁히기 위해서 다시 질문합니다.

> **Prompt**
>
> 미국 아마존에서 판매를 고려하고 있는 한국 기업이 미국 아마존을 이용하는 소비자층에 대해 알고 싶어해. 이 기업은 미국 시장에 진출하기 전에, 그들의 잠재 고객이 누구인지, 그들의 구매 습관과 선호도가 무엇인지 이해하고 싶어해. 이 정보는 그들이 마케팅 전략을 수립하고 제품을 적절히 조정하는 데 도움이 될 것이기 때문이야. 네가 제공할 정보는 미국 아마존 소비자층의 특성과 구매 패턴에 대한 분석으로, 이들을 더 잘 이해하고 효과적으로 접근하는 데 기여할 것이야. 이 분석을 1분 분량의 요약으로 작성해 줘.

> **Chat GPT**
>
> 미국 아마존을 이용하는 소비자들의 특성을 분석하면 다음과 같습니다:
>
> 1. **선호도:** 대다수의 미국 소비자(89%)는 다른 온라인 스토어보다 아마존에서 제품을 구매하는 것을 선호합니다.[출처]
> 2. **검색 시작점:** 63%의 소비자가 제품 검색을 아마존에서 시작하며, 이는 아마존이 제품 검색의 시작점으로 가장 선호되는 플랫폼임을 보여줍니다.[출처]
> 3. **리뷰 확인:** 대부분의 미국 소비자(79%)는 제품 리뷰를 확인할 때 아마존을 이용합니다.[출처]
> 4. **검색 습관:** 온라인 쇼핑을 할 때 미국인의 거의 절반(49%)이 일반적으로 아마존에서 검색을 시작합니다.[출처]
> 5. **가격 비교:** 대부분의 소비자(82%)는 구매 전 아마존에서 가격을 확인하며, 이는 소비자들이 가격 비교에 있어 아마존을 중요하게 여긴다는 것을 나타냅니다.[출처]
> 6. **검색 페이지 및 구매 경향:** 미국 소비자의 상당수(45%)는 아마존에서 구매할 제품을 검색할 때 평균적으로 최대 2개의 검색 페이지를 탐색하며, 26%는 검색 결과 페이지에 가장 먼저 표시되는 제품을 구매합니다.[출처]

이러한 특성을 고려하여 아마존에서 스마트 워치를 판매할 때 제품 리뷰의 중요성, 검색 최적화 및 가격 경쟁력에 주의를 기울여야 합니다.

미국 아마존을 이용하는 고객을 분석해 주었습니다. 출처를 클릭하면 해당 자료가 언급된 최초 자료를 확인할 수 있습니다. 하지만 저는 이러한 고객 분석보다는 미국 아마존을 사용하는 고객을 그룹화 시켜보고 싶었습니다. 그래서 다시 질문을 해보겠습니다.

Prompt

여기서는 미국 아마존을 이용하는 소비자층의 국적과 나이 분포에 대해 자세히 알아보고 싶어. 아마존은 세계적인 온라인 쇼핑 플랫폼으로 다양한 국적과 연령대의 사람들이 이용해. 이 데이터는 마케팅 전략을 수립하거나 시장 동향을 이해하는 데 중요한 역할을 할거야. 그래서 이 데이터를 분석하여 미국 아마존 이용자들의 국적별, 나이별 분포를 파악하고 싶어. 이를 통해 아마존의 고객층에 대한 보다 명확한 이해를 도모할 생각이야. 이 정보를 1분 분량으로 요약해서 제공해 줄래.

Chat GPT

미국 아마존에서 구매하는 소비자층에 대한 정보는 다음과 같습니다:

국적별:
1. 아마존 프라임 회원의 약 74.3%는 미국에서 옵니다. [출처]
2. 아마존 프라임 회원 중 미국인은 2022년 기준으로 약 1억 4860만 명에 달합니다. [출처]

3. 미국 외에도 일본, 영국, 독일 등 다른 국가들에서도 아마존 사용자가 상당수 있습니다.[출처]

나이별: 나이별로 구체적인 아마존 이용자의 분포에 관한 정보를 찾는 데에는 시간이 부족했습니다. 그러나 일반적으로 아마존은 다양한 연령대의 소비자들을 대상으로 하며, 특히 젊은 소비자들 사이에서 높은 인기를 끌고 있는 것으로 알려져 있습니다.

이 정보들은 미국 아마존에서 제품을 판매할 때 타깃 마케팅 전략을 수립하는 데 유용하게 활용할 수 있을 것입니다. 출처를 클릭해서 해당 내용이 나왔던 원 출처를 확인할 수 있습니다. 국적별로 일반적인 정보를 보여주고 있습니다. 다만 나이별에 대한 자료는 부족한 것 같습니다. 이번에는 미국과 일본의 소비자를 구분지어서 광고 카피를 요청해 보겠습니다.

Prompt

미국, 일본, 한국의 소비자들을 대상으로 한 라이프 스타일 통합 컨셉 방식의 광고 카피를 작성해야 해. 이 광고는 각국의 문화와 선호도를 반영해야 하며, 그들이 어떻게 다른지를 명확히 보여줄 수 있어야 해. 이를 통해 해당 국가의 소비자들에게 더욱 효과적으로 다가가고자 해. 내가 해야 할 일은 이 세 국가의 소비자들을 위한 맞춤형 광고 카피를 만들고, 이를 쉽게 비교할 수 있는 형태로 표로 정리하는 것이야. 이 작업을 1분 분량의 설명으로 작성해 줘.

Chat GPT

 물론이죠.

대상 국가	광고 카피
미국 소비자	"From morning jogs to late-night work, our smartwatch is your perfect companion. Embrace a smarter day with every tick."
	"Elevate your daily routine with a touch of tech. Stay connected, stay healthy, stay ahead - all from your wrist."
	"Your day, smarter and more seamless. Our smartwatch blends into every aspect of your American lifestyle."
일본 소비자	"朝のランニングから夜遅くのお仕事まで、あなたの完璧なパートナー。スマートウォッチで、より賢い一日を。"
	"テクノロジーで日常を一層豊かに。いつでも繋がり、健康を保ち、一歩先を行く。すべてはあなたの手首から。"
	"あなたの日常をもっとスマートに、もっとスムーズに。私たちのスマートウォッチは、あらゆるライフスタイルに溶け込みます。"
한국 소비자	"아침 조깅부터 늦은 밤까지, 당신의 완벽한 동반자인 스마트 워치. 매 순간 더 스마트한 하루를 만나보세요."
	"기술의 터치로 일상을 더 높이세요. 연결되고, 건강을 유지하며, 앞서 나가세요 - 모두 당신의 손목에서."
	"당신의 하루를 더 스마트하고 매끄럽게 만드는 스마트 워치. 한국인의 라이프 스타일에 완벽하게 어우러집니다."

이 광고 카피들은 한국 소비자들의 라이프 스타일과 문화적 특성을 반영하여 맞춤화되었습니다. 각 문구는 스마트 워치가 일상생활의 다양한 측면에서 어떻게 유용하게 사용될 수 있는지 강조하고 있습니다.

그냥 언어만 다르게 작성되어 있고, 각 국적별 문화적 특성이 반영된 것 같지는 않습니다. 다시 질문을 해보겠습니다.

> Prompt

각 국적별로 똑같은 내용을 언어만 다르게 작성한 것 같은데? 각 국적별 차이점이 뭐지?

> Chat GPT

각 국적별 광고 카피는 기본적인 메시지는 유사하지만, 그 문화와 소비자 행동 특성에 맞추어 다르게 작성되었습니다. 세 국가의 차이점을 간단히 설명하겠습니다:

미국 소비자:
- 스타일: 직접적이고 역동적인 어조를 사용합니다.
- 초점: 기술의 편의성과 일상의 효율성을 강조합니다.
- 특징: 미국 소비자들은 실용성과 혁신을 중시하는 경향이 있으며, 개인의 생산성과 건강 관리에 대한 관심이 높습니다.

일본 소비자:
- 스타일: 섬세하고 정교한 문화적 감각을 반영합니다.
- 초점: 일상의 아름다움과 기술의 조화를 강조합니다.
- 특징: 일본 소비자들은 세부 사항과 고급스러움을 중시하며, 기술과 전통의 조화를 중요하게 여깁니다.

한국 소비자:
- 스타일: 감성적이고 친근한 접근을 사용합니다.
- 초점: 스마트한 생활과 편리함을 강조합니다.
- 특징: 한국 소비자들은 트렌드에 민감하며, 신기술과 디자인에 대한 높은 기대치를 가지고 있습니다.

이러한 차이점들은 각 국가의 문화적 특성과 소비자의 성향을 반영한 것으로, 동일한 제품을 다른 국가의 시장에 맞추어 광고할 때 고려해야 할 중요한 요소들입니다.

각국 소비자별 특징이 제대로 언급된 것 같습니다.

Prompt

광고 에이전시에서 일하며 다양한 국적의 사람들을 대상으로 하는 라이프 스타일 통합 컨셉의 광고 카피를 만들고 있어. 네가 만든 광고는 각 국적별 특성을 반영해야 해서, 고객들이 자신의 문화와 연결될 수 있게 하려고 해. 이번 프로젝트의 목적은 다양한 국적의 사람들에게 어필할 수 있는 통합 라이프 스타일 광고 카피를 창조하는 것이야. 이를 통해 광고가 각 문화의 독특함을 존중하고, 모두에게 매력적으로 다가갈 수 있도록 하려고 해.

Chat GPT

물론입니다. 각 국적별 특성을 고려하여 라이프 스타일 통합 컨셉에 맞춘 광고 카피를 아래와 같이 제안드리겠습니다:

미국 소비자

1. "Power Your Day, The Smart Way: From sunrise workouts to midnight deadlines, our smartwatch keeps you connected, fit, and on track. Experience American life at its best, right from your wrist."
- 역동적인 미국 생활의 효율성과 실용성 강조

2. "Innovate Your Lifestyle: Seamlessly integrate technology into every aspect of your busy life. Stay ahead with our smartwatch, designed for the American go-getter."
- 혁신과 생산성을 중시하는 미국 소비자의 성향 반영

3. "Transform Your Everyday: Make each day extraordinary with a smartwatch that keeps up with your fast-paced American lifestyle. It's not just a watch, it's your life, optimized."
- 개인의 생산성과 효율적인 일상 관리에 초점

일본 소비자

1. "毎日を彩るスマートライフ: 日の出から夜更けまで、あなたのライフスタイルに寄り添うスマートウォッチ。日本の日常を、より豊かに。"
- 일상의 아름다움과 기술의 조화 강조

2. "技術で織りなす生活の調和: 忙しい毎日に溶け込むスマートなテクノロジー。あなたの手首から始まる、新しい生活スタイル。"
- 세밀함과 고급스러움에 대한 일본 소비자의 선호 반영

3. "スマートウォッチ、新たな日常を創造: 一歩先を行くあなたに、最適なパートナー。日本の生活を刷新する、ただ一つの選択。"
- 기술과 전통의 조화를 중시하는 일본 문화의 특징 반영

한국 소비자

1. "하루를 바꾸는 스마트한 선택: 새벽 운동부터 늦은 밤 업무까지, 스마트 워치로 더 효율적인 한국의 일상을 경험하세요."
- 바쁜 일상에서의 효율성과 편리함 강조

2. "테크놀로지로 완성하는 나만의 스타일: 개성 넘치는 디자인과 첨단 기능으로 매일을 새롭게. 한국인의 라이프 스타일에 맞춘 스마트 워치입니다."
- 트렌드와 개성을 중시하는 한국 소비자의 특징 반영

3. "일상의 모든 순간, 스마트하게 연결: 언제 어디서나 연결되는 스마트 워치로 더욱 풍부한 한국의 삶을 즐기세요."
- 신기술과 디자인에 대한 높은 기대치를 가진 한국 소비자에 맞춤

이 광고 카피들은 각 국가의 문화적 특성과 소비자의 성향을 반영하여 맞춤화되었으며, 스마트 워치가 일상생활의 다양한 측면에서 어떻게 유용하게 사용될 수 있는지 강조하고 있습니다.

앞서 제시했던 결과보다는 더 국적별 맞춤형으로 나온 것 같습니다. 이번에는 한국 소비자 2번 광고 카피를 기반으로 광고 시나리오를 요청해 보겠습니다.

> **Prompt**
>
> 20대 MZ세대를 대상으로 한국 소비자 2번 광고 카피의 광고 시나리오를 제작해 줘.

> **Chat GPT**
>
> 20대 MZ세대를 대상으로 한 한국 소비자용 광고 카피 2번 "테크놀로지로 완성하는 나만의 스타일: 개성 넘치는 디자인과 첨단 기능으로 매일을 새롭게. 한국인의 라이프 스타일에 맞춘 스마트 워치입니다."에 맞는 광고 시나리오를 아래와 같이 제안합니다:
>
> **광고 시나리오: "매일을 새롭게, 나만의 스타일로"**
> **장면 1: 도시의 아침**
> - 카메라가 현대적인 도시의 아침 풍경을 보여줍니다.
> - 젊은 20대 남성과 여성이 각자의 방에서 아침을 맞이하며 스마트 워치를 착용합니다.
> - 각각의 화면에는 개성적인 워치 페이스가 나타나며, 이들은 미소를 짓습니다.
>
> **장면 2: 개성 있는 일상**
> - 남성은 대학교 강의실에서 친구들과 대화하며 스마트 워치로 시간을 확인합니다.
> - 여성은 카페에서 일하며 스마트 워치로 주문 알림을 받고, 고객에게 친절하게 응대합니다.
> - 두 사람은 각자의 스타일에 맞는 스트랩과 디자인을 자랑하며, 그들의 개성을 드러냅니다.
>
> **장면 3: 활동적인 오후**
> - 남성은 친구들과 축구를 하며 스마트 워치의 피트니스 트래킹 기능을 사용합니다.
> - 여성은 요가 스튜디오에서 수업을 받으며 심박수와 건강 데이터를 체크합니다.

- 스마트 워치는 그들의 활동적인 생활에 완벽하게 부합합니다.

장면 4: 저녁의 연결
- 두 주인공이 도시의 저녁 풍경 속에서 만납니다.
- 스마트 워치를 통해 서로의 위치를 공유하고, 만남의 시간을 조율합니다.
- 함께 커피를 마시며 하루를 회상하고, 스마트 워치로 사진을 찍어 공유합니다.

장면 5: 마무리 멘트 및 로고
- 화면에는 "테크놀로지로 완성하는 나만의 스타일. 매일을 새롭게, 한국인의 라이프 스타일에 맞춘 스마트 워치"라는 문구가 나타납니다.
- 스마트 워치의 로고와 제품 이미지가 화면을 마무리합니다.

컨셉: 이 광고 시나리오는 20대 MZ세대의 다양한 생활 방식과 개성을 강조하며, 스마트 워치가 그들의 일상에 어떻게 자연스럽게 통합되는지를 보여줍니다. 개성적인 스타일과 현대적인 기술이 접목된 이야기를 통해 시청자들에게 공감과 호감을 유도합니다.

아침, 일상, 오후, 저녁까지 시간의 흐름에 따른 광고 시나리오를 소개해 주고 있습니다. 또한 MZ세대의 다양한 생활 방식과 개성을 강조하며, 스마트 워치가 그들의 일상에 어떻게 자연스럽게 통합되는지를 보여주고 있습니다. 이번엔 커플을 타깃으로 한 광고로 요청해 보겠습니다.

Prompt

 MZ세대 커플을 위한 광고로 수정해서, 시나리오를 작성해 줘. 만드는 광고에서 가장 강조해야 할 부분을 표시해서 알려줘.

Chat GPT

 MZ세대 커플을 대상으로 한 광고 시나리오를 다음과 같이 제안합니다. 이 광고에서 가장 강조해야 할 부분은 커플 간의 연결과 소통을 스마트 워치가 어떻게 촉진하는지를 보여주는 것입니다.

광고 시나리오: "우리의 연결, 스마트하게"

장면 1: 서로 다른 아침
- 젊은 커플이 각자의 아파트에서 아침을 맞이합니다.
- 강조점: 두 사람이 스마트 워치로 서로에게 좋은 아침 메시지를 보내는 모습을 보여줍니다.

장면 2: 일상 속의 소통
- 커플은 각자의 일상을 보내면서도 스마트 워치를 통해 연락을 주고받습니다. 남자는 회의 중, 여자는 대학 강의 중에도 서로의 메시지를 확인하며 미소짓습니다.
- 강조점: 스마트 워치를 통한 지속적인 소통과 연결감

장면 3: 활동적인 오후
- 두 사람이 함께 운동을 하며 스마트 워치로 서로의 운동 기록을 비교하고 격려합니다.
- 강조점: 스마트 워치를 사용하여 서로의 건강과 활동을 관리하고 공유하는 모습

장면 4: 저녁의 데이트
- 커플이 저녁 식사를 준비하며 스마트 워치를 통해 레시피를 확인합니다. 식사 중에도 서로의 취향에 맞는 음악을 스마트 워치로 선택합니다.
- 강조점: 스마트 워치를 사용하여 라이프 스타일을 풍부하게 만드는 방법.

장면 5: 밤의 산책
- 커플이 밤거리를 거닐며 서로의 손목에 찬 스마트 워치를 바라보며 웃습니다. 스마트 워치의 밤하늘 테마 워치 페이스가 그들의 모습과 조화를 이룹니다.
- 강조점: 스마트 워치가 두 사람의 관계에 더해주는 로맨틱함과 개성

장면 6: 마무리 멘트 및 로고
- 화면에는 "서로를 연결하는 스마트한 방법. 함께라면 매일이 특별해집니다."라는 문구와 스마트 워치의 로고가 나타납니다.

컨셉: 이 광고는 MZ세대 커플이 어떻게 스마트 워치를 통해 일상에서 서로를 더 가깝게 만들고, 소통하며, 생활을 풍부하게 만드는지를 보여줍니다. 강조점은 커플 간의 연결과 소통을 촉진하는 스마트 워치의 역할입니다.

해당 광고에 어울리는 이미지를 요청해 보겠습니다.

Prompt

각 장면에 어울리는 이미지를 도출해줘.

Chat GPT

[그림 22] Dall-e를 활용해 그린 그림   [그림 23] Dall-e를 활용해 그린 그림

여기 각 장면에 어울리는 이미지들이 있습니다:

[그림 24] Dall-e를 활용해 그린 그림

[그림 25] Dall-e를 활용해 그린 그림

[그림 26] Dall-e를 활용해 그린 그림

이 이미지들은 광고 시나리오의 각 장면을 시각적으로 표현해 줍니다.

광고에 어울리는 이미지가 잘 나왔다고 생각합니다. 이번에는 광고와 어울리는 연예인을 찾아보겠습니다.

Prompt

커플을 대상으로 한 광고에서 실제 연예인 커플을 넣어보고 싶어. MZ세대가 좋아하는 연예인 중, 우리 상품과 이미지가 잘 어울리는 커플 추천을 추천해 줄래? 그 이유까지 함께 설명해 줘.

Chat GPT

MZ세대가 좋아하는 연예인 커플로 광고에 출연시키기에 적합한 인물을 추천하는 것은 여러 요인을 고려해야 합니다. 현재의 유명 연예인 커플 중에서는 직접적인 추천을 드리기 어려우나, 일반적인 특성을 기반으로 추천해 드릴 수 있습니다.

추천 커플의 특성
1. 인기 있는 젊은 연예인 커플: MZ세대 사이에서 인기 있는, 젊고 스타일리시한 연예인 커플이 좋습니다. 이들은 이미 MZ세대에게 인지도가 높고, 그들과의 관계를 강화하는 데 도움이 됩니다.
2. 포지티브 이미지를 가진 커플: 공개적으로 긍정적인 이미지를 가진 커플을 선택하는 것이 중요합니다. 이들은 브랜드 가치를 높이고, 제품에 대한 긍정적인 인상을 줄 수 있습니다.
3. SNS 활동이 활발한 커플: 소셜 미디어에서 활발하게 활동하는 커플은 제품 홍보에 큰 장점이 됩니다. 그들의 팔로워들은 제품에 대한 관심을 높일 수 있는 잠재적 고객층이 됩니다.
4. 테크놀로지와 스타일에 관심이 많은 커플: 스마트 워치 광고에 적합한 커플은 기술과 패션에 대한 관심이 많아야 합니다. 이들은 제품의 첨단 기능과 디자인을 자연스럽게 소개하고, 제품과 자신들의 라이프 스타일을 연결시킬 수 있습니다.

추천 이유
- **인지도와 영향력:** 인기 있는 연예인 커플은 높은 인지도와 영향력을 가지고 있어, 제품에 대한 광범위한 관심을 이끌어 낼 수 있습니다.
- **브랜드 이미지 강화:** 긍정적인 이미지를 가진 커플은 브랜드 가치를 높이고, 소비자의 신뢰를 증진시킬 수 있습니다.
- **소셜 미디어 마케팅의 효과:** SNS 활동이 활발한 커플은 소셜 미디어를 통해 제품을 효과적으로 홍보할 수 있습니다.
- **제품과의 연결성:** 테크놀로지와 스타일에 관심이 많은 커플은 제품의 특성을 자연스럽게 보여줄 수 있어, 제품과 소비자 사이의 연결성을 강화시킵니다.

이러한 특성을 가진 연예인 커플을 선정하여 광고에 활용한다면, MZ세대를 대상으로 한 스마트 워치 광고의 효과를 극대화할 수 있을 것입니다.

연예인들의 개인적인 관계와 사생활에 대한 정보는 민감할 수 있기에 이와 관련된 정보는 Chat GPT에서 제공하고 있지는 않습니다. 하지만 위 내용을 통해 우리 브랜드에 어울리는 광고 연예인을 쉽게 떠올릴 수 있을 것 같습니다. 이번에는 아까 만들었던 광고에 계속해서 각 장면에 들어갈 자막을 물어보겠습니다.

Prompt

광고 시나리오: "우리의 연결, 스마트하게"에 각 시나리오마다 어울리는 자막을 작성해 줄래.

Chat GPT

물론입니다. "우리의 연결, 스마트하게" 광고 시나리오의 각 장면에 어울리는 자막을 다음과 같이 제안합니다:

장면별 자막

장면 1: 서로 다른 아침
- 자막: "서로 다른 공간, 하나로 이어지는 아침 인사"
- 설명: 두 사람이 각자의 공간에서 스마트 워치를 통해 서로에게 아침 인사를 주고받으며 하루를 시작합니다.

장면 2: 일상 속의 소통
- 자막: "바쁜 일상 속에서도, 우리는 항상 연결되어 있어요."
- 설명: 커플이 일상에서 스마트 워치를 통해 지속적으로 소통하며 서로의 존재를 느낍니다.

장면 3: 활동적인 오후
- 자막: "함께하는 운동, 서로를 격려하는 마음"
- 설명: 커플이 함께 운동하며 스마트 워치로 서로의 운동 기록을 비교하고, 서로를 격려합니다.

장면 4: 저녁의 데이트
- 자막: "우리만의 저녁, 스마트 워치로 더욱 특별하게"
- 설명: 커플이 함께 저녁 식사를 준비하고, 스마트 워치로 음악을 선택하며 로맨틱한 저녁을 보냅니다.

장면 5: 밤의 산책
- 자막: "별이 빛나는 밤, 우리의 시간을 더욱 빛나게"
- 설명: 커플이 밤하늘 아래 산책을 하며 서로의 손목에 빛나는 스마트 워치를 바라보며 사랑을 확인합니다.

장면 6: 마무리 멘트 및 로고
- 자막: "우리의 연결, 스마트하게 - [브랜드명]"
- 설명: 광고의 마지막에 브랜드 메시지를 강조하며 스마트 워치가 커플의 연결을 어떻게 강화하는지를 보여줍니다.

이 자막들은 각 장면의 내용과 감정을 효과적으로 전달하고, 커플 간의 깊은 연결과 스마트 워치의 역할을 강조합니다.

Q4 주의할 점

Chat GPT를 활용하여 광고 카피나 시나리오를 작성할 때 특히 주의해야 할 몇 가지 중요한 요소들이 있습니다.

첫째, 저작권 및 지적 재산권 문제입니다. Chat GPT는 기존의 텍스트를 바탕으로 학습하기 때문에, 생성된 컨텐츠가 타인의 저작권이나 지적 재산권을 침해하지 않도록 주의해야 합니다. 이는 특히 이미 상표 등록된 슬로건, 특정 문구, 캐릭터 등을 사용할 때 중요합니다.

둘째, 문화적 민감성과 다양성에 대한 고려입니다. 광고는 다양한 문화적 배경을 가진 사람들에게 다가가야 하므로, 문화적 민감성을 잘 이해하고 존중하는 것이 필수적입니다. 이는 광고 메시지가 다양한 관점을 존중하고 포용하며, 부적절하거나 불편을 주는 내용을 피하는 것을 의미합니다.

마지막으로, 창의성과 독창성의 중요성입니다. Chat GPT는 사용자의 지시에 따라 컨텐츠를 생성하지만, 때때로 결과물이 예측가능하거나 흔한 표현들로 제한될 수 있습니다. 따라서 생성된 내용을 기반으로 추가적인 창의적인 아이디어와 독창적인 요소를 더하는 것이 중요합니다. 이는 광고가 대중에게 신선하고 기억에 남는 인상을 줄 수 있도록 하기 위함입니다.

이러한 요소들을 적절히 고려하여 Chat GPT를 사용한다면, 더욱 효과적이고 매력적인 광고 카피와 시나리오를 작성할 수 있을 것입니다. Chat GPT를 활용해서 광고 카피나 시나리오 아이디어를 얻고, 추가적으로 다듬으면서 더 좋은 결과물을 만들어야 할 것입니다.

chapter 3 | Chat GPT를 활용한 눈에 확 띄는 제품 홍보

> Q1   왜 Chat GPT를 써야할까?

    Chat GPT를 활용한 제품 프로모션 및 홍보 기획 작성은 창의적인 아이디어 생성, 맞춤형 콘텐츠 제작, 그리고 시장 트렌드 분석과 적용의 측면에서 매우 효과적입니다.

    첫째, Chat GPT는 방대한 데이터베이스를 기반으로 독창적이고 혁신적인 마케팅 아이디어를 제시할 수 있으며, 이는 기존의 틀을 벗어난 새로운 캠페인 전략을 개발하는 데 기여합니다. 이러한 아이디어들은 브랜드의 독특한 이미지를 구축하고, 시장에서 경쟁 우위를 확보하는 데 중요한 역할을 합니다.

    둘째, Chat GPT는 다양한 고객 층과 상황에 맞춰 타깃 오디언스에게 맞는 매력적이고 개인화된 콘텐츠를 생성할 수 있습니다. 이는 소비자의 관심을 끌고 브랜드 충성도를 높이며, 잠재 고객과의 연결을 강화하는 데 기여합니다.

    마지막으로, Chat GPT는 최신 시장 트렌드를 신속하게 분석하고 이를 홍보 전략에 반영함으로써 브랜드가 시장 변화에 민첩하게 대응할 수 있도록 지원합니다. 이는 브랜드가 경쟁력을 유지하고, 소비자의 니즈와 기대에 부합하는 마케팅 활동을 전개하는 데 중요한 역할을 합니다. 이처럼 Chat GPT는 창의성, 맞춤형 전략, 그리고 시장 통찰력을 바탕으로 제품 프로모션 및 홍보 기획의 효율성과 효과를 극대화할 수 있습니다.

Q2 대학생이 활용가능한 프롬프트 리스트

- 스마트 워치 체험 이벤트에 대한 창의적인 주제 아이디어 제공해 주세요.
- 여자대학교 학생들을 대상으로 한 이벤트 홍보 전략을 설계해 주세요.
- 대학 캠퍼스에서 진행되는 이벤트의 잠재적 위험과 대응 방안을 나열해 주세요.
- MZ세대가 관심을 가질만한 소셜 미디어 캠페인 아이디어를 제안해 주세요.
- 이벤트 예산 계획을 세우기 위한 상세한 가이드를 제공해 주세요.
- 친환경적이고 지속가능한 이벤트를 기획하기 위한 팁을 알려주세요.
- 대학생들을 위한 인터랙티브한 체험 부스 아이디어를 몇 가지 제시해 주세요.
- 이벤트에 참여할 자원봉사자 관리 및 훈련 전략을 설계해 주세요.
- 이벤트의 성공적인 진행을 위한 시간 관리 계획을 수립해 주세요.
- 이벤트 참가자들의 안전과 건강을 보장하기 위한 조치를 제안해 주세요.
- 이벤트의 효과적인 평가 방법과 피드백 수집 전략을 설명해 주세요.
- 비상 상황 대비 계획과 응급 대응 프로토콜을 구축해 주세요.
- 이벤트 포스터 및 홍보 자료 디자인에 대해 제안해 주세요.
- 이벤트 후속 조치와 참가자 유지 전략에 대해 조언해 주세요.

Q3 실제 활용 사례

Prompt

너는 15년 경력의 체험 프로모션 기획 전문가야. 대학교 구내에서 스마트 워치를 체험해 볼 수 있는 프로모션을 기획해 달라고 요청받았어. 이 프로모션의 목적은 대학생들이 스마트 워치의 다양한 기능과 혜택을 직접 체험해 보고 이해할 수 있도록 하는 것이야. 이를 위해 스마트 워치와 관련된 체험 활동, 이벤트, 정보 제공 방법 등을 포함하는 기획안을 작성해야 해. 1분 분량의 프로모션 기획안을 줘.

Chat GPT

대학교 구내에서 진행할 스마트 워치 체험 프로모션 기획안을 제안해 드리겠습니다. 이 기획안은 대학생들의 관심을 끌고, 스마트 워치의 다양한 기능을 체험할 수 있는 기회를 제공하는 데 중점을 두었습니다.

프로모션 개요
- 행사명: "시간을 넘어서: 스마트 워치 체험 캠퍼스"
- 목표: 대학생들에게 스마트 워치의 혁신적인 기능을 직접 체험하게 함으로써 제품 인지도와 관심을 증가시키기
- 대상: 대학교 학생 및 교직원
- 장소: 대학교 캠퍼스 내 중앙 광장 또는 학생회관
- 기간: 3일간 (금요일부터 일요일까지)

프로모션 내용
체험 부스 설치
- 각기 다른 기능을 소개하는 여러 체험 부스 운영
- 예시: 피트니스 추적, 수면 분석, 스마트 알림, 음악 제어 등

대화형 워크숍
- 스마트 워치의 기능과 사용법에 대한 워크숍 진행
- Q&A 세션을 통해 사용자의 궁금증 해소

체험 퀘스트
- 체험 부스 방문을 장려하기 위한 스탬프 랠리 형식의 이벤트
- 모든 부스를 방문하고 스탬프를 모은 학생들에게 소정의 상품 제공

스마트 워치 활용 경진 대회
- 예: 최고의 운동 기록 달성, 가장 창의적인 스마트 워치 사용법 공모 등
- 우승자에게는 스마트 워치 또는 기타 상품 수여

소셜 미디어 활용
- 행사 참가자들이 체험 사진과 경험을 소셜 미디어에 공유하도록 장려
- 해시태그 콘테스트 및 소셜 미디어 공유 시 추첨을 통해 상품 제공

추가 고려 사항
- 체험 부스 및 이벤트의 접근성과 편의성
- 지속 가능하고 친환경적인 이벤트 구성

이 프로모션 기획안은 대학생들의 취향과 활동 스타일을 반영하여 제작되었습니다. 추가적으로 고려해야 할 사항이나 특별히 집중하고자 하는 부분이 있으면 알려주세요.

3일에 걸쳐 체험부스 경험부터 대화형 워크숍, 소셜미디어 활용 등 다양한 아이디어를 제시해 주었습니다. 이번에는 조건을 조금 다르게 질문해 보겠습니다.

Prompt

 우리 대학은 여학생들만 다니는 여자대학교야. 그것을 고려해서 다시 기획안을 짜줄래.

Chat GPT

 여학생들만 다니는 여자대학교를 대상으로 한 스마트 워치 체험 프로모션 기획안을 아래와 같이 수정하였습니다. 이 기획안은 여대생들의 관심사와 생활 스타일을 고려하여 스마트 워치의 다양한 기능을 매력적으로 체험할 수 있는 기회를 제공하는 데 중점을 두었습니다.

프로모션 개요
- 행사명: "시간을 넘어서: 스마트한 여대생을 위한 체험 캠퍼스"
- 목표: 여대생들에게 스마트 워치의 다양한 기능을 직접 체험하게 하여 제품에 대한 인지도와 관심 증가시키기
- 대상: 여자대학교 학생 및 교직원
- 장소: 여자대학교 캠퍼스 내 중앙 광장 또는 학생회관
- 기간: 3일간 (금요일부터 일요일까지)

프로모션 내용
여성 중심의 체험 부스 설치
- 여성 건강 추적, 라이프 스타일 관리, 패션과 스타일 매치 등 여대생들의 관심사에 초점을 맞춘 체험 부스 운영

건강 및 웰니스 워크숍
- 스트레스 관리, 수면 품질 개선, 운동 루틴 설정 등 건강과 웰빙에 관한 워크숍 진행
- 전문 강사와 함께하는 인터랙티브 세션

체험 퀘스트 및 스탬프 랠리
- 체험 부스 방문을 장려하기 위한 스탬프 랠리 형식의 이벤트
- 모든 부스를 방문하고 스탬프를 모은 학생들에게 소정의 상품 제공

- 패션 및 라이프 스타일 경진 대회
- 스마트 워치를 활용한 최고의 패션 스타일링, 일상 생활에서의 창의적 활용법 공모
- 우승자에게는 스마트 워치 또는 패션 관련 상품 수여

소셜 미디어 챌린지
- 행사 참가자들이 체험 사진과 경험을 소셜 미디어에 공유하도록 장려

- 해시태그 콘테스트 및 소셜 미디어 공유 시 추첨을 통해 상품 제공

추가 고려 사항
- 여성의 안전과 프라이버시 보호
- 접근성과 편의성을 고려한 이벤트 구성
- 지속 가능하고 친환경적인 이벤트 운영

이 기획안은 여학생들의 요구와 취향을 반영하여 제작되었습니다. 추가로 필요한 사항이나 특별히 집중하고자 하는 부분에 대한 의견이 있으면 알려주세요.

    여성 중심의 체험 부스 설치부터 여성의 안전과 프라이버시 보호까지, 여학생들을 위한 다양한 의견이 제시되었습니다. 위 프로모션 기획서에 빠진 부분은 없는지 다시 확인해 보겠습니다.

Prompt

일반적인 상품 프로모션 이벤트 기획서에 반드시 들어가야 하는 내용은 뭐가 있지?

Chat GPT

일반적인 상품 프로모션 이벤트 기획서에 포함되어야 하는 주요 내용은 다음과 같습니다:

개요 및 배경
- 이벤트의 목적, 동기 및 배경 설명
- 프로모션의 목표와 기대 효과 명시

대상 및 범위
- 이벤트 대상 고객층 정의
- 이벤트의 지리적 범위 및 적용 시장

이벤트 상세 내용
- 프로모션의 종류(할인, 경품 증정, 체험 이벤트 등)
- 이벤트 일정, 장소 및 주요 활동
- 제품이나 서비스에 관한 상세 정보

마케팅 및 홍보 계획
- 광고 및 홍보 채널(소셜 미디어, 전통 미디어, 온라인 광고 등)
- 홍보 메시지 및 커뮤니케이션 전략
- 타깃 오디언스를 끌어들이기 위한 특별 프로모션 또는 캠페인

예산 및 자원
- 이벤트를 위한 총 예산
- 필요한 자원 및 재료 목록
- 예상 비용과 수익 분석

실행 계획 및 일정
- 이벤트 준비 단계별 상세 계획
- 중요한 마일스톤 및 일정

위험 관리 및 대응 계획
- 잠재적 위험 요소 및 그에 대한 대응 계획
- 비상 상황 시 대처 방안

평가 및 피드백 메커니즘
- 이벤트 성과 평가 방법
- 참가자 및 관계자로부터의 피드백 수집 방법

부록
- 관련 그래픽, 차트, 연구 자료 등의 추가 정보

이러한 요소들은 프로모션 이벤트의 성공적인 기획과 실행을 위한 핵심적인 부분들로, 구체적인 상황에 따라 조정하고 추가하여 사용할 수 있습니다.

처음 만들어진 여자대학교의 기획서와 방금 만들어진 일반적인 기획서에서 달라진 부분은 무엇일까요? 마케팅 및 홍보 계획, 예산 및 자원, 실행 계획 및 일정의 내용이 빠진 것을 볼 수 있습니다.

Prompt

위 내용을 참고해서 우리 학교의 프로모션 기획서를 다시 작성해 줄래.

Chat GPT

물론입니다. 여러분의 여자대학교에서 진행될 스마트 워치 체험 프로모션 이벤트를 위한 기획서를 아래와 같이 작성하였습니다.

프로모션 이벤트 기획서: "시간을 넘어서: 스마트한 여대생을 위한 체험 캠퍼스"

1. 개요 및 배경
- 목적: 여대생들에게 스마트 워치의 기능을 체험할 기회를 제공하여 제품 인지도와 관심 증가시키기
- 배경: 여대생들의 건강, 웰빙, 패션에 대한 관심을 반영한 맞춤형 프로모션

2. 대상 및 범위
- 대상: 여자대학교 학생 및 교직원
- 범위: 대학 캠퍼스 내 중앙 광장 및 학생회관

3. 이벤트 상세 내용
- 체험 부스: 건강 추적, 라이프 스타일 관리, 패션 매치 등
- 워크숍: 스트레스 관리, 수면 품질 개선, 운동 루틴 설정
- 경진 대회: 패션 스타일링, 일상 생활에서의 창의적 활용법 공모
- 소셜 미디어 챌린지: 해시태그 콘테스트 및 공유 시 상품 제공

4. 마케팅 및 홍보 계획
- 채널: 소셜 미디어, 캠퍼스 내 포스터, 이메일 뉴스레터

- 메시지: "당신의 스마트한 일상을 경험하세요"
- 특별 프로모션: 초기 등록자에게 추가 할인 혜택 제공

5. 예산 및 자원
- 총 예산: [예산 상세]
- 필요 자원: 부스 설치, 강사료, 홍보 물품, 상품 구입
- 예상 수익: 참가자 등록비, 제품 판매

6. 실행 계획 및 일정
- 준비 단계: 장소 예약, 자원 확보, 홍보 시작 (1개월 전)
- 실행 단계: 이벤트 진행 및 모니터링 (행사 기간)
- 마일스톤: 등록 시작, 부스 설치 완료, 이벤트 개시

7. 위험 관리 및 대응 계획
- 위험 요소: 날씨 변화, 참가자 부족, 장비 고장
- 대응 계획: 대체 실내 장소 확보, 추가 홍보 활동, 기술지원팀 대기

8. 평가 및 피드백 메커니즘
- 평가 방법: 참가자 수, 소셜 미디어 활동 분석, 판매 데이터
- 피드백 수집: 설문 조사, 소셜 미디어 피드백, 직접 대화

9. 부록
- 참고 자료: 시장 조사 보고서, 경쟁사 분석, 제품 정보

이 기획서는 여대생들에게 매력적인 체험 기회를 제공하고, 스마트 워치의 인지도를 높이는 데 중점을 두었습니다. 특별한 요구사항이나 추가적인 내용이 필요하면 알려주시기 바랍니다.

 이번엔 빠진 부분 없이 작성되었습니다. 하지만 각 항목별 내용이 너무 일반적이군요.

Prompt

각 항목별 내용을 구체화시켜 줘.

Chat GPT

물론입니다. 여러분의 여자대학교에서 진행될 스마트 워치 체험 프로모션 이벤트 기획서를 더욱 구체화하여 작성하겠습니다.

1. 개요 및 배경
- 목적: 여대생들이 스마트 워치의 기능을 직접 체험하며, 제품에 대한 인식을 개선하고 관심을 증가시키는 것
- 배경: 최신 기술과 패션을 결합한 스마트 워치는 건강 관리, 학업 및 사회생활에서 여대생들에게 유용한 도구가 될 수 있음. 이 프로모션을 통해 학생들의 일상 생활에 스마트 워치가 어떻게 융합될 수 있는지 보여줌.

2. 대상 및 범위
- 대상: 여자대학교 학생 및 교직원, 특히 건강과 웰빙, 패션 및 기술에 관심이 많은 학생들
- 범위: 대학 캠퍼스 내 중앙 광장 및 학생회관에서 진행. 이벤트는 주말 동안 3일간 진행하여 가능한 많은 학생들이 참여할 수 있도록 함.

3. 이벤트 상세 내용
- 체험 부스: 여성 건강 추적, 스트레스 관리, 패션 매치, 일상 생활의 효율성 향상 등 다양한 테마로 구성된 체험 부스 운영
- 워크숍: 전문 강사를 초청하여 스마트 워치를 활용한 건강 및 웰빙 관리 방법, 시간 관리 기술 등을 소개
- 경진 대회: 참가자들이 스마트 워치를 활용한 개성 있는 패션 스타일링 또는 일상 생활에서의 창의적 활용법을 공유하고, 우승자에게는 특별 상품 제공

4. 마케팅 및 홍보 계획
- 채널: 캠퍼스 내 포스터, 소셜 미디어 캠페인, 이메일 뉴스레터, 학내 커뮤

니티 게시판 활용
- 메시지: "스마트 워치와 함께하는 스마트한 캠퍼스 생활"을 주제로 한 강렬하고 친근한 메시지 전달
- 특별 프로모션: 이벤트 사전 등록자에게 추첨을 통해 스마트 워치 할인 쿠폰 제공

5. 예산 및 자원
- 총 예산: 약 [예산 상세 금액], 부스 설치 비용, 워크숍 강사료, 홍보 물품, 상품 구입비 포함.
- 필요 자원: 이벤트 진행을 위한 부스, 홍보 물품, 상품, 기술지원팀
- 예상 수익: 참가자 등록비 및 이벤트 기간 중 제품 판매로 인한 수익

6. 실행 계획 및 일정
- 준비 단계: 행사 1개월 전부터 장소 예약, 자원 확보, 홍보 활동 시작
- 실행 단계: 이벤트 당일 부스 설치, 워크숍 및 경진대회 진행, 참가자 관리 및 모니터링
- 마일스톤: 온라인 등록 시작일, 부스 설치 완료일, 이벤트 개시일

7. 위험 관리 및 대응 계획
- 위험 요소: 날씨 변화, 참가자 수 부족, 기술적 문제
- 대응 계획: 대체 실내 장소 확보, 추가 홍보 활동, 기술지원팀의 신속한 대응 준비

8. 평가 및 피드백 메커니즘
- 평가 방법: 참가자 수, 소셜 미디어 상의 활동, 제품 판매 데이터 분석
- 피드백 수집: 이벤트 후 온라인 및 오프라인 설문 조사, 소셜 미디어 피드백, 직접 대화를 통한 의견 수렴

9. 부록
- 참고 자료: 시장 조사 보고서, 경쟁사 분석 보고서, 제품 카탈로그 및 사양서

이 기획서는 여대생들의 관심사와 요구를 반영하여 제작되었습니다. 특별한 요구사항이나 추가적인 내용이 필요하면 언제든지 알려주세요.

훨씬 구체화 되었습니다. 그런데 예산 부분은 제시되지 않았군요. 한 번도 프로모션을 진행해 보지 않았다면 예산을 짜는 것이 쉽지 않죠. 예산에 대한 질문을 하겠습니다.

Prompt

전체 예산은 2천 5백만 원이야. 거기에 맞춰서 나머지 예산을 짜줄래. 보기 쉽게 표로 만들어줘. 행사 진행을 위해 추가로 들어올 수 있는 돈은 없어.

Chat GPT

행사 예산을 다음과 같이 상세하게 구성하였습니다:

항목	예상 비용
부스 설치 및 운영	7,000,000원
워크숍 강사료	3,000,000원
홍보 물품	2,000,000원
상품 구입	3,000,000원
기술지원팀	2,000,000원
보험 및 안전 조치	1,000,000원
기타 경비	1,000,000원
총 예산	25,000,000원

이 예산 구성은 총 2천 5백만 원의 예산을 고려하여 계획되었습니다. 각 항목별로 예상 비용을 배분하였으며, 이는 행사의 성공적인 진행을 위한 필수 비용들을 포함하고 있습니다. 추가적으로 필요한 조정이나 질문이 있으면 알려주세요.

예산 구성을 보니 쓰이는 돈의 용도를 좀더 구체적으로 알고 싶습니다.

Prompt

각 항목별 들어가는 내용을 구체화해서 작성해 줘.

Chat GPT

물론입니다. 각 예산 항목별로 들어가는 내용을 구체화하여 설명 드리겠습니다.

1. 부스 설치 및 운영 (7,000,000원)
- 부스 디자인 및 제작: 맞춤형 디자인으로 여대생들의 관심을 끌 수 있는 시각적으로 매력적인 부스 제작
- 부스 장비 및 자재: 체험 부스 운영에 필요한 기술 장비, 전시 자재, 데코레이션 자재 구입
- 운영 인력: 이벤트 기간 동안 부스를 운영할 스태프의 인건비

2. 워크숍 강사료 (3,000,000원)
- 전문 강사 섭외: 스마트 워치 활용법, 건강 및 웰빙 관련 전문 강사 섭외 비용
- 교육 자료 준비: 워크숍에서 사용할 프레젠테이션, 핸드아웃, 기타 교육 자료 제작 비용

3. 홍보 물품 (2,000,000원)
- 홍보 포스터 및 배너: 캠퍼스 내외부에 설치할 홍보용 포스터, 배너 제작 비용
- 온라인 광고: 소셜 미디어, 학내 웹사이트에 게재할 디지털 광고 제작 및 게재 비용

4. 상품 구입 (3,000,000원)
- 경품 및 상품: 경진 대회 및 스탬프 랠리 우승자에게 제공할 상품 구입. 예를 들어, 스마트 워치, 패션 아이템, 기프트 카드 등

5. 기술지원팀 (2,000,000원)
- 기술 지원: 이벤트 동안 기술적 문제 해결을 위한 기술지원팀의 인건비 및 운영 비용
- 장비 렌탈: 필요한 오디오, 비디오 및 기타 기술 장비 렌탈 비용

6. 보험 및 안전 조치 (1,000,000원)
- 이벤트 보험: 참가자 및 스태프의 안전을 위한 이벤트 보험 가입 비용
- 안전 장비 및 조치: 응급 키트, 소화기, 안전 표지판 등 안전 관련 장비 구입 및 조치 비용

7. 기타 경비 (1,000,000원)
- 비상금: 예기치 못한 상황에 대비한 비상금. 예를 들어, 추가 홍보 활동, 부스 수리, 장비 교체 등에 사용될 수 있음

이 예산 계획은 행사의 모든 측면을 고려하여 작성되었습니다. 모든 비용은 행사의 성공적인 진행을 위해 필요한 요소들을 충분히 반영하고 있습니다. 추가적인 조정이나 질문이 있으면 알려주세요.

위 기획서를 보고 우리 창업 동아리 학생들에게 임무를 부여해 보겠습니다. 우리 동아리 학생들은 15명입니다.

Prompt

 이벤트에 참여할 수 있는 우리 창업 동아리 학생들이 전체 15명이야. 이 친구들에게 어떤 임무를 맡겨야 할까?

Chat GPT

창업동아리 학생들에게 맡길 수 있는 임무를 구체적으로 정리해 드리겠습니다. 15명의 학생들을 효과적으로 활용하기 위해 다양한 역할을 할당하는 것이 좋습니다. 다음은 임무 할당의 예시입니다:

1. **부스 운영 및 관리 (5명)**
   - 임무: 체험 부스에서 방문객들을 맞이하고, 제품 설명 및 체험 안내
   - 필요 기술: 제품 지식, 고객 서비스, 커뮤니케이션 능력
2. **워크숍 보조 및 진행 (3명)**
   - 임무: 워크숍 진행을 돕고, 참가자 관리 및 질문에 답변
   - 필요 기술: 행사 진행, 조직 능력, 강사와의 협업
3. **홍보 및 소셜 미디어 관리 (3명)**
   - 임무: 이벤트 홍보, 소셜 미디어 업데이트, 사진 및 동영상 촬영
   - 필요 기술: SNS 운영, 콘텐츠 제작, 마케팅 기술
4. **등록 및 안내 데스크 운영 (2명)**
   - 임무: 참가자 등록, 정보 제공 및 방향 안내
   - 필요 기술: 조직력, 커뮤니케이션, 문제 해결 능력
5. **기술 지원 및 비상 대응 팀 (2명)**
   - 임무: 기술적 문제 해결, 응급 상황 대처
   - 필요 기술: 기술 지식, 빠른 대응 능력, 침착함

각 학생의 개인적인 강점과 관심사를 고려하여 역할을 할당하는 것이 중요합니다. 또한, 행사 전에 충분한 교육과 브리핑을 제공하여 각 역할에 대한 이해도를 높이고, 효과적으로 임무를 수행할 수 있도록 준비시키는 것이 좋습니다. 추가적인 조정이 필요하다면 알려주세요.

이번에는 이벤트 홍보를 위한 포스터를 만들겠습니다.

Prompt

위 이벤트 관련해서 포스터를 만들거야. 요즘 MZ세대가 좋아할 만한 분위기로 포스터 5개만 추천해 줘.

Chat GPT

MZ세대가 좋아할 만한 분위기의 이벤트 포스터 디자인을 추천해 드리겠습니다. MZ세대는 대체로 현대적이고, 창의적인 요소를 선호하며, 사회적 가치와 개성을 중시하는 경향이 있습니다. 다음은 이러한 특성을 반영한 포스터 디자인 아이디어입니다:

1. 미니멀리즘 디자인
- 깔끔하고 간결한 디자인으로 중요한 정보만 강조
- 모노톤 색상 팔레트에 밝은 색상을 포인트로 사용

2. 레트로 & 빈티지 스타일
- 80-90년대 느낌의 빈티지한 디자인
- 구식 타이포그래피와 페이드된 색상 사용

3. 대담한 그래픽과 밝은 색상
- 현대적인 그래픽과 대담한 색상 조합
- 독특한 일러스트레이션 또는 추상적인 아트워크 활용

4. 네온 & 사이버펑크 스타일
- 네온 색상과 사이버펑크 스타일로 미래적인 느낌 전달
- 디지털 및 기술적 요소를 강조하는 디자인

5. 친환경 & 지속가능성 메시지
- 자연 요소와 친환경 메시지를 포함한 디자인
- 녹색, 갈색 등 자연 색상을 주로 사용

이러한 디자인 아이디어들은 MZ세대의 관심과 취향을 반영하며, 특히 기술과 패션을 중시하는 스마트 워치 이벤트와 잘 어울립니다. 각 아이디어는 이벤트의 주제와 메시지에 따라 조정될 수 있습니다.

바로 포스터를 만들어 주기를 원했지만, 막상 나온 결과는 다음과 같은 포스터 디자인 아이디어입니다. 5개 항목 모두 요즘 MZ세대가 좋아할 만한 아이디어입니다.

Prompt

각 아이디어에 어울리는 포스터 문구를 하나씩 추천해 줘.

Chat GPT

각 포스터 디자인 아이디어에 어울리는 문구를 추천해 드리겠습니다. 이 문구들은 디자인의 분위기와 매칭되도록 창의적이고 독특한 스타일로 구성되었습니다:

1. 미니멀리즘 디자인
- 문구: "간결함 속의 혁신, 당신의 손목에서 시작되는 미래"
- 설명: 미니멀리즘 디자인의 간결함을 강조하며, 스마트 워치의 현대적 기능을 상징적으로 표현

2. 레트로 & 빈티지 스타일
- 문구: "과거로의 시간 여행, 빈티지 스타일로 만나는 첨단 기술"
- 설명: 레트로 감성을 자극하는 문구로, 오래된 스타일과 첨단 기술의 조화를 표현

3. 대담한 그래픽과 밝은 색상
- 문구: "색다른 당신을 위한 색다른 기술, 색을 입은 혁신을 체험하세요"
- 설명: 대담한 색상과 혁신적인 기술의 결합을 강조하는 활기찬 문구

4. 네온 & 사이버펑크 스타일
- 문구: "미래의 시작, 네온 불빛 속 스마트한 연결"
- 설명: 네온과 사이버펑크 디자인의 미래적인 느낌을 반영한 문구로, 첨단 기술과 연결성을 강조

5. 친환경 & 지속가능성 메시지
- 문구: "녹색 기술, 지속가능한 미래로의 한 걸음"
- 설명: 친환경적인 메시지를 전달하며, 지속가능성에 대한 인식을 높이는 문구

각 문구는 포스터의 디자인과 조화를 이루며, 이벤트의 주제와 스마트 워치의 특성을 잘 드러낼 수 있도록 구성되었습니다. 이 문구들은 포스터의 시각적 요소와 함께 MZ세대의 관심을 끌 수 있을 것입니다.

제시된 포스터 디자인 중에서도 레트로 빈티지 스타일이 마음에 듭니다. 이것을 활용해서 포스터를 만들어 보겠습니다.

Prompt

2번으로 포스터를 만들어 줘.

Chat GPT

여기 "과거로의 시간 여행, 빈티지 스타일로 만나는 첨단 기술"이라는 문구를 포함한 레트로 & 빈티지 스타일의 포스터가 완성되었습니다. 포스터는 80~90년대 느낌의 빈티지한 타이포그래피와 페이드된 색상을 사용하여 MZ세대에게 호소력 있는 디자인을 제공합니다.

[그림 27] Dall-e를 활용해 그린 그림

빈티지 스타일이 마음에 듭니다. 글자가 잘못 나온 것은 어쩔 수 없군요.

Prompt

이번 프로모션을 기획하면서 주의해야 할 사항은 없을까? 대학 내에서 진행하다 보니 예상치 못한 일들도 벌어질 수 있으니 준비를 해야 할 것 같아.

Chat GPT

행사 진행 시 고려해야 할 사항과 대비해야 할 사항은 여러 가지가 있습니다. 다음은 주요 사항들입니다:

행사 진행시 고려 사항

1. 참가자의 안전 보장
- 안전 규정 준수, 응급 상황에 대비한 의료 지원 및 안전 장비 준비

2. 효과적인 교통 및 주차 관리
- 참가자들의 편의를 위해 충분한 주차 공간 확보
- 교통 흐름을 고려한 이벤트 장소 배치

3. 정확한 일정 및 프로그램 관리
- 행사 일정을 체계적으로 관리하고, 참가자들에게 명확히 안내
- 프로그램 간의 시간 배분과 흐름을 고려한 일정 계획

4. 효과적인 커뮤니케이션
- 참가자, 진행팀, 외부 협력자 간의 원활한 소통 채널 유지
- 현장 안내판, 지도, 안내부스 운영

5. 환경 친화적인 이벤트 운영
- 쓰레기 분리 수거, 친환경 자재 사용 등 지속가능한 행사 운영

대비해야 할 사항

1. 기상 조건 대비
- 나쁜 날씨(비, 강풍 등)에 대비한 실내 장소 확보 또는 텐트, 우산 등의 준비
- 더운 날씨 대비 냉수 공급, 그늘막 설치

2. 비상 상황 대비
- 응급 상황 발생 시 대응할 수 있는 의료팀 및 안전 관리자 배치
- 비상 연락망 및 대피 루트 설정

3. 기술적 문제 대비
- 오디오, 비디오, 전기 등의 기술적 문제에 대비한 백업 시스템 준비
- 기술 지원팀의 신속한 대응 준비

4. 참가자 관리
- 대규모 참가자 관리를 위한 충분한 인력 배치
- 등록 및 체크인 프로세스의 원활한 진행

5. 보안 대책
- 행사 장소의 보안 강화
- 물품 도난, 분실에 대비한 보관함 제공

이러한 사항들을 철저히 준비하고 대비한다면, 행사가 원활하고 성공적으로 진행될 가능성이 높아집니다.

첫 행사 진행이다 보니 주차는 아예 생각도 못했습니다. 쓰레기 분리수거도 굉장히 중요한 문제죠. 이처럼 아주 중요하지만 행사 전에는 미처 생각하지 못한 내용들도 Chat GPT가 알려주는 것을 볼 수 있습니다.

Q4 주의할 점

Chat GPT를 사용하여 최신 마케팅 전략이나 이벤트 트렌드에 대한 정보를 얻고자 할 때, AI가 마지막으로 업데이트된 시점까지의 데이터만을 기반으로 학습되었다는 점에 주의해야 합니다.

예를 들어, "현재 가장 인기 있는 대학교 이벤트 트렌드는 무엇인가요?"라고 물었을 때 Chat GPT는 특정 시점까지의 데이터를 기반으로 학습된 AI 모델이기에 학습된 데이터의 마지막 업데이트 이후 발생한 최신 트렌드나 이벤트에 관한 정보를 제공하지 못할 수 있습니다. 따라서, Chat GPT의 응답을 기초로 활용하면서도 최근 출판된 보고서, 뉴스 기사, 전문가 의견 등 다양한 최신 소스를 참고하여 정보를 보완하고 업데이트하는 것이 중요합니다. 이러한 방식으로 다각적인 시각에서 충분한 정보를 수집한다면, 기획서의 정확성과 최신성을 확보할 수 있습니다.

chapter 4 | Chat GPT로 미디어가 주목하는 보도자료 만들기

Q1 왜 Chat GPT를 써야할까?

 Chat GPT를 이용해 대학교 창업 동아리에서 제작한 스마트워치 제품과 관련된 홍보 목적의 뉴스 기사를 작성하는 것은 매우 효율적입니다. 먼저, Chat GPT는 다양한 언어 스타일과 구조를 이해하고 생성할 수 있는 능력을 갖추고 있어, 제품의 특징, 혜택 및 사용 사례를 명확하고 설득력 있게 전달하는데 필요한 전문적인 언어 스킬을 제공합니다. 이는 특히 제품의 고유한 기능과 장점을 강조하며, 독자의 관심을 끌고 구매 욕구를 자극하는데 중요한 역할을 합니다.

 또한, Chat GPT를 사용하면 뉴스 기사의 초안을 신속하게 작성할 수 있어, 창업 동아리 팀이 시간과 자원을 절약하며 더 중요한 다른 활동에 집중할 수 있도록 돕습니다. 이러한 시간 및 자원 효율성은 특히 리소스가 제한적인 학생 창업팀에게 큰 이점을 제공하며, 창업 과정의 다른 중요한 부분에 더 많은 주력을 할 수 있게 합니다.

Q2. 대학생이 활용가능한 프롬프트 리스트

- 대학교의 새로운 연구 프로젝트에 대한 상세한 뉴스 기사를 작성해 줘.
- 최근 기후 변화에 관한 국제 회의에 대한 포괄적인 분석 기사를 만들어 줘.
- 지역 사회의 자원봉사 활동에 대한 감동적인 인터뷰 기사를 작성해 줘.
- 기술 스타트업의 혁신적인 제품 출시에 대한 뉴스 기사를 만들어 줘.
- 대규모 스포츠 이벤트 결과에 대한 상세 보도 기사를 작성해 줘.
- 국제 영화제의 하이라이트와 수상작에 대한 기사를 만들어 줘.
- 최신 의학 연구 결과에 대한 정보적이고 교육적인 기사를 작성해 줘.
- 국내외 정치 상황에 대한 균형 잡힌 분석 기사를 작성해 줘.
- 경제 발전에 영향을 미치는 새로운 정책에 대한 비평 기사를 만들어 줘.
- 다가오는 기술 박람회에 대한 사전 미리보기 기사를 작성해 줘.
- 최근 발생한 자연 재해에 대한 보도와 구호 활동에 대한 기사를 만들어 줘.
- 지역 예술 축제의 특징과 하이라이트에 대한 흥미로운 기사를 작성해 줘.
- 건강과 웰니스 트렌드에 대한 조사 기반의 뉴스 기사를 만들어 줘.
- 신규 교육 프로그램과 학생들의 반응에 대한 인사이트 있는 기사를 작성해 줘.
- 혁신적인 지속가능성 프로젝트에 대한 영감을 주는 뉴스 기사를 만들어 줘.

Q3 실제 활용 사례

Prompt

너는 마케팅과 홍보 전문가야. 우리 창업 동아리에서 만든 스마트워치는 2024년에 출시될 예정이며, 운동 모드, 메시지 기능, GPS, 음악 재생 제어, 맞춤형 페이스 디자인 앱 등 다양한 기능을 제공해. 이 제품에 대한 정보와 특징을 학생들에게 알려주고 싶어. 목적은 우리 대학 홈페이지에 올릴 뉴스 기사를 만들어, 학생들의 관심을 끌어내 우리 제품을 알리는 것이야. 1분 분량의 뉴스 기사를 작성해 줘.

Chat GPT

뉴스 기사 제안
제목: 2024년 새로운 혁신: [대학명] 창업 동아리가 개발한 다기능 스마트워치 출시 예정

본문:
[대학명]의 창업 동아리가 개발한 새로운 스마트워치가 2024년에 출시될 예정이며, 이는 학생들의 일상과 운동 루틴에 혁신을 가져올 것으로 기대됩니다. 이 스마트워치는 사용자의 편의성과 기능성을 최우선으로 고려하여 설계되었습니다.

운동모드: 운동 중에도 뛰어난 사용성을 제공합니다. 사용자는 다양한 운동 데이터를 실시간으로 모니터링할 수 있으며, 이는 운동 효율성을 극대화하는 데 도움이 됩니다.

메시징 기능: 이 스마트워치는 신속하고 효율적인 메시지 기능을 갖추고 있어, 친구들과의 연락을 놓치지 않도록 해줍니다. 이를 통해 학생들은 학업과 사회 생활을 더욱 효과적으로 조화시킬 수 있습니다.

GPS 기능: 야외 활동 시 사용자에게 큰 도움이 될 내장 GPS 기능이 탑재되어

있습니다. 위치 추적 및 내비게이션 기능으로 야외 운동이나 여행을 더욱 안전하고 즐겁게 만들어 줍니다.
음악 재생 및 제어: 원격으로 음악을 제어할 수 있는 기능은 운동이나 여가 시간에 편리함을 제공합니다. 사용자는 손쉽게 음악을 관리하고 즐길 수 있습니다.
맞춤형 페이스 디자인 및 앱: 개인의 취향과 스타일에 맞춰 시계의 외관을 맞춤 설정할 수 있습니다. 다양한 앱을 통해 스마트워치의 기능을 확장하고 개인화할 수 있어, 사용자의 다양한 요구를 충족시킵니다.

[대학명]의 이 스마트워치는 기술과 스타일을 겸비한 최신 기기로, 학생들에게 더 나은 일상과 운동 경험을 제공할 것입니다. 2024년 출시를 앞두고, 이 혁신적인 제품에 대한 기대가 높아지고 있습니다.

뉴스 기사보다는 제품 특징을 요약한 것처럼 보입니다.

Prompt

뉴스 기사 스타일로 다시 작성해 줘.

Chat GPT

[대학명] 창업 동아리, 혁신적인 스마트워치로 기술의 미래 선도
[대학명], [발행일자]- [대학명]의 창업 동아리에서 개발한 혁신적인 스마트워치가 2024년에 출시될 예정입니다. 이 스마트워치는 최첨단 기술과 사용자 중심의 디자인을 결합하여 학생들의 일상과 운동 루틴에 혁신을 가져올 것으로 기대됩니다.
이 스마트워치는 다기능성을 갖춘 독특한 특징들로 주목받고 있습니다. 특

히, 운동모드는 사용자가 운동 중에도 자신의 활동을 효과적으로 추적할 수 있게 해주며, 이는 운동 효율성을 극대화하는 데 중요한 역할을 합니다. 또한, 메시징 기능은 친구들과의 연락을 놓치지 않도록 해주어, 학업과 사회 생활을 원활하게 조화시키는 데 도움이 됩니다. 야외 활동 중에도 유용한 GPS 기능이 탑재되어 있어, 위치 추적과 내비게이션을 제공합니다. 이는 학생들에게 안전하고 즐거운 야외 경험을 선사할 것입니다. 음악 재생 및 제어 기능도 포함되어 있어, 사용자는 원격으로 음악을 관리하고 즐길 수 있습니다. 마지막으로, 이 스마트워치는 개인 맞춤형 페이스 디자인 및 다양한 앱을 지원하여 사용자의 스타일과 필요에 맞게 맞춤 설정할 수 있습니다. 이러한 기능들은 학생들의 다양한 요구를 충족시키며 일상 생활을 더욱 풍요롭게 할 것입니다.

[대학명] 창업 동아리의 이 혁신적인 스마트워치는 기술과 스타일을 겸비한 최신 기기로, 학생들에게 새로운 차원의 일상과 운동 경험을 제공할 것으로 기대됩니다. 2024년 출시를 앞두고 전교생의 관심이 집중되고 있는 이 제품은 우리 학교의 창의적인 정신과 기술 혁신을 세계에 널리 알릴 수 있는 기회가 될 것입니다.

이번에는 뉴스 기사 스타일로 작성되었습니다. 우리 창업 동아리의 목표는 제품 판매이기 때문에 다음과 같이 요청합니다.

Prompt

목표는 뉴스 기사를 통해 사람들이 제품에 대해 알게 하고, 구매 욕구를 자극하는 것이야. 이를 위해, 어떻게 뉴스 기사를 작성해야 사람들이 제품을 사고 싶어지는지에 대한 전략을 1분 분량으로 작성해 줘.

> **Chat GPT**
>
> 제품 홍보 목적의 뉴스 기사를 작성할 때 독자들이 제품을 사고 싶은 마음이 들도록 포인트를 주는 것은 매우 중요합니다. 다음과 같은 전략을 사용하여 기사의 효과를 극대화할 수 있습니다:
>
> **1. 제품의 독특한 특징 강조**: 제품의 특별한 기능이나 혁신적인 요소를 강조하여 독자들이 제품의 가치를 쉽게 인지하도록 합니다. 예를 들어, 스마트워치의 운동모드, 메시징 기능, GPS, 음악 재생 및 제어 기능, 맞춤형 페이스 디자인 등을 구체적으로 언급하여, 이러한 기능이 사용자의 일상에 어떤 혜택을 가져다줄 수 있는지를 설명합니다.
> **2. 사용자 경험 중심의 서술**: 제품을 사용할 때 얻을 수 있는 경험과 감정을 강조합니다. 실제 사용자의 이야기나 시나리오를 포함하여, 독자가 제품을 사용했을 때의 모습을 상상할 수 있게 합니다. 이러한 서술은 제품에 대한 개인적인 연결감을 형성하는 데 도움이 됩니다.
> **3. 시각적 요소 활용**: 가능하다면, 제품 이미지나 동영상을 기사에 포함시킵니다. 시각적 요소는 제품의 매력을 더욱 잘 전달하고, 독자들의 관심을 끌 수 있습니다.
> **4. 혜택과 가치 강조**: 제품이 학생들의 생활에 어떤 실질적인 혜택을 가져다줄 수 있는지 강조합니다. 예를 들어, 시간 관리, 건강 개선, 일상의 편리함 증진 등 제품 사용으로 인한 구체적인 혜택을 명확히 제시합니다.
> **5. 소셜 프루프 및 인증**: 제품에 대한 긍정적인 리뷰나 전문가의 평가를 인용합니다. 이는 제품의 신뢰성을 높이고 구매 결정에 영향을 줄 수 있습니다.
> **6. 구매 정보 제공**: 기사의 마지막 부분에서는 제품의 출시 일정, 가격, 구매 방법 등 구매와 관련된 구체적인 정보를 제공합니다. 이는 독자가 관심을 가진 후 실제 구매로 이어질 수 있도록 도와줍니다.

Chat GPT가 다양한 전략을 제시해 줍니다. 다른 기능들이 대부분 제품의 성능과 관련된 것이라 과장하기는 힘들 것 같지만 2번 같은 경우는 조금 과장을 해도 괜찮을 것 같습니다.

Prompt

2번이 좋은 것 같아. 실제 학생의 스토리텔링을 넣어서 뉴스 기사를 다시 써줄래.

Chat GPT

[대학명] 창업동아리의 혁신: 학생들의 일상을 변화시키는 스마트워치

[대학명], [발행일자]- [대학명]의 창업 동아리가 개발한 새로운 스마트워치가 학생들 사이에서 큰 화제가 되고 있습니다. 2024년 출시를 앞두고 있는 이 스마트워치는 지금까지의 기술적 한계를 뛰어넘어 학생들의 일상과 운동 루틴에 혁신적인 변화를 가져오고 있습니다.

지수, [대학명]의 학생은 이 스마트워치를 착용한지 며칠 되지 않았지만, 이미 그 효과를 톡톡히 느끼고 있습니다. "이 스마트워치는 제 운동을 완전히 바꿔놓았어요. 운동모드가 제 활동을 정밀하게 추적하고, 실시간으로 피드백을 줘서 운동 효과를 높이는 데 큰 도움이 되죠," 지수는 말합니다.

이 스마트워치의 메시징 기능은 학업과 사회 생활 사이의 균형을 잡는 데에도 기여합니다. 지수는 "중요한 메시지와 알림을 놓치지 않아서, 친구들과의 소통이 더욱 원활해졌어요,"라고 덧붙입니다. GPS 기능은 그녀가 새로운 등산로를 안전하게 탐험할 수 있게 하며, 음악 재생 기능은 운동 중에도 기분 좋은 분위기를 유지할 수 있도록 합니다. 이 제품은 개인화가 가능한 페이스 디자인과 다양한 앱 지원으로 사용자의 개성을 반영할 수 있게 해주며, 지수는 이 기능을 통해 스마트워치를 자신만의 독특한 액세서리로 만들었습니다.

[대학명] 창업 동아리의 이 스마트워치는 단순한 기술 제품을 넘어, 학생들의 생활 방식에 새로운 장을 열고 있습니다. 2024년의 출시가 기다려지는 가운데, 이 혁신적인 스마트워치는 학교 커뮤니티에 새로운 활력을 불어넣고, [대학명]의 기술 혁신 정신을 세계에 알리는 중요한 역할을 하고 있습니다.

상상력을 가미한 스토리텔링 작성 기능은 Chat GPT의 강점으로 볼 수 있습니다. 이번엔 제목을 추천받아 보겠습니다

Prompt

뉴스 기사의 매력적인 제목을 5개만 추천해 줘.

Chat GPT

1. "차세대 기술의 전령: [대학명] 창업 동아리의 혁신적 스마트워치"
2. "[대학명]에서 탄생한 스마트워치: 학생 생활에 혁신을 불어넣다"
3. "2024년 기대작: [대학명] 학생들이 개발한 스마트워치의 놀라운 변화"
4. "학생들의 삶을 재구성하는 [대학명]의 혁신 스마트워치"
5. "운동에서 학습까지: [대학명]의 스마트워치가 만드는 새로운 일상"

추천받은 제목들이 마음에 썩 들지 않아서 다시 요청합니다.

Prompt

대학신문에 올릴 기사 제목인데 다시 작성해 줘. 참고로 우리 학교는 모든 학과가 있는 종합대학이 아닌 예술쪽 학과들이 대부분인 예술대학이야. 우리 학교 분위기에 맞춰서 제목을 만들어 줄래.

Chat GPT

1. "예술과 기술의 만남: [대학명] 예술대학의 창의적 스마트워치 출시"
2. "[대학명] 예술대학, 예술가의 일상을 혁신할 스마트워치 개발"
3. "예술적 감각을 입은 기술: [대학명] 예술대학생들의 스마트워치 창작품"
4. "창작과 혁신의 조화: [대학명] 예술대학에서 탄생한 스마트워치"
5. "예술대학의 새로운 캔버스: [대학명] 학생들이 디자인한 스마트워치"

제시한 대로 우리 대학 분위기를 잘 살린 것 같습니다.

Q4 주의할 점

뉴스 기사를 작성할 때 문화적 민감성과 다양성에 주의를 기울이는 것은 매우 중요합니다. 이는 다양한 문화, 인종, 성별, 성 정체성, 연령 등을 아우르는 포괄적인 독자층을 고려해야 함을 의미합니다. 기사의 내용, 인용, 사례 선택, 이미지 사용, 그리고 언어의 선택이 모든 독자가 자신을 반영된 것으로 느낄 수 있도록 공감대를 형성해야 합니다.

또한, 다양한 문화적 배경을 가진 독자들에게 적합한 언어와 표현을 사용하는 것이 중요하며, 잘못된 정보나 고정관념, 무례한 표현은 특정 문화 또는 집단에 대한 오해와 불쾌감을 야기할 수 있습니다. 따라서, Chat GPT를 활용하여 기사를 작성할 때 모든 독자에게 존중과 이해를 바탕으로 한 내용을 제공하는 것이 중요합니다.

저자소개

고민환

동국대학교 WISE 캠퍼스, 항공서비스무역학과의 조교수로, 텍스트마이닝과 항공 서비스 분야 관련 다수의 도서를 집필하였다.

최신 기술을 교육에 접목하는 데에 열정이 있으며, 〈대학생을 위한 Chat GPT를 활용한 항공 서비스 입문〉 등의 책을 통해 AI와 교육의 융합을 선도하고 있다. 또한, 〈논문 쓰기, 텍스트마이닝으로 한 번에 끝내기 'TEXTOM 프로그램 활용법'〉과 같은 책을 통해 텍스트마이닝과 데이터 분석 기술을 교육 현장에 효과적으로 도입하고 있다.

또한 항공 서비스 교육에도 관심이 많으며, 〈항공 서비스 영어〉, 〈항공 영어 인터뷰〉, 〈항공사 롤플레이 123〉 등 항공과 관련된 전공서 집필을 통해 항공업계의 후배 양성에 기여하고 있다.

저서 목록

미소짓는 스튜어드
항공 서비스 영어
항공 영어 인터뷰
항공사 롤플레이123
대학생을 위한 ChatGPT를 활용한 항공 서비스 입문
대학생의 인간관계와 글로벌 비즈니스 (스토리텔링과 설득의 미학)
우리 과에서 A+ 받는 친구들은 모두 쓰고 있는 Chat GPT
논문 쓰기, 텍스트마이닝으로 한 번에 끝내기 〈TEXTOM 프로그램 활용법〉

동국대학교 저서출판 지원사업 선정도서

이 저서는 2023년도 동국대학교 연구비 지원을 받아 수행된 연구결과물임.
This work was supported by the Dongguk University Research Fund of 2023

CHAT GPT와 함께하는 대학생활
− 리포트 작성부터 취업까지

2024년 7월 30일 초판 1쇄 인쇄
2024년 8월 12일 초판 1쇄 발행

지은이 고민환
발행인 박기련
발행처 동국대학교출판부

출판등록 제1973-000004호(1973. 6. 28)
주소 04626 서울시 중구 퇴계로36길2 신관1층 105호
전화 02-2264-4714
팩스 02-2268-7851
홈페이지 http://dgpress.dongguk.edu
이메일 abook@jeongjincorp.com
인쇄 신도인쇄

ISBN 978-89-7801-818-0 (03320)

값 17,000원

이 책의 무단 전재나 복제 행위는 저작권법 제98조에 따라 처벌받게 됩니다.